…aber sonst geht's mir gut

Helma Prinzen

… aber sonst geht's mir gut

Ein Bericht

Rainer Wunderlich Verlag Hermann Leins

CIP-Kurztitelaufnahme

Prinzen, Helma:
... aber sonst geht's mir gut:
e. Bericht / Helma Prinzen. – Tübingen: Wunderlich, 1982.
ISBN 3-8052-0363-2

ISBN 3 8052 0363 2

Printed in Germany. Satz von IBV Lichtsatz KG, Berlin.
Druck und Bindung von Mohndruck, Gütersloh.

Inhalt

Die Qual 9

Das Kind 25

Das Mädchen 90

Ich 154

Die Qual

»Du sollst Vater und Mutter ehren, auf daß es dir wohlergehe und du lange lebest auf Erden«

Das Vierte Gebot

Im Anfang war die Qual.

Ich hatte plötzlich Angst. Angst, ich könnte das kostbare Stück verlieren. Ich tastete unentwegt nach meiner linken Hand. Gott sei Dank, noch war der Ring da. Es ist aber auch zu leicht, ihn loszuwerden, ihn sich unbemerkt von der Hand zu streifen. Zum Beispiel, wenn ich Kartoffeln aus dem Keller hole. Vorsicht, lange nur sachte in die Kiste hinein, wie leicht könnte der Ring steckenbleiben, man würde es kaum bemerken. Plötzlich wäre er nicht mehr da, läge irgendwo zwischen den Kartoffeln, ganz zuunterst, und man könnte nicht an ihn heran, denn von oben rutschen sie immer nach. Dabei macht es Spaß, so richtig mit der Hand hineinzulangen, mit der linken, an der der Ring steckt. Sonst mache ich ja alles rechts, aber man muß auch links geschickt sein. Ein schönes Gefühl, eigentlich ist Kartoffeldreck kein Dreck, oder ein sauberer Dreck. Hat so was Erdhaftes. Und die Hände kann ich ja waschen, muß ich ja waschen, über dem Handwaschbecken im Bad. Das ist natürlich auch nicht ohne Gefahr, wie leicht könnte der Ring in den Abfluß fallen, der ist nämlich ungeschützt, hat nicht so ein Sieb, ist nur ein Loch. Was einem ins Becken rutscht, das ist weg. Wie leicht könnte das mit dem Ring passieren, wenn die Hände so schön seifig sind und glatt. Nicht auszudenken. Ich muß aufpassen. Ich kann ja mal ein wenig an dem Ring ziehen, nur ganz leicht, sehen, wie fest er eigentlich sitzt, nur so zur Sicherheit. Warum überhaupt wasche ich mir die Hände? Ich muß ja doch wieder Kartoffeln holen und wieder Hände waschen, hin und her zwischen Kartoffeln und Seife, Dreck und Schaum, runter und rauf, vom Keller ins Bad, vom Bad in den Keller. Es darf nur keiner merken, womöglich hielte man mich für übergeschnappt. Ach nein, die Gefahr, daß einer etwas merkt, ist gering. Die sind mit anderem beschäftigt. Die feiern meine Verlobung. Meine und seine, denn dazu gehören ja zwei. Ich muß es nur immer so einrichten, daß mich keiner sieht, daß niemand gerade im Treppenhaus ist. Es muß nämlich getan werden, auch wenn es sein Beängstigendes hat. Faszination des Schreckens.

So pendle ich zwischen Kartoffelkiste und Waschbecken, zwischen Keller und Bad, zwischen Dreck und Seifenschaum, zwischen stumpf und glatt, zwischen Angst und Hoffnung. Wieso Hoffnung? Habe ich gesagt Hoffnung? Ich hoffe doch wohl nicht, es zu verlieren, dieses sichtbare Unterpfand meines Gebundenseins, bis daß der Tod euch scheidet?

Was ist eigentlich los mit mir? Ich habe glücklich zu sein. Ich bin Braut. Statt dessen falle ich zurück in die Wattewelt, die ich kenne, die mir vertraut ist seit ich weiß nicht wie lang. Ich versuche mir gut zuzureden: Schau her, du bist wirklich Braut. Du, das häßliche Mädchen, das Mädchen mit den Schnittlauchlocken, das Mädchen mit den Sommersprossen, das professionelle Mauerblümchen, das kein Mann auch nur ein zweites Mal ansieht, du hast einen der begehrtesten Junggesellen zum Mann gewonnen, zum zukünftigen Mann, genaugenommen. Mag meinem Vater die Wahl auch egal sein. Mag er mich auch mitleidig von der Seite betrachten. Hauptsache, meiner Mutter ist sie nicht egal. Hauptsache, meine Mutter ist zufrieden.

Und sie ist zufrieden. Ich fühle es mehr, als daß ich es weiß: Ich habe den Mann ihrer Träume gewählt. Und sie soll es ja nicht noch einmal sagen. Sie soll ja nicht noch einmal sagen: ›So'n sanfter Heini.‹

Hat sie es wirklich gesagt, meine Mutter, dieses Wort, das

ich nicht gern wiederholen möchte? War es nicht vielmehr mein Vater? Es hätte so viel besser zu ihm gepaßt, zu ihm und der Art, wie er mich mitleidig von der Seite betrachtet. Gott ja, da war die Geschichte mit unserem Hund. Tatsache ist, daß er meinen Verlobten gebissen hat, nicht schlimm, eher etwas gekniffen, es ist ja auch kein Blut geflossen. Dennoch durfte er wohl Angst bekommen und meinen Vater fragen, ob er sich jetzt mit Tollwut infiziert habe. Deshalb braucht mein Vater mich noch lange nicht mitleidig von der Seite zu betrachten. Meine Mutter konnte auch Tröstliches dazu sagen. Schließlich hat mein Vater den Hund erzogen, und er hat es noch immer fertiggebracht, einen jeden unserer Hunde bösartig zu machen. Das ist eine Frage der Erziehung und wie man selbst ist.

Übrigens blieben wir ja nicht lange bei meinen Eltern. Wir fuhren zurück. Ich hatte jetzt ein neues Elternhaus, ein Schwiegerelternhaus.

Zwei Jahre habe ich dort jedes Wochenende verbracht. Ab Samstag. Damit will ich sagen, daß ich nicht weiß, was meine Schwiegermutter ihrem Haus an den Freitagen antat und ob sie es auseinandernahm, wie meine Mutter das mit dem unseren tut. Fest steht, was immer sie ihm an den Freitagen angedeihen ließ, es kann nicht genug gewesen sein. Wozu sonst hätte sie mir an den Sonntagen noch einmal Bohnerwachs, Bürste und Blocker in die Hand gedrückt, damit ich dem Haus einen letzten feiertäglichen Schliff gab? Ich tat es willig und gern und nicht nur, um es meiner Schwiegermutter, Gott hab' sie selig, recht zu machen. Das hätte ich nämlich nie geschafft. Schließlich war ich alles andere als die Frau, die sie sich für ihren einzigen Sohn gewünscht hatte. Er hatte nicht die Frau *ihrer* Träume gewählt. Und sie ließ es mich fühlen.

Ich komme aus einer leichtsinnigen Gegend, wo man sein Geld verplempert, wo ein jeder in der Karnevalszeit sein letztes Hemd versetzt. Für meine Schwiegermutter war ich ›K‹, wie so viele. Wie die, über die man auch sonst nur Schlechtes sagt. Als ich es zum ersten Mal in meiner Gegenwart äußern hörte, schaute ich Fragezeichen in die Luft. Dabei war es so einfach: ›K‹ bedeutete nichts anderes als ›katholisch‹. Mein Verlobter erklärte es mir mit der gewohnten Sanftmut, wenn auch mit einiger Verlegenheit. Ich aber fühlte mich gebrandmarkt. Es war der Beginn einer Kette endloser Demütigungen. Aber nur ich spürte sie, also mußte es an mir liegen. Ich meine, sonst hätte mein Verlobter doch einmal etwas unternommen. So richtig fest mit der Faust auf den Tisch gehauen, mich verteidigt. Oder sein Vater. Aber auch der war nicht der Typ, der mit irgendwas irgendwo draufhaut. Obwohl er mich sehr gern hatte. Wirklich, völlig uneingeschränkt. Er blinzelte mich an mit einem Zwinkern, das mir bekannt ist, einem Zwinkern, das seine Frau ausschloß. Es war das kameradschaftliche Zwinkern, mit dem auch der Vater mich anzusehen pflegte, jenes Zwinkern, das meine Mutter ausgeschlossen hatte.

Was erwartete ich eigentlich? Ich war selbst schuld, ich ließ ja geschehen, daß das Haus mir feindlich war: die Menschen, die stumm waren, auch wenn sie sprachen, die Böden, die mich anblitzten, auch ohne meine werte Einmischung, die gute Stube, die nur einem Kakteenbaum erlaubte, in ihr zu atmen, was er dann, weil von keinem Menschen je gestört, zu fast obszöner Prachtentfaltung ausnutzte. Ja, das Haus war feindlich und anstatt mit der Faust auf den Tisch zu schlagen, schlugen wir uns ins Wirtshaus, mein Verlobter und ich, jeden Samstag, den Gott geschaffen hatte. Da saßen wir dann und blätterten in Illustrierten. Und hatten uns nichts zu sagen.

Szenenwechsel.

Ich bin in meinem Zimmer, mache Ordnung, wische Staub, komme an dem großen Spiegel vorbei, blicke absichtslos hinein – und sehe meine Mutter. Ich schaue in den Spiegel und meine Mutter schaut heraus. Nicht etwa eine Mutter in verjüngter Auflage, eine Familienähnlichkeit, nein, ich bin es selbst, ich mit dem Gesicht meiner Mutter. Eine Familienähnlichkeit wäre ja auch nicht möglich, ich bin ihr ja nicht ähnlich, meiner Mutter, ich sehe ja doch aus wie mein Vater, bin ›eine Herzog ausgekotzt‹. Ich gehe ins Bad. Auch da hängt ein Spiegel, ich gehe mit voller Absicht an ihn heran, das wollen wir doch einmal sehen, ich will mich anschauen, ganz bewußt, mich und nicht meine Mutter. Und ich sehe mich, ich sehe mein Gesicht, mein eigenes. Ich gehe zurück in mein Zimmer, zu dem anderen Spiegel, versuche es noch einmal, von der Seite, will ihn überlisten, noch hat er mich nämlich nicht in seinem Blickfeld, mich oder meine Mutter, oder sie mich, meine Mutter mich. Was mich anschaut bin ich. Na bitte. Ich muß nur mit Vorbedacht an die Sache herangehen, darf nur mit Vorbedacht in Spiegel schauen, mit dem Vorsatz, m i c h sehen zu wollen. Ich darf es nicht tun im Vorbeigehen, absichtslos, unfixiert, so wie man den Blick über ein Bild gleiten läßt oder über eine Wand. Das darf ich nicht tun, dann nämlich schaut sie mich an, meine Mutter, unversehens, springt mich an vorderrücks.

Da ist es fast schon eine Erleichterung, als ich eines Morgens überhaupt nicht mehr ausmachen kann, wer denn nun in den Spiegel schaut, ich, die Mutter, die Großmutter? Was herausschaut hat nichts Menschliches an sich, ist Zerrwerk, Karikatur eines Gesichts, Fratze. Klaffendes Augenlid, sakkende Wange, hängender Nasenflügel, nach unten verschobener Mundwinkel. So hat meine Mutter nie ausgesehen, auch nicht meine Großmutter. Das hier ist meine ganz eigene Hervorbringung: *facialis parese* links.

Ich komme sofort ins Krankenhaus. Und bleibe für zwei schöne, lange, ruhige Monate in sauberem, weißem Linnen, fern der Welt, abgeschieden, zeitlos. Ich brauche nicht mehr darüber nachzudenken, wer aus welchen Spiegeln schaut, brauche nicht mehr darüber nachzudenken, wer ich bin. Scharen von Ärzten wandern an mir vorbei, sollen etwas sehen, auch sie, denn das hier ist der klassische Fall einer nichttraumatischen Gesichtsmuskellähmung. Auch ich kann Dinge sozusagen aus dem Stand, wenn auch nicht weinen, wie meine Mutter. Aber das hier, das ist doch wohl auch etwas. ›Spitzen Sie bitte die Lippen. Sehen Sie, meine Herren‹. Die sollten mal lieber sehen, wie ich esse, Suppe zum Beispiel, wie mir die Brühe aus dem Mundwinkel läuft, wie ich sabbere, ein halbseitiger Säugling von fünfundzwanzig Jahren. Ich weiß, daß ich sabbere, auch wenn ich es nicht fühlen kann. ›Ultraschall, meine Herren, wir versuchen eine neue Methode. Genau an diesem Punkt am Kinn, da setzen wir an.‹ Und so werde ich wechselweise ultrabeschallt und ultrabestaunt, ich bin ein seltener Fall. Aber ich bessere mich, spitze die Lippen, und es geht schon wieder. ›Na bitte, jetzt können Sie schon wieder küssen.‹ Ach Gott, Herr Professor, dazu brauche ich eigentlich keine gespitzten Lippen, da habe ich eine andere Technik. Ich sage es in die Chefvisite, in die weißen Kittel hinein, werde keck, ich, das Mauerblümchen. Man nimmt mir noch die Mandeln heraus, dann bin ich völlig geheilt. Und ich werde entlassen, direkt in die Arme meines zukünftigen Mannes. Ich bin ja so froh. Wie habe ich mich nach ihm gesehnt. Wir haben uns so lange nicht gesehen, das Krankenhaus war weit weg, noch kriegsausgelagert in einer anderen Stadt, die weder sein noch mein ständiger Wohnsitz war. Aber nun hatten wir uns endlich wieder.

Szenenwechsel.

›Neunundsechzig.‹ Ich sitze in der Straßenbahn. Mir gegenüber die Tochter der Familie, in der ich lebe. ›Wie bitte?‹ Ich wiederhole: ›Neunundsechzig. Ich habe im Vorbeifahren gezählt, es sind genau neunundsechzig gleichartige Fenster.‹ Meine Freundin starrt mich an, als hätte ich eine Macke: ›Sag mal, spinnst du?‹ Ich bin verlegen: ›Weißt du, früher als Kind, wenn wir Straßenbahn fuhren, meine Mutter und ich, da haben wir Hunde gezählt. Da kam manchmal 'ne ganze Menge zusammen.‹ Aber ich bin selbst nicht zufrieden mit der Antwort. Warum muß ich nur immer gleichartige Gegenstände zählen, wenn sie nebeneinander, übereinander, untereinander aufgereiht sind? Fenster, Säulen, Stangen, Latten, Uniformknöpfe. Warum werde ich verlegen, wenn ich merke, daß andere es merken?

Auch die Watte kommt wieder aus der Kindheit. Sie beginnt nach einwärts zu wandern, auf mich zu, mich zu umschließen. Hell aber dumpf. Dagegen anrennen hilft nichts. Das weiß ich. Ich kann nämlich hindurchgehen. Und hinter mir schließt sie sich wieder: Ich stehe in einem neuen Freiraum, klein aber mein.

Szenenwechsel.

Seit neuestem bin ich so vergeßlich, so zerstreut. ›Wartet mal, ich renn' schnell noch mal nach oben, ich weiß nicht, ob ich das Bügeleisen ausgeschaltet habe.‹ Ich renne rauf, sehe, daß das Bügeleisen aus ist. Bin wieder unten. Habe ich auch richtig hingesehen? Ich kann mich nicht erinnern. Also noch einmal rauf. Diesmal bin ich ganz sicher, ich stehe in der Tür und sehe, daß das Bügeleisen aus ist, aus sein muß, denn der Stecker ist aus der Dose gezogen, die Schnur liegt auf dem Boden. Ich konzentriere mich ganz auf die Schnur, sage mir vor, ich sehe die Schnur auf dem Boden liegen, ergo ist das Bügeleisen aus. Ich wieder nach unten, wo die anderen ungeduldig auf mich warten. Wie war das nun? Habe ich wirklich gesehen, daß das Bügeleisen aus ist? Lag die Schnur auf dem Boden? Ich habe mich doch darauf konzentrieren wollen. Habe ich nun oder habe ich nicht? Ich traue mich nicht noch einmal hinauf. Was sollen die von mir denken? Ich aber denke Bügeleisen, Bügeleisen, Bügeleisen, den ganzen Abend. Wir sind eingeladen bei Freunden, sie sind lustig, erzählen, lachen, ich aber denke Bügeleisen, unentwegt Bügeleisen, und wenn es nun doch nicht... Als wir nach Hause kommen, renne ich die Treppe hinauf, in mein Zimmer. Gott sei Dank, das Bügeleisen ist ausgeschaltet, natürlich ist es ausgeschaltet, war die ganze Zeit ausgeschaltet.

Ein anderes Mal ist es der Gasherd. Schau lieber noch einmal nach. Auch die Mutter war da immer unsicher. Wußte nie, ob sie ihn ausgemacht hatte oder nicht. Konnte sich den ganzen Ausflug davon dranhalten. Lieber sich noch einmal vergewissern. Was das Zeit kostet, Zeit, in der andere sich amüsieren. Was das Energie kostet, Energie, die andere auf anderes richten. Aber was soll ich denn tun, wenn sie so quält, diese Unsicherheit, dieses Nicht-wissen-ob? Was soll ich denn tun, wenn ich gezwungen bin zurückzugehen, einmal, zweimal, dreimal, zehnmal, und immer noch nicht weiß, ob ich was in welchem Zustand gesehen habe, eingeschaltet oder ausgeschaltet. Es tut körperlich weh, glaubt mir, es tut weh. Aber ich kann es euch nicht erklären. Ihr würdet mich für verrückt halten. Es ist ein Schmerz, man weiß nicht genau, wo er sitzt, aber es ist dennoch ein Schmerz, an irgendeiner Stelle, so unbestimmt wie die Erinnerung, an die man sich nicht erinnert.

Was ist nur los mit mir? Kann mir denn niemand sagen, was mit mir los ist?

Niemand kann. Niemand kann schließlich Fragen beantworten, die ich nicht stelle, die ich unter Verschluß halte. Fragen zu stellen, würde heißen, in Frage zu stellen, würde voraussetzen, sich etwas einzugestehen – einzugestehen, daß etwas nicht zu Beschreibendes, etwas höchst Befremdliches, etwas qualvoll Beängstigendes mit mir geschieht. Wem hätte ich was sagen können, wollen, sollen? Nicht weiter darüber nachdenken. Schieben wir alles beiseite, so wie sich meine Periodenblutungen beiseitegeschoben hatten. Denn die hatten aufgehört. Wie schon früher einmal. Die Kindheitsschmerzen hatten mich wieder, zogen mich erneut aus dem Verkehr, diesmal im wahrsten Sinn des Wortes. Die Untätigkeit meiner Ovarien begann ich mit der Tätigkeit anderer Art zu kompensieren, so als hätte da ein geheimer Zusammenhang bestanden. Man zeigt jetzt wieder Bein, Abgesang an den New Look, und ich kürze meine Kleider.

Ich gehe hinaus in den Flur. Drehe und wende mich vor dem Spiegel. Tante Fine, komm doch mal her, sei so lieb und runde noch einmal ab, der Rock ist noch zipfelig. Ich trete wieder vor den Spiegel. So, jetzt stimmt es, sitzt rundum gerade, ohne Zipfel. Kurz ist doch hübscher. Ich habe nämlich schöne Beine, ganz gleich, was meine Mutter immer sagt. Ich hänge das Kleid in den Schrank. Während der Nacht überfällt mich die Sorge, nicht richtig hingeschaut zu haben. Schlüpf' ich also lieber noch einmal hinein, gehe in den Flur, vor den Spiegel. Da, an dieser Stelle müßte man es wirklich ändern. Am besten trenne ich es gleich auf, reihe, ziehe an, betrachte, ziehe aus, säume. In Ordnung. Besser könnte es nicht sein. Anderntags befällt mich abermals Sorge. Das war jetzt nur eines meiner Kleider. Wie sieht es mit den anderen aus? Besser gleich danach schauen. Nach Dienstschluß rase ich nach Hause, will die Sache schnell hinter mich bringen. Meine Beweggründe sind absolut rational. Hier und dort ist etwas zu ändern. Ich tu' es sofort, dann ist es getan. Die Kleider hängen wieder im Schrank. Fertig. Fertig. Trotzdem überfällt mich erneute Sorge. Habe ich es denn auch ordentlich gemacht, so auf die Schnelle? Natürlich ist es nicht sehr schön, wenn man stückchenweise nachbessert. Dann hat man nämlich auch nur stückchenweise neues Nähgarn genommen, manchmal Nähgarn, das sich farblich von dem vorher gebrauchten unterscheidet. Man hat viele Anfangs- und Endknoten im Rocksaum. Das sieht zwar kein Mensch, aber es ist einfach nicht akkurat. Ich flüchte mich noch eine Zeitlang hinter die Man-sieht-es-nicht-Argumentation, muß mich aber geschlagen geben: Es ist nicht akkurat. So trenne ich nach und nach alle Rocksäume wieder auf, nähe von Rocknaht zu Rocknaht, versuche, genau hinzukommen mit dem Faden. Wenn er nicht reicht, ist das sehr ärgerlich, dann muß ich nämlich noch einmal von vorn beginnen, diesmal mit einem längeren Faden. Jetzt weiß ich nicht mehr, wie ich den vorigen Knoten vernäht habe, mit drei oder mit vier Knopflochschlingen? Am besten ist, ich mache alles noch einmal auf und zähle jeweils genau ab, drei Knopflochschlingen, eins, zwei, drei. Hoffentlich geht mir das Nähgarn nicht aus. Nicht auszudenken, wenn ich noch einmal von vorn beginnen müßte, nur weil ein neu dazugekauftes Garnpüppchen nicht passen könnte. Am nächsten Tag kaufe ich von allen Farbsorten einen größeren Vorrat. Das habe ich mir im Dienst überlegt. Sonst geht da nichts. Irgendwie ist es schon komisch, daß ich immer daran denken muß, an das Auftrennen, an das Wieder-neu-nähen. Im Grunde ginge ich lieber mit den anderen ins Kino, aber nur noch diesen einen Saum, dann bin ich endgültig fertig. Fertig. Fertig. Fertig! Aber für wie lange?

Und jetzt kein Szenenwechsel, denn jetzt kommt es massiv. Es brandet hoch, steigt von den Füßen aufwärts. Das Herz klopft mir im Hals. Hitzewellen überfluten meinen Körper.

Fluten zusammen mit einem einzigen Gedanken, dem Gedanken an die unabänderliche Notwendigkeit, mir einmal meinen Mantel anzuschauen: Wie sieht denn *sein* Saum aus? Daran hatte ich ja noch gar nicht gedacht. Entsetzen ergreift mich. Wird er mich unterkriegen, der Mantel? Genauso wie die Kleider? Denn die hatten mich untergekriegt, dessen bin ich mir bewußt. Das war ja wohl eine qualvolle Zeit. Sie hat mich einsam gemacht, hat mich ausgeschlossen von der Realität, hat mich daran gehindert, mit den anderen zu sein, mit meinen Kolleginnen, die zum Tanz gingen oder spazieren, mit meinen Hausgenossen, die Freunde einluden, gesellig waren, hat mich gehindert zu leben. Das mache ich nicht noch einmal mit! Ich werde zu einer List greifen: Ich werfe meinen alten Mantel weg und kaufe mir einen neuen, der ist sowieso fällig. Ich lasse ihn von Fachleuten abrunden, in dem Geschäft, wo er gekauft ist, von Fachleuten kürzen, von Fachleuten säumen, und damit wird es sein Bewenden haben. Die werden schließlich wissen, wie man so etwas macht, die Änderungsschneiderinnen mit dem Stecknadelkissen auf ihrem linken Handgelenk und dem Abrunder in der Rechten, diesem fein durchdachten Gerät, das sie, nachdem man sich auf die Länge geeinigt hat, an das Kleidungsstück halten. Bitte nicht bewegen, nein, bleiben Sie nur stehen, ich werde um Sie herumgehen. Und bei jedem Druck auf den Gummiball zischt ein feiner weißer Kreidestaubstrich auf das neue Kleidungsstück. Da kann doch überhaupt nichts schiefgehen bei diesen Fachkräften mit diesen Hilfsmitteln. Die werden ja wohl akkurat nähen, nachdem akkurat abgekreidet ist, schließlich haben sie Kunden, die es akkurat wünschen.

Und dann habe ich den neuen Mantel in der Wohnung, und das ganze Mich-wiegen in Sie-werden-schon-wissen-wie-man-es-macht hilft nichts, hilft aber auch nicht das geringste. Ein einziger Gedanke bohrt sich in mein Gehirn wie ein glühender Pfeil: Vielleicht sollte ich doch einen kurzen Blick auf den Mantelsaum werfen, nur einen einzigen Blick, vielleicht nicht mal so richtig im Fokus, nur so, damit ich glaube, mir Genüge getan zu haben, damit das Ritual erfüllt ist. Und das Ganze geht von vorn los. Und auch diesmal sind meine Beweggründe absolut rational, denn die haben genäht wie die Säue. So etwas von schlampig! Das kann einfach nicht so bleiben, selbst wenn man nicht pingelig ist. Ich trenne das Futter am Saum los und stelle fest, daß es darunter noch schlimmer aussieht. Wieder laufen diese Hitzewellen über meinen Körper. Ich kann nicht dagegen an, wenn ich schon einmal dabei bin, will ich doch auch nachsehen, wie der Mantel überhaupt von innen aussieht. Und ich trenne das Futter heraus. Spätestens an dieser Stelle wird mir bewußt, daß mit mir etwas nicht stimmen kann. Kein normaler Mensch kauft sich ein Kleidungsstück, um es zu Hause in seine Bestandteile zu zerlegen, um es neu zu nähen. Ich fühle, wie sich etwas in mir selbständig macht, mich antreibt, mir Befehle erteilt, die Zügel in der Hand hat. Und wieder sitze ich Nächte da und nähe, nähe, nähe. Aber ich bekomme den Mantel hin, wirklich, meine Mutter wäre stolz auf mich.

Später ist mir, als hätte ich ihn nur hingekriegt um den Preis dieses Traumes:

Ich liege schlafend in dem winzigen Zimmer, das ich seit neuestem bewohne. Ich sehe, wie ich erwache und auf die meinem Bett gegenüberliegende Zimmertür blicke. In dieser Tür hängt der erhängte Hausherr, Tante Fines Mann, der vor kurzem eines natürlichen Todes gestorben ist. Er hängt da mit einem Strick um den Hals, mit hervorquellenden Augen, blaugedunsenem Gesicht, dicker Zunge. Ich will hinaus, kann aber nicht, denn die Leiche blockiert den Weg, hängt in der einzigen Öffnung, die aus meinem Zimmer hinaus führt. Ich will raus, raus, raus, aber es gibt keinen Weg als den, der an der Leiche vorbeiführt. Und den Weg kann ich nicht gehen, denn ich würde den Erhängten berühren. Ich bin gefangen in meinen eigenen vier Wänden.

Mir graut. Ich will schreien, kann aber nicht, etwas schnürt mir die Kehle zu. Hilft mir denn niemand? Ich kämpfe mich aus meinem Traum hoch, wache auf, der Schweiß läuft in Bächen an mir herunter.

Am nächsten Morgen kommt mir wieder ein Kleid in den Sinn, das heißt, nur ein Rocksaum. Das Karussell dreht sich von neuem: trennen, nähen, trennen, nähen. Wenn nur niemand etwas merkt. Ich fange an, mein Tun zu verheimlichen. Ich will nicht dabei ertappt werden, daß ich so ungefähr fünfzig Meter Nähgarn auf zehn Zentimeter Rocksaum vernähe. Und das geht jetzt schon Wochen, ich kann nicht aufhören, daran zu denken, um es dann in die Nähtat umzusetzen. Ich werde in einer Nacht nicht mehr fertig damit, aber bis zur nächsten Nacht brauche ich nicht zu warten, nur bis zum Feierabend. Nach dem Dienst renne ich auf dem schnellsten Weg nach Hause. Es ist, als sei ich mit einem Gummiband an meiner Näharbeit festgezurrt: Sobald mein Dienst beendet ist, spannt sich das Band und zieht mich ohne Umweg nach Hause. Man könnte fast eine gerade Linie zwischen meinen Feierabendhänden und dem Rocksaum ziehen. Ich laufe auf Schienen, mit Scheuklappen vor den Augen, es ist eine Einbahnstraße, Luftlinie. Dann kommt die Zeit, wo ich mit diesen verfluchten zehn Zentimetern Rocksaum nicht mehr fertig werde in einer Nacht. Ich muß das Kleid anziehen, mit ihm zum Dienst gehen, Nadel und Faden gleich im Saum. Im Dienst kann ich mich auf der Toilette verstecken und den Saum fertignähen. Er wird nie fertig, der Saum. Sie werden nie fertig, diese gottverdammten zehn Zentimeter.

Und mich überfällt der gleiche Traum, obwohl ich nicht fertig geworden bin diesmal. Es ist nicht so wie bei dem Mantel, als der Horrortraum kam als Belohnung für qualvolles

Wohlverhalten und gelungene Exekution: Mantel fertig, Schranktür zu, Alptraum ab. Das gleiche Bild, die gleiche Tür, der gleiche Strick um den gleichen Hals, wieder die gleichen hervorquellenden Augen, das gleiche blaugedunsene Gesicht, die gleiche dicke Zunge. Und die gleiche Angst, das gleiche Grauen. Ich will raus hier, raus, raus, aber ich kann nicht vorbei an der Leiche, ich müßte sie denn beiseite schieben. Warum gerade ist er es, dieser freundliche alte Herr, Tante Fines Mann, den ich Onkel nannte, der mich liebhatte, den ich liebhatte? Ich versuche, mich aus meinem Traum hochzuringen, kämpfe mich schwimmend an die Oberfläche, begreife die Nässe auf mir, Tränen und Schweiß.

Vielleicht sollte ich ein paar Tage ausspannen, einfach mal nicht in den Dienst gehen, ich fühle mich ja auch nicht mehr gesund, keine Nacht mehr Ruhe, entweder nähen oder alpträumen. Ich bleibe daheim und zahle einen hohen Preis: Nun nähe ich auch am Tage, nähe, trenne, nähe, trenne, immer die gleichen zehn Zentimeter am Rocksaum. Die Nadel gleitet mir aus den schweißnassen Fingern, dafür aber nicht mehr durch den Stoff, Schweiß hat die Tendenz, Metall stumpf zu machen. Wie war doch der Trick meiner Mutter: Man muß sich die Nadel über die Kopfhaut ziehen, ein- oder zweimal durch das fettige Haar, das schmiert wie geschmiert, dann geht es gleich besser, rutscht wieder, das Nähen braucht keinen Aufschub zu erleiden. Der Schneider Schneider nahm dafür Talg. Aber auch der Kopfhauttrick meiner Mutter funktioniert. Sie weiß immer Rat.

Und dann fängt es an, lebendig zu werden. Die Nähfäden machen sich selbständig, beginnen sich zu ringeln, Schlangen gleich. Überall sehe ich Schlangen. Oder sind es Stricke? Wo kommen sie nur alle her, die Bügeleisenschnüre, die Heizofenschnüre, die Verlängerungskabel? Es sind keine Halluzinationen, es sind reale Schnüre, die meine Blicke auf sich ziehen. Sie haben ihr Einladendes, Verlockendes: Mach es dem

Hausherrn nach. Ich verspüre einen fast unbezwingbaren Drang, Gebrauch zu machen von diesen höflichen Schnüren. Aber ich will nicht sterben, ich will leben, selbst wenn nur eine Schnur mein Nähen beenden könnte. Warum nur muß ich tun, was ich nicht will? Warum rücken sie auf mich ein, die Rocksäume, die Leichen, die Schnüre? Vielleicht bin ich schon tot, habe mich schon erhängt, nur daß die Schnur gerissen ist. Sagt man das nicht, wenn einer nicht ganz richtig im Kopf ist? Bei dem ist die Schnur gerissen? Bin ich nicht ganz richtig im Kopf? Etwa wahnsinnig? Irr? Wie meine Großmutter? Wenn es nur niemand merkt, denn sonst bringt man mich weg, genauso wie sie. Man wird mit gedämpfter Stimme über mich sprechen. Man wird mich in eine Anstalt sperren, wo ich, genau wie sie, erwachen werde, um mich umzusehen und zu sagen: Wo habt ihr mich denn hingebracht? Und später wird das Wörtchen ›wieder‹ hinzukommen: Wo habt ihr mich denn wieder hingebracht? Das ist doch schon einmal dagewesen. Dabei weiß ich, daß ich nicht irr bin, gerade weil ich weiß, daß es irr ist, Irres nicht lassen zu können und fünfzig Meter Garn auf zehn Zentimeter Rocksaum zu vernähen, wenn das nicht irr ist, dann weiß ich nicht, was irr ist. Ich beginne die Schnüre wegzuschließen, das Bügeleisen, den Heizofen. Und führe mich nicht in Versuchung. Vielleicht ist das die Lösung, beten, ja. Ich gehe wieder in die Kirche, nehme Dich, mein Gott, zu mir und bete: O Herr, Du bist nicht würdig, daß Du eingehest unter mein Dach. Was sag' ich denn da? Verwechsle ich IHN mit mir? Die Allgüte mit dem letzten Dreck? Kann ich nicht einmal mehr beten, wo ich doch ein so frommes Kind war? Ich sehe nur noch einen Weg: das Feindeshaus, in dem meine Schwiegermutter stumm, mit kalten Blicken, haßt. Ihr Sohn trägt meinen Ring. Er muß mir helfen. Und es ist doch nur eine kurze Bahnfahrt. Aber selbst die ist mir auf alptraumhafte Weise verwehrt: Ich sehe den Zug in die Bahnhofshalle einfahren, und ich weiß, ich habe nur eine einzige Möglichkeit, von dieser Errungenschaft der Technik Gebrauch zu machen: ich muß mich vor ihn werfen. Etwas treibt mich vor die Lokomotive. Will mich zwingen, mich auf die Gleise zu stürzen, auf diese zwei glattgespannten Schnüre aus blauem Stahl. Aber ich will nicht sterben. Ich will leben. Ich greife hinter mich, bekomme die Stangen eines Geländers unter die Finger, fahre mit den Armen durch die Streben, kralle mich fest. Ich will nicht. Ich will nicht, daß ich mich zerstöre. Ich will nicht, daß etwas mich zwingt, mich zu zerstören.

Diesmal gelingt es mir noch mich festzuklammern, bis die Gefahr vorüber ist, bis der Zug die Halle verlassen hat. Aber Bahnhöfe werde ich künftig meiden müssen. Obwohl ich nicht glauben will, daß wahr ist, was mir da eben passieren wollte. Aber meine Hände, schaut sie an, sie sind blutig, abgeschürfte Haut, mit Dreck verklebt, Blut läuft über die Fingernägel. Ich habe mich an die Stäbe gekrallt, als gälte es mein Leben. Ich ahne, daß ich Hilfe brauche. Ich ahne, daß ich es allein nicht mehr schaffe. Wer hilft mir? Sieht denn niemand, daß ich Hilfe brauche? Aber auch wenn ich Hilfe brauche, so soll es doch möglichst niemand merken. Ich kann ja nichts erklären. Ich kenne die Peitsche nicht, die mich treibt. Vielleicht würde man lachen über mich, lachen wie über den Clown meiner Kindheit. Handle ich denn nicht wie ein Clown, schlage ich nicht Purzelbäume wie ein Clown? Schlage ich nicht Purzelbäume vor einer Qual, die sich jeder Beschreibung entzieht? Vor m e i n e r Qual? Ja, das ist es, das bin ich. Ich bin diese Qual. Ich bin diese entsetzliche Qual, die namenlose Qual. Hilft mir denn niemand? MUTTER, MUTTER, WO BIST DU?

Das Kind

Um drei Uhr mittags muß ich dort sein. Hugenottenstraße Nummer fünfunddreißig. Der Name paßt. Ich kenne das Haus. Es ist blutigrot. Bartholomäusnacht. Viele Häuser in dieser Straße sind blutigrot, haben die Schlangenhaut der Tarnung bereits abgelegt. Beginnen auf passiv-geduldige Art, sich auch der Bartholomäusfarbe zu entledigen, indem sie sich mit Staub überziehen. Kein Altersstaub, nein Abrißstaub, Aufbaustaub. Von den Lücken zwischen den Häusern, die der Krieg gesprengt hat.

Wieso bin ich eigentlich noch nicht da? Ich müßte das Haus bereits sehen. Wenn das so weitergeht, werde ich mich verspäten. Und ich darf mich nicht verspäten, auf gar keinen Fall. Dieser Termin hier ist wichtig. Der wichtigste, den ich je hatte. Mein Leben hängt von ihm ab.

Ich beginne, die Hugenottenstraße zu suchen, obwohl ich sie nicht eigentlich zu suchen brauche, denn ich weiß, wo sie ist. Ich beginne die Nummer fünfunddreißig zu suchen, obwohl ich auch sie nicht eigentlich zu suchen brauche, denn ich bin oft genug an ihr vorbeigekommen. Ich sehe sie vor mir und gehe doch in die Irre, finde weder Straße noch Haus. Ich fange an, der Welt abhanden zu kommen. O bitte nicht jetzt, nur jetzt nicht die Qual. Aber es hilft nichts, sie beginnt schon mich einzuwatten. Sie führt meine Schritte, auch hier, läßt mich ins Leere laufen, läßt mich nicht finden. Ich muß das Haus finden. Mein herabgeminderter Zustand gerade jetzt beweist es. Und ich muß es rechtzeitig finden, denn zu einer so wichtigen Verabredung kommt man nicht ungestraft zu spät.

Besonders nicht, wenn man ordentlich und akkurat ist wie ich. Zu Ordnung und Akkuratesse erzogen. Wenn ich nicht pünktlich bin, werde ich nicht angenommen. So denke ich, ohne zu wissen, daß meine Gedanken einen doppelten Sinn haben. Ich weiß nur, daß ich pünktlich sein muß, weil ich sonst keine Chance mehr hätte gegen die Qual, weil sie sonst jede Chance hätte gegen mich. Dann würde ich nur einmal noch jenen Weg gehen, jenen trostlosen Weg, den ich vor allen anderen fürchte. Ich würde nur einmal noch auf einen Bahnsteig gehen, ein letztes Mal. Und es würde nutzlos sein, die Hände hinter mir an die Gitterstäbe zu krallen, bis das Blut aus der aufgeschürften Haut über meine Fingernägel ränne. Ich würde dem Zwang nachgeben, ich würde loslassen, ganz einfach loslassen, mich fallen lassen, einfach so, auf die Doppelspur der stählernen Schnüre, direkt vor den einfahrenden Zug.

Ich kann das Haus nicht finden.

Aber ich will nicht sterben, nicht auf so blutig-breiige Weise. Wollte ich sterben, wäre ich nicht auf der Suche. Und weil ich das eine nicht will, muß ich das andere tun. Ich muß das Haus finden. Und ich werde es finden. Ich kenne doch die Gegend. Außerdem habe ich Zeit, ich bin rechtzeitig aufgebrochen. Aber die Qual beherrscht auch das Suchen. Trotz genauer Ortskenntnis. Trotz sorgfältigster Vorbereitung. Denn ich habe mich sorgfältig vorbereitet, sehr sorgfältig sogar. Ich bin der Bedeutung des Anlasses entsprechend angezogen. Ich trage mein bestes Kleid. Und alles, was dazugehört, durchbrochene Spitzenglacés, Stöckelschuhe und einen Hut.

Wenn ich an meinen Aufzug denke, damals, treibt es mir noch heute die Schamröte ins Gesicht. Ich hatte mich feingemacht, selbstgenäht feingemacht. Ich konnte ja nähen, hatte Übung darin, mehr Übung, als mir lieb war. Ich trug rosarot auf grüngrün, rosa Blüten auf zwiefältig grünem Kattun. Tiefes Dekolleté, von weißem Voile gerüscht umrundet; schlanke, enge Ärmel bis über die Ellbogen, von weißem Voile gerüscht umrundet; ein schwarzes Samtschleifchen hier, ein schwarzes Samtschleifchen da. Eine Dame, eine wirkliche Dame, ging zu einem Rendezvous. Schmale Taille, weiter Rock, nicht mehr ganz wadenlang. Wir schreiben den Abgesang an den New Look. Mit ihm hatte es angefangen. Oder sollte ich sagen überhandgenommen?

Der Überhandnahme wegen irre ich jedenfalls jetzt hier umher. Was mir durch die hohen Absätze mehr erschwert wird als durch die innere Unrast, die mich treibt. Und in dieser Hitze der Hut. ›Junge Mädchen tragen Hut‹, sagt meine Mutter. Ich höre ihre Stimme. Es war einer ihrer Sätze mit Signalwirkung, die meist begannen mit: ›Nun laß dich einmal belehren...‹ Worauf eine der Regeln zu folgen pflegte, die mein Leben durchzogen wie Korsettstangen. Sie meinte es ja gut, aber manchmal war ich die Korsettstangen leid. Warum sollte ich tragen, was sie froh war loszuwerden? Ich meine abends. Ich sehe sie vor mir, ich sehe meine Mutter vor mir, wie sie sich nach der Mühe des Tages ihres Korsetts entledigt. Das ist das Wort. Sie zog es nicht aus, sie legte es nicht ab, sie entledigte sich seiner. Sie tat es gern in meiner Gegenwart. Es störte sie nicht, daß es mich störte. Und schon kann ich mich nicht mehr beherrschen: ›Mutter, bitte, muß das denn hier sein? In der Küche? Mach das doch im Schlafzimmer.‹ ›Mein Gott, bist du heute wieder empfindlich‹, sagt meine Mutter. ›Das Kräutchen-rühr-mich-nicht-an. Ich möchte nur wissen, was schon dabei ist‹. Hab' ich etwa angenommen, sie ließe sich stören? Sie läßt sich nicht stören. Und jetzt habe ich sie wieder gekränkt. Und ich weiß, was kommt, kenne es, habe es oft genug miterlebt: sie kratzt sich genüßlich da, wo die Korsettstangen dunkle Abdrücke auf ihrer Haut hinterlassen haben. Male gesitteten Anstandes, den Blicken dargeboten in unbewußt exhibitionistischer Manier. Gleich kommt es noch schlimmer. Na bitte, was hab' ich gesagt. ›Hilf mir mal‹, sagt meine Mutter. ›Hilf mir mal da am Rücken. Ich komme nicht ran. Nicht so hoch, tiefer, links unten. Jaaa, so ist es gut.‹ Affe hätte sie sein sollen, die haben längere Arme. Ich weiß, ich dürfte so nicht denken. Gewiß werde ich dafür bestraft. Ich werde immer für etwas bestraft. Lieber Gott, gib, daß sie heute den Küchenschrank nimmt. Einmal mit dem Rücken gegen die Kante gestellt und kräftig daran hin- und hergescheuert. Und mir bleibt das Gefühl erspart, daß ich mir die Hände waschen muß. Ich brauche nicht aktiv zu werden einer Grille wegen, die Ekel heißt. Ich kann es dem Küchenschrank überlassen.

Wieso lasse ich mich hier von Kindheitserinnerungen ablenken? Was geht mich meine Kindheit an? Ich muß mich auf das Jetzt, auf das Hier und Heute konzentrieren. Ich muß die Straße finden und das Haus. Wer hatte eigentlich die Verabredung, zu der ich da suchte, getroffen? Ich selbst erinnere mich nur an jenen Zettel, den ich plötzlich in der Hand hielt. ›Hier, bitte nehmen Sie, ich habe Ihnen eine Adresse aufgeschrieben.‹ Ich verstehe kein Wort, schaue auf den Sprecher, Frage im Blick. Es ist der Fremde, der mit mir in der gleichen Wohnung lebt, Untermieter er wie ich. ›Ich habe Ihnen die Adresse eines Arztes aufgeschrieben.‹ Ich verstehe noch immer nicht. Seine Worte kommen vorsichtig, zögernd, tastend. ›Ich beobachte Sie schon eine Weile. Bitte verzeihen Sie, aber ich glaube, daß Sie sehr krank sind.‹

Ich höre nur beobachten. Er beobachtet mich? Wieso? Ich habe es doch so schön geheimgehalten, hatte den Deckel auf dem Topf, damit nur ja nichts überkocht. Und trotzdem hat er es gemerkt? Haben andere es auch gemerkt? Zeit und Ort verwirren sich mir. Es brandet in mir hoch, wie wenn die

Qual sich einstellt. Steigt von den Füßen an aufwärts, überspült mich mit dem Schweiß. Wieder die Hitzewellen, die meinen Körper überfluten, die zusammenfluten in dem einzigen Gedanken, du mußt jetzt etwas tun, du mußt jetzt etwas tun. Aber ich tue doch schon die ganze Zeit etwas, ich tue doch, ich tue.

Was hat er gesagt? Er glaube, ich sei krank? Ich wäre demnach nicht verrückt? Verrückt, wie meine Großmutter es gewesen ist, bis sie starb? Nicht verrückt, wie ich insgeheim schon befürchtet hatte? Er, den ich noch immer den Fremden nenne, obwohl wir wer weiß wie lang schon in der gleichen Wohnung leben, er kennt einen Arzt, der mir helfen kann, mir, meiner Qual? Ich wußte nicht, was ich sagen sollte. Wir hatten ja nie viele Worte gewechselt, der Fremde, seine Frau, ich. Waren auf engem Raum eher aneinander vorbeigegangen, im Flur, wenn man aus der Küche kam, im Flur, wenn man in die Küche ging. Mein Blickfeld war schon lange seltsam verengt.

Und deshalb stehe ich jetzt hier vor diesem blutrot-verstaubten Haus, Hugenottenstraße Nummer fünfunddreißig. Stehe da in meiner lächerlichen Tändelaufmachung. Ich habe das Haus gefunden, spät, doch hoffentlich nicht zu spät. Gebe Gott, daß es nicht zu spät ist. Mein Magen krampft sich zusammen, ich bin das Kind, das sich vor Schmerzen windet, das zusammengekrümmt dahockt auf dem Weg unseres Zaubergartens. Ich schwitze, ich fühle mich elend, derangiert. Warum nur muß mir das ausgerechnet heute passieren? Der Doktor wird verärgert sein. Ich habe eine Begabung dafür, Leute zu verärgern, die für mich wichtig sind. Ich war schon immer ein lebendes Ärgernis. Für meinen Vater zum Beispiel. Aber der war für mich nicht wichtig. Ich hatte ja meine Mutter. Und ihr bin ich kein Ärgernis, die hat mich lieb. Was brauche ich da noch? Wen brauche ich da noch? Ich brauche wer immer es sei. Lenkt euren Blick auf mein blühendes Leid. Meine Welt stürzt ein. Es ist meine ganz persönliche Götterdämmerung.

Und ich stehe vor ihm in meiner Talmieleganz, mit den durchbrochenen Spitzenglacés, mit den hochhackigen Schuhen, mit der lächerlichen Kopfbedeckung. ›Mädchen tragen Hut‹, sagt meine Mutter. Ich bin sechsundzwanzig Jahre alt, kein Mädchen mehr, aber auch nicht ich. Ich bin das Kind. Nur weiß ich es nicht.

»Helfen Sie mir, Herr Doktor. Bitte helfen Sie mir. Wenn niemand mir hilft, dann muß ich mich töten.«

So dumm es klingen mag, aber auf den weißen Kittel war ich nicht gefaßt. Obwohl er doch nahelag, schließlich war der Mann Arzt. Ich sage mir vor: Er ist Arzt. Und denke hinzu: Nicht Irrenwärter. Die mögen zwar auch weiß gehen, aber in meiner Vorstellung sind sie grau. Ich müßte meine Großmutter fragen können. Sie wüßte Bescheid. Ich selbst habe da keinen Einblick. Aber das kann ja noch kommen. Wie immer dem sei, in meiner Vorstellung jedenfalls sind Irrenwärter grau. Das ist so wie bei den Zahlen. Bei mir hat jede Zahl ihre ganz spezifische Farbe. Die Null zum Beispiel ist farblos, die Drei gelb, die Vier rot, die Acht braun, die Neun grün, um nur einige zu nennen. So sehe ich Ziffern. Seit jeher. Ich habe es ausprobiert. Irgendwann einmal habe ich aufgeschrieben, welche Farbe zu welcher Ziffer gehört. Nach Jahren fiel mir der Zettel wieder in die Hand: Ach ja, das alte Kinderspiel. Ich schließe die Augen und lasse die Ziffern Revue passieren: Die Null war immer noch farblos, die Drei immer noch gelb, die Vier rot, die Acht braun, die Neun grün. Die fehlenden könnte ich auch noch färben, aber das führte wohl doch zu weit. Die Sieben übrigens ist grau. Irrenwärter sind also sieben.

Jetzt aber habe ich es mit einer Eins, gleich weiß, zu tun, mit dem Psychotherapeuten oder Psychoanalytiker. Sie machen da wohl feine Unterschiede in ihrer Berufsbezeichnung. Was mein Doktor sein möchte, weiß ich nicht. Und ich kann ihn ja schlecht fragen: Sind Sie Psychotherapeut oder Psychoanalytiker? Worin besteht der Unterschied? Ich hätte es immer schon gern gewußt. Denn das wäre eine Lüge. Ich hätte es nie gern gewußt, ich hatte von Psychotherapie keine Ahnung.

Statt dessen sage ich: »Auguste Herzog, ich bin Auguste Herzog.« Obwohl auch das falsch ist, denn eigentlich bin ich namenlos, so namenlos wie meine Qual.

Dann sitze ich ihm gegenüber. Ich weiß nicht mehr, welche Farbe eröffnete. Wahrscheinlich weiß, mit einem ganz simplen Zug: Was führt Sie zu mir oder so etwas in der Richtung. Jedenfalls höre ich mich sagen: »Ich nähe.« Wie das klingt. Als habe man eine Schneiderin nach ihrer Tätigkeit gefragt. Ich versuche es noch einmal: »Ich nähe immerzu.« Na, wie lobenswert, würde meine Mutter sagen. Was für ein häusliches Mädchen. Das hat sie von mir, das hab' ich ihr beigebracht. »Ich muß es wieder auftrennen.« So, jetzt ist es heraus. Und dann bricht es aus mir hervor, die ganze Qual, wird umgesetzt in wirres Sprachgestrüpp. Wortbündel, Satzfetzen kaskaden herab, ein Wasserfall, ach was sag' ich, eine Sturzflut, die Staumauer ist geborsten, und es zischt und gischtet hervor aus dem Spalt, überschwemmt, reißt mit sich fort, tötet jedwede Scham. Ich darf das erste Mal darüber reden. Hier sitzt einer, der hört mir zu, der weiß, wovon ich spreche, der kann sich das vorstellen. Nähen, trennen, nähen, trennen.

Das also führt mich zu Ihnen, Herr Doktor, wenn auch auf Irrwegen.

Und nachdem alles gesagt ist, möchte ich auch schon wieder weg. Aber das ist nicht so einfach. Nun ja, die Untersuchung kann ich ja noch gestatten. Es tut gut festzustellen, daß er umzugehen weiß mit seinem Stethoskop und meinem Blutdruck. Körperlich bin ich völlig gesund. Wie schön für mich. Herz, Lunge, Leber, Metzger verkaufen das. Und Katzen fressen es gern. Und wenn Sie mir jetzt bitte noch sagen, ob ich das von der Großmutter habe, dann kann ich gehen. Wohin, weiß ich noch nicht. Die Auswahl ist nicht groß: Bahnsteig oder Anstalt.

Aber die Mutter meiner Mutter hat mir nichts vermacht. Meine Zwangsneurose wurde mir anerzogen. Die Wurzeln liegen in meiner Kindheit und wir werden sie aufspüren. Er wird mich heilen.

Sein Wort in Gottes Ohr. Ich bleibe. Es ist meine eigene Entscheidung. So wie während der ganzen Analyse immer alles meine eigene Entscheidung sein wird. Ich werde das noch lernen.

Zum Schluß bekommt unsere Unterhaltung etwas geschäftlich Sachliches. Wir sprechen über den Preis. Ich muß die Analyse selbst bezahlen, mit selbst verdientem Geld. Ein finanzieller Druck muß angeblich sein. Also gut, ich muß die Analyse sowieso selbst bezahlen. Wer würde mir schon das Geld dafür geben? Mein Vater? Der würde höchstens sagen: Komm du lieber nach Hause, bei uns hast du alles was du brauchst. Meine Mutter? Die würde sagen: Psychoanalyse? Aber sonst geht's dir gut! Du solltest dir lieber die Rippen vollschlagen. Aber das gnädige Fräulein will ja schlank bleiben. Wenn ich ihr mißfalle, bin ich das gnädige Fräulein. Also, wie gesagt, kein Geld, du hast uns schon genug gekostet. Oder sie würde auch sagen: Diese Krankheit hatten wir wohl noch nicht. Wenn sie von meinen Krankheiten spricht, sagt sie ›wir‹, bezieht sich ein ins Haben. Oder ins Nichthaben. Ich kenne mich nicht mehr so genau aus. Es ist jedenfalls ein anderes Haben als jene positive Fülle aller Wohltaten dieser Welt, benutzt in dem Sinne von ›Du hast doch immer alles gehabt‹. Gesagt mit leichtem, mittlerem oder schwerem Vorwurf in der Stimme, je nachdem. Und nun habe ich sogar eine Zwangsneurose. Bin ich nicht ein Glückskind? Nein, kein Geld dafür. Das war keine Krankheit, die für meine Mutter akzeptabel gewesen wäre. Rühret nicht an Ängste.

Im übrigen kann ich mir meine Analyse sehr wohl leisten: Ich stehe in Brot, bin fest in Besatzungshand. Was Vorteile hat. Amerika pflegte deutsche Tradition. Und ich stand dazwischen als die Mittlerin in Sachen Sprache. Es war eine Tätigkeit, die wenig Eigeninitiative verlangte, die also meinen reduzierten Lebensumständen und meiner Verhuschtheit entgegenkam. Mir wurde vorgesagt, was ich zu sagen hatte, ich brauche es nur in eine andere Sprache umzusetzen. Es stimmt, wenn man gemeinhin sagt, daß man einen ausgeübten Beruf nicht von ungefähr habe. Ich war den Amerikanern bequem gewesen. Meine Kontaktscheu war gleichsam mein Plus. Ich fiel nicht auf, ich machte keine Umstände. Sie sehen, Herr Doktor, selbst auf die Gefahr, daß ich mich wiederhole: Ich kann Sie bezahlen. Auch wenn Sie, wie ich noch erfahren werde, mit Ihren Honoraren in dem Maße hinaufgehen, wie mein Gehalt steigt. Es muß immer ein finanzieller Druck da sein.

Und als ob er sich das Beste für den Schluß aufgespart hätte, sagt er: »Und wenn es Sie zwingt zu nähen, dann nähen Sie. Es ist sowieso stärker als Ihr Wille. Mit dem Willen können Sie nichts, aber auch nicht das geringste dagegen ausrichten. Es wird von allein aufhören. Sie müssen mir glauben, es wird ganz von allein aufhören.«

Es wird aufhören, es wird aufhören, aufhören, aufhören. O du mein Gott, ich glaube ihm. Ich renne nach Hause, so schnell ich kann, wie mit dem Gummiband festgezurrt, Einbahnstraße, Luftlinie. Ich setze mich hin und tue die Pflicht an einem Saum.

Es ist der Saum eines apfelgrünen Kleides.

»Wann haben Ihre Schwierigkeiten begonnen?«

Ich löse meinen Blick von der gegenüberliegenden Wand. »Ich weiß es nicht. Ich glaube, es begann, als ich mich verlobte.« Ich schaue wieder auf die Wand. Da ist ein Fleck auf der Tapete, genau in Höhe meiner Augen, das heißt also relativ weit unten. Denn ich liege auf der Couch. Und wenn ich meinen Blick hebe, ihn hingleiten lasse über meine ausgestreckte Person, über das Fußende der Couch hinweg, dann blicke ich direkt auf diesen Fleck. Er sieht übrigens nicht immer gleich aus. Er ändert seine Form. Jetzt ist er ein Kreis aus Fett, innen hell, außen dunkel, mit leicht ausgefransten Rändern, ein Loch. Wenn ich die analytische Grundregel befolgen würde, müßte ich jetzt sagen: Wissen Sie, daß Sie da einen Fettfleck auf der Tapete haben? Aber ich verstoße gegen die analytische Grundregel. Ich werde noch oft gegen sie verstoßen, es ist nämlich nicht so einfach, das auszusprechen, was einem so durch den Kopf geht. Die Banalitäten machen dabei die größten Schwierigkeiten. Ich überlege, daß der Doktor mich angenommen hat, obwohl er eigentlich keine Zeit mehr für mich gehabt hätte. Daß er mich angenommen hat, weil er mich für sehr krank hält. Und da soll ich ihm etwas sagen in der Richtung von: Hören Sie, Sie sollten vielleicht auch mal frisch tapezieren lassen.

Also lasse ich Fleck Fleck sein und schaue auf meinen Analytiker. Er sitzt mir schräg gegenüber. Ich kann ihn ansehen, wann immer ich will. Das ist zwar nicht die klassische Anordnung, mir ist es aber lieber so. Ich habe nämlich Angst vor ihm. Ich muß mich von Zeit zu Zeit vergewissern können, daß der Mann in dem weißen Kittel mir noch wohl will. Er sitzt da wie immer, ein wenig teilnahmslos, rechter Ellenbogen auf rechte Armlehne gestützt, zwei Finger unter das Kinn geschoben, zwei Finger gegen die Wange gedrückt, bleibt noch der Daumen, der schüttelt die Pflaumen, gesellt sich den Fingern unter dem Kinn zu und leistet ihnen Gesellschaft von der anderen Seite her. Das Bild wird sich mir einprägen.

Ich bin heute das dritte Mal hier, das dritte Mal von drei mal zweiundfünfzig mal vier. So lange wird meine Analyse dauern, ohne daß wir das jetzt schon wüßten. Vier lange Jahre. Ich werde übrigens nicht ein einziges Mal wieder zu spät kommen. Kein Irren mehr in die Irre. Das war eine Veranstaltung, die die Krankheit sich ausgedacht hatte, eine Art erste Manifestation des Widerstandes, dieses geheimnisvollen Abwehrmechanismus, den das Unbewußte veranstaltet zu eigenem Nutz und Frommen, damit man ihm nicht auf die Schliche komme, damit man bei allem guten Willen zur Heilung nicht hinabsteige in den Schatten des eigenen Nichtgekannten. Der Widerstand würde sich anderes einfallen lassen müssen.

»Ja, das fing wohl an, als ich mich verlobte.« Ich war nämlich plötzlich verlobt. Und ich wußte eigentlich nicht so recht, wie es geschehen war. Es mußte der Mann meiner Träume sein, denn er war gütig, warmherzig, zurückhaltend, nie aufbrausend, kein Pulverfaß. Es mußte der Mann meiner Träume sein, denn er war genau das Gegenteil von meinem Vater. Auch äußerlich, er war groß, stattlich und gutaussehend. Und eine gute Partie *into the bargain.* Wir drückten die gleiche Schulbank in unserem Kolleg, wo es von Mädchen nur so wimmelte. Und ausgerechnet mich, die ich doch so häßlich bin, mich hat er gewählt. Wenn ich mich auch an kein Werben erinnere, an keinen Heiratsantrag, an nichts. Nur an den Tag. Heiße Luft steht wie eine Glocke über der Stadt. Die Hermannstraße staubt vor sich hin: Mittagshitze brütet den Bauschutt aus. Schäbige Läden dösen behelfsmäßig in Reihe. Autos schleichen vorbei. Werner Rapp Söhne, Sanitär, in Rotbraun lackiert. ›Wir könnten eigentlich heiraten‹, sagt er. Und der Metzger könnte auch mal was anderes dekorieren, denke ich. Immer nur Schweinskopfattrappe mit Grüngestrüpp, jetzt, wo es doch alles gibt. ›Ja, wenn du meinst‹, sage ich. Aber das lohnt sich vielleicht nicht für die Gegend. Also wirklich, wenn er meint, warum nicht? Ich horche in mich hinein. Da müßte doch jetzt etwas sein, Jubel, Freude, Frohlocken. Aber es hat sich nichts geändert. Die Hermannstraße ist gleich staubig und träge.

An diesem Nachmittag schlafen wir das erste Mal zusammen. Zwischen unseren Schulheften, zwischen Verben und englischer Grammatik. *I have, you have. Have you ever? Never. Never again.* Das also war's. Davor also hatte meine Mutter mich gewarnt, wenn auch mit einem eigentümlichen Glanz in den Augen. ›Komm du mir nur ja nicht mit einem Kind nach Hause‹, sagt meine Mutter. Das hätte sie sich sparen können. All ihre Warnungen die Jahre hindurch hätte sie sich sparen können. Das alles war umsonst, liebe Mutter, umsonst nicht im Sinne von in den Wind gesprochen. Im Gegenteil, es macht mir keinen Spaß. Du hast ja so recht, und wenn es dich beruhigt, so höre, Sex ist ein ausgemachter Flop, wenn du weißt, was ein Flop ist.

Ich war übrigens stolz auf meinen Verlobungsring. Er war rotgolden, breit und sehr schwer. Was meine Mutter zu einer Frage inspirierte: ›Warum so schwer? Glaubst du nicht, daß er dir in der Ehe noch schwer genug werden wird?‹ Wenn ich überlege, daß danach der Zirkus losging mit der Kartoffelkiste und dem Handwaschbecken, möchte ich glauben, meine Mutter hätte mich verhext mit dem Satz. Aber das würde sie nie getan haben. Sie tat ja doch immer nur das Beste für mich.

Meine Stunde ist um. Kein Wunder, sie hat nur fünfzig Minuten. Und der Fleck auf der Tapete sieht aus wie ein ausgedientes Reichsmarkstück.

Straßenanzug. Mein Doktor trägt keinen weißen Kittel mehr. Nichts mehr weht hinter ihm her, um mir den Atem zu nehmen. Ich bin glücklich und weiß nicht wieso. Und warum nenne ich Kittel, was ein Arztmantel ist? Handwerker tragen Kittel. Maler tragen weiße Kittel. Mein Vater war Maler. Er trug diese Farbe des Todes. Ich fand, daß des Kindes Angst vor Weiß sehr wohl begründet war. Wie denn war sein Kanarienvogel verschieden – wenn man ein so friedvolles Wort anwenden darf auf eine so brüske Auffahrt gen Himmel. War der Vater etwa nicht schuld an seinem jähen Ende? Mit der ihm eigenen forschen Art betritt er das Zimmer. Ein kurzes Bellen der Klinke, ein Hauruck der Tür, und schon ist er drin, hat Besitz ergriffen im Sturm. Weiß weht es hinter ihm her, als sei er bereits durch die Explosion geschritten, die er im Begriff ist auszulösen. Getöse im Vogelkäfig, Entsetzen, Flügelschlagen und Flattern, Aufruhr und wildes Gekreisch. Sand und Federn spritzen heraus. Und des Kindes Kanarienvogel schießt pfeilgrad nach oben, mit dem Kopf direkt durch das Gitter. Wie er da hängt und zappelt. Aber dann ist er still. Möglicherweise war das kein Mord, sondern Selbstmord. Das Kind greift nach der Mutter. Sie bietet Schutz vor dem Weiß.

Ich erinnere mich, daß auch meine Maus auf tragische Weise ums Leben kam. War mein Vater nicht schuld auch an ihrem Tod? Oder hatte sie sich nur in tödliche Gefahr begeben und war darin umgekommen? ›Wer nicht hören will muß fühlen‹, sagt meine Mutter. Eines Tages jedenfalls war der Käfig leer, die Maus war weg. Die große Suche brachte das traurige Ergebnis erst, als das Tier anfing, unschön zu riechen. Man erschnüffelte die Fährte und fand seine vorletzte Ruhestätte, eine Sofaspirale. Des Kindes Vater war es gewesen, der sich auf das Sofa gesetzt hatte, in seinem weißen Kittel. Und er war es, der die zermalmte Leiche ans Licht hob. ›Na‹, sagt mein Vater, ›der hab' ich ja ganz schön den Lebensfaden abgeschnitten‹. O ja, Weiß war eine gefährliche Farbe. Angst war weiß.

Ich sage unvermittelt und laut: »Wissen Sie, Herr Doktor, ich bin nur meines Vaters wegen von daheim fortgegangen.« Damit sage ich die lautere Wahrheit, obwohl noch zu untersuchen sein wird, wie viele Wahrheiten es gibt.

Jetzt aber, jetzt trägt mein Arzt einen Straßenanzug. Er gefällt mir, auch wenn das Karo der Jacke ein klein wenig dezenter sein dürfte. Aber man kann wohl nicht alles haben. Ich meine, nicht alles auf einmal.

Ich war ganz entschieden das Kind meiner Mutter. Da bestand überhaupt kein Zweifel. Ich höre ihre geliebte Stimme: ›Du bist mein Kind‹, sagt meine Mutter, ›du bist meine einzige Freude, so wie ich die Freude meiner Mutter war‹. Manchmal war es dem Kind so vorgekommen, als sei es nicht immer ganz leicht gewesen, Mutters einzige Freude zu sein. Es war eine Bürde. Es kostete Anstrengung, Mutter, sich deine Liebe zu verdienen, es kostete Anstrengung, sie sich zu erhalten. Du hattest so oft verweinte Augen. Ich mußte dafür sorgen, daß nicht ich schuld daran war. Ich versuchte es nach Kräften. Aber später glaubte ich zu wissen, daß mir alles auf seltsame Weise mißglückte.

Natürlich nicht gleich von Anbeginn. Zunächst machte das Kind seiner Mutter sicher noch keinen Kummer. Ein wenig vielleicht durch seine vielen Krankheiten. Ich hatte ja so oft Magenschmerzen, so entsetzliche Magenschmerzen.

Was fragt der Doktor?

»Reinlichkeitserziehung? Nun, ich glaube, ich war sehr früh ein sehr sauberes Kind. Jedenfalls habe ich das immer gehört.« Ich lächle ein Lächeln, das ich mir nicht zu deuten weiß, das aber der Deutung bedürfte, unter analytischen Gesichtspunkten. Vielleicht sollte ich ihr doch mal eins auswischen: Meine Mutter war ja auch eine sehr reinliche Frau. Sauber und sparsam. Welch eine Kombination! So etwas in der Richtung. Doch ich kann es nicht.

Natürlich hab' ich meiner reinlichen Mutter manch schlimmen Streich gespielt, als ich klein war. Ich habe es oft genug zu hören bekommen. So hatte sie mich einmal gebadet, gepudert und gewickelt und ins Bett gelegt. Und dann hatte ich wohl nichts Eiligeres zu tun gehabt, als mich mit meiner Kacke neu einzukleiden. Wo meine Mutter braun doch so haßte. Vor allem später. ›Wenn ich schon die Farbe ihrer Uniform sehe‹, sagt meine Mutter. Aber jetzt waren es nicht die anderen, die braun waren. Jetzt war ich es. Und auch das Bett, die Gitterstäbe, die Wände, kurz alles. Vollgeschmiert mit ›Na du weißt schon‹, sagt meine Mutter. Überdies soll ich meine Scheiße mit Behagen verzehrt haben. Es war absolut scheußlich. Sie mußte mich neu baden, neu pudern, neu wikkeln. Und alles abwaschen. Was hätte sie sonst tun sollen? Mich hauen? Dazu war ich ja viel zu klein. Mutter, woher kommt das Unbehagen in deinem Lachen? Bestimmt nicht davon, daß du mich gehauen hättest. Ich weiß, daß du mich nicht gehauen hast. Dennoch ist es da, das Unbehagen, in deinem Lachen.

»Sonst erinnere ich mich an nichts in dieser Richtung. Da war noch die Sache mit dem Schmierfett, aber die war vergleichsweise harmlos.«

›Jetzt warte, bis wir fertig sind‹, sagt meine Mutter. ›Geh noch etwas vor die Tür. Mach dich aber nicht schmutzig, hörst du!‹ Also setze ich mich auf die Stufe vor unserer Haustür, Hände artig im Schoß. Meine Eltern werden ja gleich kommen. Wir wollen spazierengehen. Ich bin ganz in weißes Organdy gehüllt. Rüschen über Rüschen. Und da kommt doch der Junge von nebenan mit seinen Rollschuhen. Ich wollte sie ja nur einmal anfassen. Und dann das Geschrei:

›Nun seh sich doch einer das Kind an‹, sagt meine Mutter. Und: ›Hab' ich es nicht prophezeit?‹ »Meine Mutter hat immer alles prophezeit. Auch daß die Rollschuhe frisch geschmiert waren. Und frisch geschmiert war dann auch ich. Jedenfalls hat man die Organdyrüschen nicht mehr gebrauchen können. Wie hat meine Mutter gelacht!«

Dann war da nur noch die Geschichte mit den Gänseblümchen. Ich war auf eigene Faust vor die Tür gegangen, war weggelaufen. Nicht weit, bewahre, nur bis zur nächsten Ecke, bis zu dem großen Platz mit den roten Backsteinhäusern, wo die hohen Bäume standen. Da gab es einen Rasen, der voll war von Gänseblümchen. Meistens spielten dort die größeren Kinder. Kleinere Kinder, so wie ich eines war, gab es nicht. Oder will es mir nur so scheinen, als sei ich immer und überall das einzige Kind meines Alters gewesen? Jedenfalls hatte ich keine Spielkameraden. Ich lief also dort hin, wollte Gänseblümchen pflücken für meine Mutter. Sie liebt Blumen über alles. ›Es freut mich, daß du Blumen auch so liebst wie ich‹, sagt meine Mutter. Wenn das nicht verpflichtet! Und plötzlich wie aus dem Erdboden gestampft steht er neben mir, Pikkelhaube und Umhang und so. ›Weißt du nicht, daß es streng verboten ist, die Wiese zu betreten?‹ sagt der Schutzmann. ›Jetzt werde ich dich mitnehmen und dich in das dunkle Loch sperren‹. Und mit diesen Worten schlägt er seinen tintenblauen Umhang um das Kind. Da war es um mich geschehen. Ich stehe da mit meinen vier Jahren, schlotternd vor Angst, in der gräßlichsten aller Finsternisse, schon in dem dunklen Loch. Ich schreie, ich brülle, daß sämtliche Fenster und Türen sich öffnen und es wie ein Lauffeuer bis hin zu meiner Mutter dringt. ›Kommen Sie, Frau Herzog, schnell, es muß etwas mit dem Kind passiert sein.‹

»Meine Mutter ist dann gerannt gekommen, so wie sie in der Küche gestanden war, in der Schürze und mit mehligen Händen. Gott, war ihm das peinlich.« ›Nichts für ungut‹, sagt der Schutzmann, und ›Tut mir leid. Hab' ich ja nicht so gemeint‹. Auch um ihn war es geschehen, wenn auch nicht so wie um mich. Ich nämlich, ich hatte vor Entsetzen in die Hosen gemacht. Ich sehe, wie Mutter das Kind hinter sich herzerrt, ein schreiendes, brüllendes Etwas, die zerdrückten Gänseblümchen noch in der Hand. Sie schimpfte übrigens nicht, wenngleich ich sie doch sehr enttäuscht haben mußte. Ganz im Gegenteil, sie lachte, sie lachte Tränen. Sie lachte ihr Kind aus. Und das war vielleicht noch schlimmer.

»Tut mir leid, mit mehr kann ich in dem Punkt nicht aufwarten. Ich war in Rekordzeit ein sauberes Kind. Meine Mutter lobte mich sehr.« – ›Wir können unserem Kind die hübschesten Sachen anziehen‹, sagt meine Mutter. ›Es macht sich überhaupt nicht schmutzig.‹ Vielleicht war ich ein wenig stiller geworden, vielleicht wurde ich von anderen Kindern gemieden, weil ich sie nicht leiden konnte. Ich konnte einfach nicht vertragen, wenn sie alles mit ihren dreckigen Fingern anfaßten.

Ich bin ein Kind und renne durch einen dicken grauen Nebel, der meine Füße umklammert wie ein klebriger Brei. Ich komme und komme nicht von der Stelle, und ich muß doch weg. Ich muß weg, irgend etwas ist hinter mir her. Ich habe meine graue Kittelschürze beschmutzt. Dabei weiß ich genau, daß das unmöglich ist, weil man graue Schürzen nicht beschmutzen kann, denn auch der Schmutz ist grau, hat die gleiche Farbe wie die Schürze. Und überhaupt, sind graue Schürzen nicht dazu da, schmutzig gemacht zu werden? Mammi, Mammi, bitte nicht schlagen.

»Und wissen Sie, das ist ja doch einfach gelogen. Ich habe nie Kittelschürzen getragen, und dazu noch graue! Ganz im Gegenteil. Meine Mutter hat mich angezogen wie eine Prinzessin. Shirley Temple-Modelle trug ich. Sie war damals der große Kinderstar, und meine Mutter nähte all ihre Kleider nach für mich. Ich bin natürlich auch nie geschlagen worden, weder als Kind noch als Mädchen. Weder von meiner Mutter noch von meinem Vater.« Und während ich dies sage, sehe ich mich auf wilder Flucht um das Haus herum. Hoffentlich holt er mich nicht ein. Wenn er mich einholt, schlägt er mich tot. »Er hat es natürlich versucht, aber er hat mich nie erwischt. Mann, war ich flink, ich war flink wie ein Wiesel.« Mir will durch den Kopf gehen, daß meine Mutter wohl wirkungsvollere Methoden gehabt hat als Schläge. Die ›Anrufung Gottes‹ zum Beispiel, wie ist es damit? Ach was, Wichtigkeit. »Übrigens hat es auch die zärtliche Anrede nicht gegeben. Ich durfte nicht Mammi sagen.« Denn: ›Wer so unartig ist wie du, der darf nur Mutter sagen‹, sagt meine Mutter. Ich bin verwirrt. »Wirklich, Herr Doktor, ich hatte sie lieb, ich hatte sie doch so lieb.« Verdammt noch mal, warum betone ich das?

Und ich bin froh, daß die Stunde zu Ende ist. Auch wenn ich weiß, daß die Qual mich heute heimsuchen wird. Nähen, trennen, nähen, trennen, nähentrennen.

Heute ist die Hugenottenstraße besonders grausam. Es wird schon früh dunkel um diese Jahreszeit. Die Zahnlücken des Krieges starren Löcher in die Nacht. Leere Fensterkreuze gleichen Minibalkonen des Schreckens. Hugenotten baumeln darin. Heute muß ich es ihm sagen. Warum es länger aufschieben? In der Hoffnung vielleicht, der Horror sei Vergangenheit? Nichts ist jemals Vergangenheit. Ich habe ihn wieder geträumt, den Entsetzenstraum. Ich kann ihn so wenig beiseite schieben, wie ich den Toten beiseite schieben kann. Wieder ist es Tante Fines Mann. Die gleiche Leiche im gleichen Türrahmen. Mit dem gleichen Strick um den gleichen Hals. Immer noch hervorquellende Augen, blaugedunsenes Gesicht, dicke Zunge. Immer noch bin ich in meinen eigenen vier Wänden gefangen von einem Toten.

»Es ist so unvorstellbar grauenvoll. Ich will hinaus und ich kann nicht. Ich erwache an meinem eigenen Schrei. Ich verstehe es nicht.« Nein, ich verstand es nicht. Ich liebte den Mann der Frau, die ich Tante nenne, so wie ich sie liebe. Sie haben mich aufgenommen wie eine eigene Tochter, damals, als ich hier ankam. Angefüllt mit Watte und Wut wie ich war. Zum ersten Mal in meinem Leben wurde ich Teil einer Gemeinschaft, in der man nicht stritt. Ich gehörte dazu. Ich wollte sein wie sie. Ja, so war es, ich wollte so sein wie Tante Fine. Zartes Gesicht, schneeweißes Haar, feinnervige und doch starke Hände, die an Spitzenmanschetten zu nesteln schienen. Und eine Stimme die sagt: ›Ja, du hast recht, Aischa klingt hübscher, klingt wie Musik‹, sagt... Wer? Und wo bin ich? »Tante Fine ist wie das Fräulein Mehnken.«

»Wer ist das Fräulein Mehnken?«

Ich erwache, starre auf den Tapetenfleck, der aussieht wie das Nest eines Vogels mit Schleierhut und sage: »Ach, nichts weiter, das Fräulein Mehnken war einmal meine Klavierlehrerin.« Nichts weiter? Und war einmal? Es war einmal... Des Kindes Fee aus dem Märchentraum.

Von Tante Fine dagegen kann ich nicht aufhören zu sprechen. Als mein Freund und Helfer den Mund auftut, kündet er Unglaubliches. Er will, daß ich umziehe. Er will, daß ich die Frau, die ich mag wie keine zweite, verlasse. Er will, daß ich mir eine neue Wohnung suche. Die auch nicht sein wird wie die, die ich habe. Möbel, auf die ein Jahrhundert Glanz gezaubert hat. Teppiche, in die mein Fuß versinkt. Gemälde, die ich zum Leben erwecke mit Traumphantasien.

Nichts zu machen. Einfach nichts zu machen. Umgezogen werden muß! Übertragung und Übertragungswiderstände.

Tante Fine stört. Der, der sich früher weiß trug, will mich wohl ganz für sich allein pachten.

›Tante Fine, ich muß ausziehen. Mein Doktor will es.‹ – ›Da kann man halt nichts machen.‹ Sechs karge Worte. Ist Tante Fine vielleicht gar nicht so attachiert an mich wie ich an sie?

Die Wohnungssuche macht übrigens Spaß. Lenkt ab von der Qual. In einem ungemein häßlichen Stadtteil finde ich ein winziges Zimmer, davor eine winzige Küche. Wenn man die Wohnungstür öffnet, fällt man gleich in den Schüttstein, so ungefähr. Rechts eine Leiter, links eine Leiter, dazwischen ein Brett, darauf mein Verlobter, ein Schiffchen aus Zeitungspapier auf dem Kopf. Er versucht, seine zwei linken Hände zum Abwaschen der blutroten Zimmerdecke zu bewegen. Bloß nicht Hugenotten auch noch am Plafond. ›Bitte, sei so gut‹, sag' ich. ›Tu einmal etwas Sinnvolles, und tu es geschickt.‹ Ich bin die Liebenswürdigkeit in Person. Aber wenn mir hier schon die Decke auf den Kopf fallen wird, muß es nicht ausgerechnet eine rote sein. Ich bin gereizt. Mein reizender Liebster reizt mich. Wie der schon den Pinsel anfaßt! »Wirklich, glauben Sie mir, Herr Doktor, so was von zwei linken Händen haben Sie noch nicht erlebt. Manchmal macht er mich ganz rasend.« Und ich habe Gesprächsstoff für eine volle Stunde.

Der Beitrag meiner Eltern zu meiner ersten eigenen Wohnung bestand darin, daß sie mir einen Haufen Scherben schickten. Kannst du dich erinnern, liebe Mutter? Vater kann ich ja nicht mehr fragen, der ist tot. Aber du erinnerst dich gut, wenn auch nicht gern, ich weiß es. Ihr hattet mein Bettzeug um den einzigen Besitz gewickelt, den ich mein eigen nannte, um jenes kostbare Tafelgeschirr, das Vater mir aus

Paris mitgebracht hatte. Ein Hauch von altem, schneeigem Porzellan mit Monogramm und Krone. Ihr hattet das Ganze aufeinandergeschichtet, Teller auf Teller, Schüssel auf Schüssel, mit nichts dazwischen. Ihr hattet mein Oberbett darum geschlungen und ihr glaubtet, das würde schon gutgehen. Seltsam, ihr hattet doch sonst nicht so viel Gottvertrauen. Nun ja, das Ergebnis war auch danach. Es war eine Gemeinheit, sei ehrlich. Abgesehen davon, daß es sich um eine ziemlich rare Kostbarkeit handelte, waren die Zeiten ja nun wirklich nicht so, als daß man hätte in einen Laden gehen können und sagen: einmal Porzellan, bitte, wir haben gerade etwas in Scherben gehen lassen.

Meine Mutter schob es meinem Vater in die Schuhe, und ich nahm die Fährte begierig auf. Das sah dir wieder einmal ähnlich! Du hattest, solange ich dich kannte, nichts anderes getan, als Prozellan zerschlagen. Denk an Mutters verweinte Augen. Als ich vor dem Scherbenhaufen stand, erinnerte ich mich, daß du nur immer nahmst, nicht, daß du auch gabst. Ich erinnerte mich nicht an die Mühe, die du dir gemacht hattest, um mir einen Teil jener tausend Kleinigkeiten aus Frankreich mitzubringen, um die der Krieg uns in der Heimat brachte, Seife, Parfum, Cremes, Bänder, Stoffe, Schals, Strümpfe. Wie mokierte Mutter sich über das Traumgebilde von Hut, das du mir eines Tages brachtest. Du hattest den ganzen Weg chauffiert, damit dein Bursche in Ruhe auf seinen Knien balancieren konnte, was bei uns untragbar war, wir waren ja doch tiefste Provinz und nicht Paris. Ganz abgesehen davon, daß das Kunstwerk aus Stroh und Taft auch nicht allzu gut zu dreimal gewendeten Kleidern gepaßt hätte. All das hab' ich vergessen, weil deine Frau es so wollte. Mutter befiehl, ich folge.

Und ich folgte ihr gern.

»Wenn ich ehrlich sein soll, Herr Doktor, dann muß ich sagen, daß ich eine wunderschöne Kindheit gehabt habe. Da hat meine Mutter w o h l für gesorgt.« Ich sage es mit dieser Betonung, mit der Mutterbetonung. ›Du hattest doch wirklich eine schöne Kindheit‹, sagt meine Mutter, ›dafür habe ich wohl gesorgt.‹ »Ich muß ihr dankbar sein. Sie hat immer alles nur zu meinem Besten getan.« Auch das sage ich mit der Mutterbetonung. ›Ich habe immer alles nur zu deinem Besten getan‹, sagt meine Mutter.

Und es ist ja wahr: Was wäre wohl aus mir geworden, hätte ich meine Mutter nicht gehabt? Wie sähe ich heute wohl aus, hätte sie mir nicht den Kopf zurechtgeknetet, gleich nach der Geburt? Nicht auszudenken. ›Du warst total entstellt‹, sagt meine Mutter. ›Die schwarzen Haare auf deinem Rücken waren ja weiter nicht schlimm. Ich wußte, daß sie wieder ausfallen würden. Aber dein ausgeprägter Hinterkopf. Du meine Güte, so was von spitz!‹ Einer normalen Entwicklung wollte sie meinen Kopf offenbar nicht überlassen. ›Deshalb habe ich ihn dir zurechtgedrückt‹, sagt meine Mutter. ›Das ging ganz leicht, er war ganz weich, dein Kopf, man konnte ihn formen wie Knetgummi.‹ Das Kind hatte der Mutter Mißfallen erregt. Aber sie hatte gewußt, was zu tun war. Mütter wissen das wohl, sie wissen es von ihren Müttern. Und so wurde dem Kind damals schon der Kopf zurechtgerückt, es wurde in Form gebracht, einen Tag nach seiner Geburt. Als es größer wurde, bettelte es: ›Mutter, erzähl, wie du mich in Form gebracht hast.‹ Zweifel kamen erst später, wenn überhaupt: Verdammt noch mal, Mutter, konntest du mich nicht so lassen, wie ich war? Wie gesagt, wenn überhaupt.

Ich versuche, darüber nachzudenken, hier auf der Couch. Aber auch jetzt lasse ich Zweifel nicht zu. Ich weiß nur, daß sie bei meinem Vater Pech gehabt hat. Er hat sich nicht ›in Form‹ bringen lassen. »Aber er bekam ja dann seine Strafe, als er so früh starb. Ein Gottesurteil sozusagen, so plötzlich und wo er doch nie krank gewesen war. Jedenfalls war es nicht die Schuld meiner Mutter, wenn er sich nicht kneten ließ.«

Wie undankbar von ihm, liebe Mutter. Wo du dir doch redliche Mühe gegeben hast. Bitte verzeih die Kritik. Aber sie ist ja schwach. Ich übe erst noch. Ich dürfte nicht einmal das. Wo doch alles so fröhlich begonnen hatte mit mir.

Es gibt normale Geburten, Sturzgeburten, Frühgeburten, Totgeburten. Ich war nichts von alledem, ich war eine Lachgeburt. Wenn mein konstant schlechtes Gewissen später auch Zweifel anmelden wollte: Vielleicht war ich doch eine Fehlgeburt. ›Du warst eine Lachgeburt‹, sagt meine Mutter. ›Ich habe dich in die Welt gelacht‹. Die äußeren Umstände seien zwar nicht dazu angetan gewesen: Mein unbelehrbarer Vater hatte sich ausgerechnet das Inflationsjahr 1923 dazu ausgesucht, sich selbständig zu machen. Ein eigenes Geschäft in den Zeiten. ›Kornelius‹, hat meine Mutter gesagt, ›Kornelius, du mußt total hirnverbrannt sein. Wo Millionen und Abermillionen auf der Straße liegen und stempeln gehen. Bleib wo du bist, da wissen wir, was wir haben. Aber so etwas kann auch nur dir einfallen. Sich selbständig machen, wo man von einer Stunde auf die andere nicht mal mehr ein Brot kaufen kann für seinen Wochenlohn.‹ – ›Frau‹, hat Kornelius gesagt, wenn er es dringlich meinte, redete er seine Frau mit Frau an, also: ›Frau, genau das ist der Grund. Warum für einen Meister arbeiten? Meister bin ich selbst.‹ Und weiter: ›Es ist immer noch besser, so lang für die eigene Tasche zu arbeiten, als sooo lang für die Tasche eines anderen.‹ So lang war sein linker kleiner Finger, sooo lang war sein linker Arm bis zur Schulter.

»Aber da hätten Sie meine Mutter schlecht gekannt, Herr Doktor, so leicht gab die nicht auf. ›Kornelius, laß es. Wie kannst du nur. Gregorius, sag doch auch du was. Hilf mir, red es deinem Schwager aus.‹ Aber es hat nicht funktioniert.« Kornelius hat sich von Gregorius nichts ausreden lassen. Er machte sich selbständig und brachte fortan waschkorbweise Makulatur mit heim.

So auch am Tag meiner Geburt. Er muß wohl gemeint haben, er könne die wertlosen Papierfetzen doch noch einem guten Zweck zuführen und renovierte unsere Wohnung damit. Kurzum, als meine Mutter mitsamt mir in ihrem dicken Bauch von Besorgungen heimkam, sei unser Eßzimmer mit Billionenmarkscheinen austapeziert gewesen. Eigentlich hätte man ja ein Pfund Butter nötiger gehabt. Aber Mutters Humor siegte: ›Ich habe so furchtbar lachen müssen, daß die Wehen einsetzten‹, sagt meine Mutter. Pünktlich zur Tischzeit war ich da.

Plötzlich fallen mir reihenweise die Kindergeschichten ein, die ich aus den Erzählungen meiner Mutter kenne. Ich erinnere mich heute noch gern daran, und als ich klein war, konnte das Kind sich nicht satthören: ›Mutter erzähl, wie ich beinahe verhungert bin‹.

»Ich bin nämlich tatsächlich beinahe verhungert.«

›Aber, mein Gott, doch nur beinahe‹, sagt meine Mutter. In der Familie ist diese Geschichte als ›die Ameisenprozession‹ bekannt. Es begann damit, daß meine Mutter keine Milch hatte. Aber sie wußte es nicht. Vielleicht, weil Milch mit Brust und Brust mit ›Na-du-weißt-schon‹ zusammenhing. ›Na-du-weißt-schon‹ war bei uns tabu. Davon konnte man allenfalls in beschwörendem Verbotston flüstern hören, wenn auch mit seltsam glänzenden Mutteraugen. Jedenfalls muß ich fürchterlich geschrien haben. Stunden, Tage, Nächte. Wer immer mit mir in Berührung kam, sei einem Nervenzusammenbruch nahe gewesen. ›Komm‹, sagt mein Vater, ›wir schieben den Wagen, vielleicht beruhigt sie das.‹ Also schob man mich in den Wald, zu den Drei Kaffeehäuschen. »Natürlich erinnere ich mich nicht an mein Gebrüll, aber an den Wald erinnere ich mich sehr wohl. Mein Großvater nahm mich später mit dorthin. Mir ist, als hätte sich ein Teil meiner Kindheit in diesem Wald abgespielt.«

Plötzlich habe ich den Duft sonnenwarmer Tannennadeln in der Nase, die federnde Weichheit eines Waldbodens unter den Füßen. Ich sehe eine unglaublich dicke Frau, die meinem Großvater die geöffnete Hand hinhält. Mit beinahe feierlicher Grandezza wird ein Groschen auf den Handteller gelegt, Finger plustern sich darum. Der Großvatergrandseigneur, die Heißwasserfrau. Während Großvater schlank und elegant dasteht, ächzen zwei Zentner sich um die eigene Achse, drehen sich hin zu einem riesigen Herd, in dem trotz der sommerlichen Hitze da draußen ein Feuer brennt. Wurstfinger packen ein rußiges Gerät, das sich Stocheisen nennt, klappern das innere Rund und zwei Ringe aus der Herdplatte und setzen einen gleichfalls rußigen Kessel in die Öffnung. Es beginnt zu summen. ›Das Wasser singt schon‹, sagt die dicke Frau. ›Gleich.‹ Und gleich durchzieht der Duft von frischgebrühtem Kaffee das kleine Haus. Es ist der Duft unseres eigenen Kaffees, der aus unserer eigenen Kanne strömt. Wir haben beides mitgebracht. Nur das kochende Wasser haben wir gekauft, mit dem feierlich überreichten Groschen.

Aber ich war bei der Ameisenprozession. Das Spaziergeschiebe hatte nicht das erwünschte Resultat gezeitigt. ›Du hast gebrüllt wie am Spieß‹, sagt meine Mutter. In einem der Drei Kaffeehäuschen habe sie noch einmal versucht, mich anzulegen. Nichts. Ich aber, ich hatte mir Hilfe herbeigebrüllt: Es war eine resolute Städterin, Mutter vieler Kinder. Ohne Fisimatenten und kurzentschlossen greift sie meiner Mutter in die schamroten Brüste. ›Aber junge Frau‹, sagt sie so sachkundig wie trocken, ›Sie haben ja keinen einzigen Tropfen Milch und Sie haben auch nie einen gehabt.‹ So einfach war das. Man hätte nur darauf kommen müssen.

Nun aber nichts wie zurück nach Hause. Meine Eltern hatten es plötzlich sehr eilig. Wenn sie zurückrechneten, wie lange ich schon geschrien hatte, hätte berechtigter Anlaß zu der Sorge bestanden, ich könne dabei sein zu verhungern. Selbst mein Vater half, einen dünnen Milchbrei zu kochen. Den hätte das Kind mit wildem Gurgeln verschlungen. Dann

Stille, absolute Stille, zum ersten Mal seit Tagen. Und nun endlich kommen die Ameisen ins Spiel oder in die Küche. Zielstrebig und in geordneter Kolonne rücken sie vor, eine schmale schwarze Heerschar eiliger Schlemmer, vom Hof über den Flur zum Küchenherd bis in den Topf, an dem Tränen trauriger Reste von Milchbrei hinabtrockneten. Das war die Ameisenprozession. Und ich war ein Flaschenkind. Aber das war weiter nicht schlimm. ›Das war weiter nicht schlimm‹, sagt meine Mutter. ›Es hatte ja Vorteile: Flaschenkinder sind schneller gestillt.‹

Sie glauben, mein Wohltäter, daß ich mich hier unnötig lang an den Geschichten festhalte, die die Mutter dem Kind erzählt hat? Sie sprechen gar von Widerstand? Dennoch erscheint es mir wichtig, daß ich hier über meine glückliche Kindheit spreche. Das meinen auch Sie? Na bitte. Sie ist nämlich plötzlich präzise aufgetaucht aus dem Nichts. Man sagt für gewöhnlich, es sei eine barmherzige Gnade des Alters, so weit sich zurückzuerinnern. Ist es nicht auch eine barmherzige Gnade der Krankheit, so weit sich zurückzuerinnern? Ich weiß es nicht. Ich habe andere Sorgen. Die Qual hat mich fest in ihrem Griff. Nähen, trennen, nähen, trennen, nähentrennen. Zugegeben, der Druck hat nachgelassen. Aber die Schnüre, Herr Doktor, die Schnüre. Guste, laß keine Schnüre liegen. Schließe sie weg. Fort mit Geräten, die ein Kabel haben. Nimm kein Bügeleisen zur Hand. Seine Schnur könnte sich selbständig machen, sich aufrichten wie der Strick eines Fakirs, sich heranschleichen an deinen Hals, ihn umschlingen mit zarter Gewalt, dir die Luft abdrehn. Wie wär es, wenn ich selbst ihn einmal versuchte, den Seiltrick des Fakirs? Nimm sie, nimm sie, die Schnur. Leg sie dir um, gleich einem Halsschmuck, gleich einer Boa constrictor der Angst.

In diesem Zustand bin ich froh, daß ich zu meinem Verlobten flüchten kann. Ich setze auf Ablenkung. Auch wenn ich nur mit Mühe den Bahnsteig überwinde. Auch wenn ich das feindliche Haus der Schwiegermutter in Kauf nehmen muß. Seltsam, ich sage hier immer noch ›feindlich‹, wo es doch richtiger ›feindselig‹ heißen müßte. Ein Versprecher nach mehr als fünfundzwanzig Jahren? In dem feindseligen Haus, um denn bei diesem Ausdruck, der mir Passivität bescheinigt, zu bleiben, wurde allsogleich und auf nicht zu bestimmende Weise Groll in mir geweckt.

»Mein Verlobter fällt mir manchmal auf die Nerven.«

Ich sitze auf der Couch und wetze meine Zunge. Mein Biß wird scharf und gefährlich. Mein Zynismus beginnt aufzublühen in gleich obszöner Prachtentfaltung wie der Kakteenbaum in der guten Stube meiner Schwiegermutter. Ich fühlte die Bosheit in mir brodeln, die meine Mutter mir bescheinigt hatte, wenn ich den berechtigten Wünschen ihrer Sanftheit nicht hatte nachkommen können. ›Du bist eine Herzog ausgekotzt‹, sagt meine Mutter. Auch der mir anverlobte freundliche Mann hätte Sanftheit von mir verdient, eine Sanftheit, von der ich überzeugt war, daß ich sie besaß, irgendwo, sieh doch her, ich bin doch so lieb und ruhig, so wattig. Ich nähe und trenne still vor mich hin.

»Ich verstehe es nicht. Warum kann ich es gerade den Menschen nicht recht machen, die mir am nächsten stehen? Ich hab' ihn doch lieb. Ich kann mir mein Leben ohne ihn genausowenig vorstellen, wie ich als Kind mir das Leben ohne meine Mutter hätte vorstellen können. Verstehen Sie das? Es kommt mir vor, als laboriere ich an meinem Brautstand wie an meiner Krankheit.«

Keine Antwort von gegenüber der Couch. Bitte schön, auch gut. Der Fleck sieht aus wie ein Loch. Und ich weiß, daß sich auch mit meinem Verlobten ganz schön unsere Zeit totschlagen läßt. Oder doch nicht? Denn ich sage ziemlich unvermittelt: »Ich liebe auch meine Mutter.« Aber das sage ich schon in die ausgestreckte Hand hinein. Die Stunde ist um.

Ja, ich liebte meine Mutter. Ich liebte sie immer schon. Und nicht nur, weil sie dem Kind des Kindes Geschichten so anschaulich erzählen konnte, mit so viel Witz und Humor. Von einem bestimmten Zeitpunkt an war es ja auf ihre Erzählungen nicht mehr angewiesen. Es erlebte seine Geschichten selbst. Das begann wohl damals, als wir noch in der Stadtwohnung lebten. Wir sagten Stadtwohnung, als ob wir daneben einen Besitz auf dem Lande gehabt hätten, was nicht der Fall war. ›Aber es klingt gut‹, sagt meine Mutter. Sie mochte es, wenn etwas gut klang. Mit der Stadtwohnung verknüpfen sich meine frühesten Erinnerungen.

›Mutter, darf ich nach oben?‹ Oben wohnte der Eigentümer des Hauses, Herr Schneider, der wirklich ein Schneider war. Er hatte eine Frau, die ihre Sätze begann mit den Worten: ›Wissen Sie, ich hab' zu meinem Mann gesagt, Mann, hab' ich gesagt...‹ Meine Mutter konnte sie trefflich nachahmen. ›Mutter, bitte mach Frau Schneider‹, und meine Mutter machte Frau Schneider. Da ist auch Schneiders Katze Adele, die ein Kater war und sich ›das Brot selbst verdienen mußte‹, indem sie sich die Fleischbrocken, die man an die Tür klebte, im Sprung herunterklaubte. Ich wollte immerfort zu Schneiders, auch wenn du, liebe Mutter, das nicht so gut leiden mochtest und Frau Schneider einfältig nanntest und ihre Einfältigkeit hinreißend nachahmtest. Das Kind wollte nach oben, erste Etage, denn oben erschien mir wie ein Kinderhimmel. Oben durfte ich spielen. Ach was, spielen, ich durfte mich nützlich machen, ich wurde gebraucht. Ich sitze auf einem riesigen Schneidertisch, direkt neben Herrn Schneider. Ich habe meine Beine untergeschlagen wie er. Und ich mache mich nützlich. Ich fädele Fäden für ihn. Ich fädele Fäden aller Farben. In Ösen winziger Nadeln. Ich fädele auf Vorrat. Welche Farbe, bitte der Herr? Braun? Wird gleich besorgt. O vielen Dank. Wie gut, wenn man nicht alles selbst tun muß. Das Kind ist glücklich.

An Herrn Schneider und seine sitzende Lebensweise hatte ich mich erst gewöhnen müssen, sie war dem Kind nicht geheuer: Wo hatte Herr Schneider seine Beine? Vielleicht hatte er keine? Ich jedenfalls hatte ihn nie stehen oder gehen sehen. ›Mutter, hat Herr Schneider keine Beine?‹ – ›Aber ja doch, Kind, natürlich hat er Beine. Wie käme er sonst in den Wald?‹ Und meine Mutter erzählt mir zum ich weiß nicht wievielten Mal die Geschichte von Frau Schneiders frischer Luft. ›Einmal im Jahr gehen Schneiders in den Wald, zu den Drei Kaffeehäuschen . Und danach kommt Frau Schneider zu mir und sagt: Wissen Sie, Frau Herzog, die frische Luft. Ich hab' zu meinem Mann gesagt, Mann, hab' ich gesagt, tief atmen, tief atmen.‹ Und die Mutter atmet tief. Ich lache Tränen. Und weil ich mich nicht beruhigen kann, wie die Mutter-Frau-Schneider tief atmet, setzt sie die Geschichte fort, aus eigenem sozusagen, wird schöpferisch. ›Einmal im Jahr‹, sagt meine Mutter, ›baden Schneiders. Und danach kommt Frau Schneider zu mir und sagt: Wissen Sie, Frau Herzog, das herrliche Wasser. Ich hab' zu meinem Mann gesagt, Mann, hab' ich gesagt, plätschere, plätschere.‹ Und meine Mutter rudert durchs Zimmer.

Warum Schneiders Kater Adele hieß, weiß ich nicht mehr, aber als Kind machte ich mir so meine Gedanken. Vielleicht hatten sie sich ein Kind gewünscht und keines bekommen. Es hätte sicherlich ein kleines Mädchen sein sollen, so wie ich eines war, und dann war es bei der Katze geblieben, die sich auch noch als Kater entpuppte. Wenn sie klein sind, kann man es ja noch nicht unterscheiden. ›Und überhaupt, da schaut man auch nicht hin‹, sagt meine Mutter. ›Wo schaut man nicht hin, Mutter?‹ Und warum machst du deine großen Augen? Aber das sagte ich nicht mehr laut.

Oben bei Schneiders war alles viel schöner. Meine Mutter schien sich darüber zu ärgern, zumal das Kind anfing, oben zu essen. Ich erinnere mich, daß es für mich nichts Köstlicheres gab als Frau Schneiders Kartoffelsalat. Ich aß ihn oben in solchen Mengen, daß man hätte glauben können, die da unten ließen mich verhungern. Und so war es ja nun wirklich nicht. Meine Mutter war zu Recht wütend: ›Kornelius‹, sagt meine Mutter, ›sprich du doch ein Machtwort. Warum ißt das Kind nicht hier, wo es hingehört? Also sprich schon ein Machtwort!‹ Ich erinnere mich, daß ich mich manchmal gefragt habe, wo ich denn wohl hingehörte. ›Mutter, bin ich euer Kind? Oder das Kind von Schneiders? Vielleicht bin ich vertauscht. Und Adele gehört euch.‹ Und meine Mutter macht ihre großen Augen. ›Kornelius, dieses Kind hat zuviel Phantasie‹, sagt meine Mutter.

Da war noch eine Frau, die mit uns im gleichen Haus lebte, eine Frau Mühlen. Sie wohnte Parterre, wie wir. Sie litt unter unsäglichen Kopfschmerzen. ›Frau Herzog‹, pflegte sie zu sagen, ›ich habe wieder Kopfschmerzen, unsägliche Kopfschmerzen bis hier!‹ Und bei ›hier‹ fuhr sie sich mit der Hand quer über den Leib in Höhe des Bauchnabels. Meine Mutter parodierte auch sie, und ich konnte mich nicht lassen vor Entzücken: ›Mutter, bitte mach, wie weit Frau Mühlen Kopfschmerzen hat‹. Wirklich Mutter, das konntest du. Du hattest eine unnachahmliche Begabung, andere nachzuahmen. Gelegentlich parodiertest du sogar den Kater und sprangst mit kühnem Satz an der Küchentür hoch, um dir einen imaginären Fleischbrocken herunterzuklauben, den du mit übertrieben genüßlichem Schmatzen verschlangst. »Meine Mutter hat ein ausgesprochen komisches Talent. So wie ihr Bruder Gregorius. Sie beide konnten eine Gesellschaft unterhalten.«

Warum spreche ich nicht weiter? Ich denke an deine Begabung der Parodie, liebe Mutter. Selbst dein lieber Gott war ein Erfolg. Allerdings war der für das Kind nicht ganz so lustig, wenn es auch wie ein Spiel begonnen hatte: ›Mutter, bitte mach große Augen, ich will mich gruseln.‹ Und dann machtest du Augen so groß wie Untertassen. Es waren die Augen des Wolfes, der das Rotkäppchen verschlingt. Später jedoch, als die ›Anrufung Gottes‹ hinzukam, da waren es nicht mehr die Augen des Wolfes, da waren es Gottes Augen. Für mich wart ihr, du und Gott, eine gefährliche Personalunion eingegangen, du warst Gott, eine strafende Instanz des Himmels. Da hielt ich mich lieber an die andere Mutter, die junge, die schöne, die lustige, die ›ein Unikum‹ war, wie die Familie sagte. »Sie war nicht nur voller Geschichten, sie war auch voller Musik. Im Gegensatz zu meinem Vater.« Plötzlich grinst die Tapete unfreundlich zurück. Ja, natürlich, später, als ich nicht mehr das Kind war, sondern das Mädchen, da pflegte mein Vater der Musik hin und wieder Erwähnung zu tun. Dann nämlich, wenn bei mir ›sonst nichts mehr fruchtete‹, und du, liebe Mutter, ihn um das Machtwort ersuchtest. ›Wart nur‹, sagt mein Vater, ›dir werd' ich die Flötentöne schon beibringen.‹ Und dann war es Zeit, daß ich mich nach einem Fluchtweg umsah.

Der Vater. Ein Stichwort ist gefallen. Aber ich schweige. Ich schweige, obwohl ich von meinem Vater doch längst ebenso ausführlich hätte sprechen müssen wie von meiner Mutter. »Du meine Güte, über ihn habe ich Ihnen doch eigentlich schon alles gesagt. Er ist ein wandelndes Pulverfaß, hat seit jeher Angst und Schrecken um sich verbreitet. Er hat mich nie geliebt. Ich war ja nur ein Mädchen. Und er hätte einen Sohn für sein Geschäft gebraucht.«

Ich liege auf der Couch und versuche, mich an meinen Vater zu erinnern. Ich will mich an ihn erinnern, ich will ihn behandeln nach Gebühr, ihn breittreten, ihn nach allen Seiten drehen, ihn wenden, schauen Sie ihn sich genau an, es sind nur dunkle Stellen an ihm sichtbar. Aber es funktioniert nicht so richtig. Guste, erinnere dich an die Erinnerungen. Aber der Vater bleibt vage, als hätte das Kind nicht an ihn denken wollen, an ihn so wenig, wie an die Wolfsgottesaugen der Mutter. Wieso das Kind? Das Kind liegt doch nicht hier auf der Couch. Und nur für das Kind war der Vater auf eigentümliche Weise nicht greifbar gewesen. Dabei war er doch auf eine sehr lebhafte und beherrschende Art vorhanden gewesen, laut, selbstbewußt und energisch. Heute würde ich sagen, er war unkompliziert und von lebensbejahender Disposition. Aber wie gesagt, noch ist nicht heute, noch stehe ich erst an den Anfängen. An den Anfängen von was?

»Meine Mutter hatte ewig verweinte Augen, und daran war nur mein Vater schuld.« – ›Der Mann ist mein Kreuz‹, sagt meine Mutter.

Der Mann w a r ihr Kreuz, verdammt noch mal, und auch das meine. Und meinem Arzt sollte ich jetzt sagen, wie unsympathisch er mir ist. Analytische Grundregel. »Sie sollen alles sagen, was Ihnen durch den Kopf geht. Sie dürfen alles sagen, was Ihnen durch den Kopf geht. Es wird registriert ohne moralische Wertung. Sie sollen selbst Dinge sagen, von denen Sie annehmen, daß sie mir die Schamröte ins Gesicht treiben.«

Tut mir leid, mit Gedanken dieser Art kann ich nicht dienen. Was mir durch den Kopf geht, ist nicht dazu angetan, dich erröten zu machen. Was mir durch den Kopf geht, hätte höchstens die Wirkung der sprichwörtlichen Fliege an der Wand. Aber ich werde mich hüten, hier schwankenden Boden zu betreten. Vielleicht explodierst du, mein Freund, auch wenn du kein Weiß mehr trägst. Auch in dir könnte sie brodeln, die Bosheit der Herzogs.

Die Watte beginnt, mich einzukreisen. Soll sie doch, ich weiß ja, daß ich hindurchgehen kann, daß sie sich schließt hinter mir, mir Freiraum schafft, klein aber mein. Und eine Stimme yakkety-yakked: Es ist ja kein Wunder, er ist ein typischer Herzog. So sind sie alle, die ganze Brut, er, sein Vater, seine Brüder, seine Schwestern. Ich, deine Mutter, ich werfe sie alle in einen Topf, auch dich, mein geliebtes Kind, du meine einzige Freude. Wattefetzen geben den Wolfsgottesaugen Trauer: Auch du wirst so werden, eine typische Herzog, eine Herzog ausgekotzt. Wart es nur ab. Ich fühle mich grau und schäbig. Mutter, ich will nicht so sein wie mein Vater. Ich bin nicht sein Kind. Ich sage es laut: »Ich bin nicht sein Kind. Ich bin es niemals gewesen. Auch für ihn nicht. Ich war das Kind meiner Mutter. Ein Mutterkind.«

Stille mir gegenüber.

»Ich war ja kein Junge. Ich war nur ein Mädchen, ein NUR-Mädchen, wenn Sie so wollen.«

Stille mir gegenüber.

Meine Augen verlassen das Nichts, richten sich auf die Stille mir gegenüber. Zuneigung geht von ihr aus. Ach Unsinn, das kann ja nicht sein.

Ende der Stunde.

Es ist Montag und ich trage die Gedrücktheit in die Analyse, die den Montagen vorbehalten zu sein scheint. Der Montag ist ein kritischer Tag. Heute kann ich meinen Analytiker mit einer neuen Zwangsvariante erfreuen. Welch eine Fülle von Möglichkeiten liegt doch in mir. ›Es ist nicht so wie bei armen Leuten‹, sagt meine Mutter.

Das Grauen begann, als ich am Samstag den Bahnsteig mit meiner Mühe und der Hilfe des mir anverlobten Mannes überwunden hatte. Ich trat ein in das Haus, das nur dem in obszöner Prachtentfaltung blühenden Kakteenbaum Heimstatt sein kann. Und schon ging es los. Bitte, Liebster, nur einen Moment, laß mich diese kurze Notiz über die Stunde noch machen. Ich beginne zu schreiben. Schön soll es sein, akkurat und der Ordnung meines Innenlebens angepaßt. Der Versuch mißlingt. Auch der nächste, der nächste, der nächste. Und nun fühle ich die Watte beginnen. Ich fange an, der Welt abhanden zu kommen. Es kommt massiv. Es brandet hoch, steigt von den Füßen an aufwärts. Das Herz klopft mir im Hals. Hitzewellen überfluten meinen Körper. Fluten zusammen mit dem einzigen Gedanken an die unabänderliche Notwendigkeit, zu schreiben und zu zerreißen, zu schreiben und zu zerreißen, zu schreiben und ratsch, und noch einmal und ratsch, und nocheinmalundratsch.

Eine Glocke schlägt an. Das kenne ich doch, das gab es schon einmal, damals, als ich noch Kind war, als alles so sein mußte wie das Tüpfelchen auf dem i. Jetzt komm aber endlich, sagt meine Mutter, wir wollen doch weg. Bitte, Mutter, nur noch fünf Zeilen. Nun mach aber auch. Meine Mutter zetert zu Recht. Zwei Stunden schon sitzt das Kind über der Tafel. Der Griffel zirpt über den Schiefer, der voll ist mit ›i‹: aufabauf, Pünktchen drauf. Reihen, exakt ausgerichtet wie die Soldaten. Das Kind malt die perfektesten ›i‹ der Schulgeschichte. Aber dem Kind kommen Zweifel. Das ist noch gar nicht gut. Du kannst es viel besser. Noch einmal von vorn. Der Schwamm schlägt eine Bresche. Die Schlachtordnung wankt, fällt der Nässe zum Opfer. Die feuchtdunkle Spur hinterläßt Leere. Reihenweise sind sie gefallen, die Opfer von Ordnung und Perfektion. Doch es sind Scheintote, denn sie erstehen aufs neue. Von links nach rechts, genau auf der Linie, hellgrau auf schwarz, Regimenter von ›i‹, aufabauf, Pünktchen drauf. Jetzt komm aber endlich, du warst doch schon fertig. Nein, Mutter, es ist noch nicht gut. Schluß jetzt und ab durch die Mitte. Dem Kind wird die Tafel entrissen. Es sitzt da mit dem Schwamm in der Hand und kann nicht mehr löschen, kann nicht mehr töten ins Nichts. Es sitzt da mit dem Schwamm in der Hand und der Qual im Herzen, der Qual, die körperlich schmerzt.

»Es tat damals schon weh, das nie Vollkommene, das nie Perfekte. Hat es schon damals begonnen?«

Ich erinnere mich an die Fotografie jenes Kindes von sechs

mit seinem dauergekrausten Haar. Todwunder Blick schaut ins Leere, hat resigniert, voll Verzweiflung. Es ist nicht zu schaffen, es ist nicht zu schaffen. Es ist niemals zu schaffen, so perfekt zu sein, wie man sein müßte.

»Lassen Sie die Notizen, sie sind nicht so wichtig. Sie werden auch ohne sie gesund.« Und ich lasse sie gern. Noch habe ich ja die andere Möglichkeit, mich im Perfektsein zu üben: nähen, trennen, nähen, trennen, nähentrennen. Meine Mutter hat recht, bei uns ist es nicht so wie bei armen Leuten. Ich bin ja so reich an Möglichkeiten des nutzlosen Tuns.

›Du liebst mich nicht. Du hast mich nie geliebt.‹ Ich schleudere es dem Mann meiner Mutter Träume ins verdutzte Gesicht. Ich mache ihm eine Szene. Darin habe ich nachgerade Übung. Ich habe nämlich die Entdeckung gemacht, daß sich meine wochenendliche Zwangswatte auf seltsame Weise beschwichtigen läßt. Ich brauche mich nur einem wochenendlichen Groll zu überlassen. Ich tue es dumpf, aber mit Wonne. Der Groll überfällt mich, wenn wir zusammen sind. Es ist allein meine Schuld, denn mein Verlobter gibt mir nicht die geringste Handhabe. Ich muß direkt danach suchen. Und wer suchet, der findet. Ich habe ihn mit List dazu gebracht, mir alte Amouren zu schildern. Und nun mache ich ihm eine Szene. Ich bin von Eifersucht geplagt, die ich nicht fühle. Ich mache ihm häufig Szenen, unentwegt sozusagen. Fahren wir zusammen weg und er nimmt ein Doppelzimmer, mache ich ihm eine Szene. Fahren wir zusammen weg und er nimmt kein Doppelzimmer, mache ich ihm eine Szene. Ich sehe mich nächtens in einem Hotel besserer Güte. Ich reiße die Tür unseres Zimmers auf, stürme den stockdunklen Flur, zerre mir den Verlobungsring vom Finger und schleudere das kostbare, gehütete Kleinod mit Wucht in das Dunkel. Jeder andere

Mann hätte mich hinterhergeworfen. Nicht so der Mann, der mich liebt und den ich liebe. Er steigt hinab in die Nacht, sucht und findet, steckt das Kleinod zurück an die Hand, die es geschleudert: doppelt verlobt hält besser. Und ich schäme mich für ihn, die ich mich für mich hätte schämen müssen. Ich verachte ihn, die ich mich hätte verachten müssen. ›Du bist verdorben von klein auf‹, sagt meine Mutter. Und ›Du wirst im Zuchthaus enden.‹ Nein, nur das nicht, liebe Mutter, schau doch, ich streng' mich ja an, ich streng' mich ja an, es dir recht zu machen. Bitte sei wieder gut.

Berichte über diese und ähnliche Reibereien nahm ich Anlaß, meine Montagsstunden zu würzen. Ich ben Stunde um Stunde, Woche um Woche, mir meinen Verl von der Seele zu reden. Aber was sag' ich denn hier? Konklusionen bitte, die wären nun wirklich verfrüht. eines wird klar, der Mann meiner Zukunft stört die B lung.

»So geht das nicht weiter, so geht das auf gar kei weiter.« Es wird vereinbart, daß das Brautpaar sich Nicht für lange, nur vorübergehend, für sagen wi ein Jahr. Mir war es völlig egal. Ach was, der Wa Ehre, ich war es zufrieden. Mir ist nie in den Sinn ge daß ich dem Mann weh tat, sowohl mit dem Groll a t der Bereitschaft, mit der ich in die geforderte Trennung einwilligte.

Sie hatte übrigens ihr Gutes, nun konnte ich Bahnsteige meiden. Schienenstränge jagten mir nach wie vor Furcht ein, auch wenn ich wußte, daß das Symptom nicht die Krankheit ist. Damit war jetzt Schluß. Kein Festkrallen mehr an Geländern. Aber noch habe ich ja die andere Möglichkeit, mich der Welt zu entrücken, noch habe ich die Schnüre. Selbst auf die Gefahr, daß ich mich wiederhole, bei uns ist es wirklich nicht so wie bei armen Leuten. Ich bin ja so reich an Möglichkeiten der nutzlosen Angst.

Und dann ist erst einmal Ruhe im Dom. Auch so ein Mutterwort. Sie traf stets das Rechte: ›Jetzt ist aber Ruhe im Dom‹, sagt meine Mutter. Ich schweige die große Pause. Nur die gewünschten Fotografien, die bringe ich mit.

»Hier bitte, die Bilder.« Ich halte sie in der Hand wie das Blatt eines Pokerspiels, Urgroßmutter, Großmutter, Mutter und Kind. Absteigende Linie mütterlicherseits, ein Familien-straight. Vom Vater kann ich nichts zeigen. Wieso auch? Ich danke ja Gott, daß ich ihn los bin, wozu ihn also mit mir herumschleppen?

Am besten gefällt mir das Kind. Es ist etwa zwei und sitzt auf dem obligaten Eisbärenfell des Fotografen. Ein Beinchen baumelt herab, die Zehen gespreizt, als wollten sie sagen, hallo, schaut her, wie gelenkig wir sind. Ich trage mich vornehm, feinster Batist, Spitzen die Fülle. Lässige Eleganz oder der Wille der Mutter lassen einen Träger über die kindschmale Schulter gleiten: *grande dame en miniature.* Mich selbst ficht das nicht an, ich lache. Ich blicke mit strahlenden Augen keck in die Welt. Das blonde Haar ist geringelt. Hörst du, Mutter, dein Kind hatte Ringelhaar, kein Schnittlauch! Warum mußte es Dauerkrause bekommen mit sechs?

Das Bild meiner Mutter zeigt eine schöne Frau. Ja, genau so war sie: Ein feines Gesicht und traurige Augen sprechen Schaut her, die ihr mühselig und beladen seid, ich bin bereit, euer Leid auf mich zu nehmen, und wenn es sein muß mit Gewalt. Man sieht es dir an, Mutter, dir ist es keine Bürde gewesen, das Kind deiner Mutter zu sein. Ihr wart euch eine Freude, die eine der anderen.

Die Mutter meiner Mutter schaut streng. Ich habe diese Großmutter nicht mehr gekannt, jedenfalls kann ich mich an sie nicht erinnern. ›Ach was‹, sagt meine Mutter noch heute, natürlich kannst du dich erinnern, ein jeder erinnert sich an Großmutter‹. Wirklich, liebste Mutter, manchmal ist deine Logik allzu grotesk. Woran ich mich jedoch erinnere, ist, daß Großmutter häufig fort war. Wo sie sich aufhielt, konnte das Kind nicht ergründen. Ebenso plötzlich war sie wieder da. Allmählich kam ich dahinter. Ein Satzfetzen hier, ein Satzfetzen da. Großmutter war krank. Sie litt an einer Krankheit, über die man nicht sprach, höchstens hinter vorgehaltener Hand. Sie soll die absurde Vorstellung gehabt haben, Großvater könnte eines Tages seine Arbeit verlieren und würde Großmutter ohne einen Heller dasitzen lassen. Sie muß in der ständigen Angst gelebt haben, sie und die ihren müßten verhungern. Waren die Ängste übermächtig geworden, habe sie es vorgezogen, allem ein Ende zu machen. Sie spielte mit den Knöpfen des Gasherds. Und dann brachte man sie fort. Nicht in ein Irrenhaus, o nein, das wies man weit von sich, wer hat schon gern eine Irre im Blut? Das Kind hörte, Großmutter litte an einer ›fixen Idee‹. Die sollte sie jedoch immer dann verlassen, wenn sie ihr trautes Heim verließ. Da nämlich, wo man sie hingeschafft hatte, pflegte sie wie erwachend um sich zu blicken und klar und entrüstet zu fragen: ›Wo habt ihr mich denn hingebracht?‹ Später sei das Wörtchen ›wieder‹ hinzugekommen: ›Wo habt ihr mich denn wieder hingebracht?‹ Worauf man sie schleunigst zurückholte.

Und jetzt kommt es mir dunkel, ganz grau, möchte ich sagen, Farbe Numero Sieben. Wir betreten ein riesiges graues Gebäude, mein Großvater, meine Mutter und ich. Da ist ein riesiger grauer Saal mit einer riesigen Anzahl grauer Betten. Graue Gestalten liegen, sitzen, hocken, schwanken, schaukeln. Das Kind hat Angst, klammert sich an Großvaters Bein. Warum wohnen hier so viele Leute in einem so großen Zimmer? Und wie bewegen sie sich? Ruckartig, träge und schamlos. Wo blicken sie hin, auf mich, auf sich, in sich? Sie kommen mir näher. Auch ihre Blicke sind grau. Die Gestalten greifen nach mir, mit grauen Klauen. Großvater, schrei ich, ich will raus. ›Ach was, völlig harmlos‹, sagt meine Mutter, ›sie alle sind harmlos.‹ Aber weiß das denn ich? Ich will raus! Und Großmutter auch. Denn die hat offensichtlich wieder die Nase voll. Mit ihren strengen Augen, dem einzigen Blau in all dem Grau, blickt sie wie erwachend um sich und fragt einmal mehr klar und entrüstet: ›Wo habt ihr mich denn wieder hingebracht?‹

Woran Großmutter gestorben ist, weiß ich nicht mehr. Es hatte auf jeden Fall nichts mit den Knöpfen des Gasherds zu tun. Es war die Rede davon, sie sei lange leidend gewesen und von meiner Mutter wahrlich aufopfernd gepflegt worden. ›Ich habe meine Mutter zu Tode gepflegt, denn ich habe sie unendlich geliebt‹, sagt meine Mutter. Sie sagt es vorwurfsvoll. Ich fühlte mich sofort schuldig. ›Ich habe sie zu Tode gepflegt.‹ Welch eine seltsame Formulierung. Was meinte Mutter damit? Wollte sie, daß sie von ihrem Kind gleich stark geliebt würde, gleich stark geliebt und im Notfall zu Tode gepflegt? ›Aber das würdest d u j a n i e tun‹, sagt meine Mutter. Ich war verwirrt. Ich liebe dich, Mutter, und ich werde dich natürlich auch zu Tode pflegen, genau so, wie du es mit deiner Mutter getan hast, mit dieser Großmutter, die auf Familienfotos mit so kalten Augen auf mich herabblickt.

Es gibt übrigens eine Fotografie der Mutter dieser Großmutter, meiner Urgroßmutter also. Darauf hat auch sie diese kalten Augen. Wie sie überhaupt eine eigenartige Frau gewesen sein muß, wenn ich aus der einzigen überlieferten Geschichte Schlüsse ziehen darf. Danach jedenfalls war meine Urgroßmutter mit ihrer eigenen Tochter stets unzufrieden gewesen, weil diese ihre Tochter, also meine Mutter, ›einfach unmöglich herumlaufen‹ ließ. Immer, wenn meine Mutter ihre Großmutter besucht hatte, pflegte sie zu sagen: ›Du armes Kind, wie läßt deine Mutter dich herumlaufen, wie siehst du denn wieder am Kopf aus?‹ Und dann versenkte sie ihre großmütterliche Hand in einen Tiegel mit Schmalz, um ihrem Enkelkind das Haar zu fetten. Eine düstere Linie mütter-mütterlicherseits. Für mich, das Kind, seid ihr böse gewesen, Hexen alle beide, Hexen mit dem bösen Blick. Urgroßmutter mußte ihn an Großmutter vererbt haben, so wenigstens sah es das Kind. Die Augen meiner Mutter dagegen waren ganz anders, traurig für gewöhnlich, verweint schon aus ihrer Kindheit. Und ich schwor mir, dich, Mutter, genau so zu lieben, wie du deine Mutter geliebt hattest, dich notfalls zu Tode zu pflegen. Warum nur, Mutter, fühlte ich mich schuldig dabei?

Und ich erinnere mich an die Magenschmerzen, an die Tage und Nächte der Qual.

»Meine Mutter hat wirklich ihre liebe Not mit mir gehabt, die Arme. Ich war ihr sicherlich keine Freude.«

Stille mir gegenüber. Und Ende der Stunde. Ich trödle nach Hause, obwohl es mich zieht: Komm her, du mein Kind, entrichte den Zoll, heute ist Zahltag, wieder einmal, nähe und trenne, nähe und trenne. Tu deine Pflicht. In endloser Qual.

Mein Analytiker empfängt mich an der Tür. »Heute machen wir mal was anderes. Behalten Sie den Mantel an. Wir fahren mit dem Wagen weg. Ich bin abgespannt.«

Wieso darf der abgespannt sein für mein Geld? Ich möchte wetten, daß der Fleck auf der Tapete jetzt aussieht wie ein Fünfmarkstück. So oder ähnlich geht es mir durch den Kopf. Aber ich bin großmütig, na ja, soll er also abgespannt sein. Wir fahren zur Stadt hinaus. Ich kenne die Gegend. Wir sind in der Nähe meiner alten Wohnung, in der Nähe von Tante Fine. Was sie wohl macht? Ich habe mich nie mehr um sie gekümmert. Eigentlich komisch, wo ich sie doch so gern hatte.

Ich schweige das große Schweigen, bekannt als der Widerstand. Mir ist verdammt unbehaglich. Sonst sitze ich nie so nah bei meinem Analytiker. Wenn ich jetzt die Hand ausstrecke, kann ich ihn fühlen. Als würde ich für einen ungehörigen Gedanken bestraft, tritt mein Chauffeur auf die Bremse und hält.

»An dieser Stelle muß ich immer pinkeln.« Sagt's, steigt aus und geht seitlich nach hinten in den Wald. Du meine Güte! Wie kann man nur! Ich bin entsetzt. Man sagt nicht pinkeln, Herr Doktor, man sagt es nicht. Bei uns zu Hause hieß das ein Bächlein. ›Also Kind‹, sagt meine Mutter, ›wie oft soll ich dir das noch sagen, es heißt: Mutter, ich muß bitte ein Bächlein.‹ Für die festere Konsistenz gab es kein Wort, so als ob das Kind nicht hätte kacken dürfen. Also wirklich, du meine Güte, Herr Doktor. Aber ob ich es will oder nicht, etwas wie Freude beginnt sich in mir zu regen, beginnt sich auszubreiten, beginnt mir den Bauch zu füllen mit wohliger Wärme. Mir gefällt, wie er da redet. So natürlich. Und pinkeln ist schließlich natürlich, nicht wahr?

Mein Chauffeur steigt wieder ein und wirft mir beiläufig seine Handschuhe in den Schoß. »Da«, sagt er. Sonst nichts. Ich schaue die Dinger an. Ich schaue sie an, als würden sie beißen. Es sind Lederhandschuhe, außen braun und glatt, innen hell und weich. Ich strecke die Hand aus, berühre sie zaghaft mit einem Finger, möchte und wage doch nicht: Soll ich, soll ich nicht? Darf ich, darf ich nicht? Doch dann schlüpf' ich hinein. Sie haben die Wärme seiner Hände. Und ich lege meine Hände mit seinen Handschuhen an mein Gesicht. Mich überströmt ein Gefühl, wie ich es in meinem Leben nicht gekannt habe. Das muß das Glück sein. Sie geben mir Wärme, diese Handschuhe, so wie es mir Geborgenheit gibt, dieses Haus auf vier Rädern. Ich denke Faradayscher Käfig, hier schlägt kein Blitz ein, in diesem Nest bin ich ganz sicher.

Wir sind inzwischen weitergefahren. Und diesmal ist mein

Schweigen kein Schweigen des Widerstandes, es ist ein Schweigen des Glücks. Ja, ich bin glücklich. Wir treffen vor dem Haus ein, das ich einmal nicht gefunden habe. Wann war das? Vor Äonen. Wir sind pünktlich auf die Minute.

»Also dann bis übermorgen.«

Ich habe die Handschuhe zurückgegeben, aber das Glücksgefühl bleibt, wie die Wärme. Sie wird mich durch die Behandlung tragen, durch alle Rückschläge, die da noch kommen. Ich werde nie wieder frieren.

Hallo, Großvater, wo kommst du jetzt her? Mehr als fünf Jahre habe ich keinen Gedanken an dich verschwendet, praktisch seit deinem Tod nicht, obwohl er mir die Mittel gab, mit dem Studium zu beginnen. Und nun stehst du da in deiner vornehmen Eleganz. Stehst gleich neben dem Fleck auf der Tapete, der aussieht wie eines der Törtchen aus Sand, die wir im Wald miteinander gebacken haben. Du hast recht, ich habe nicht immer gefroren. Es wird mir wohlige Wärme sein, von dir zu sprechen.

»Wissen Sie, der Vater meiner Mutter war wohl das, was man früher einen Habitué nannte. Und wenn meine Großmutter meinte, sie müsse eines Tages verhungern, so muß ich ihr Gerechtigkeit widerfahren lassen. Es gab da wirklich etwas, was sie irritieren durfte: Großvater arbeitete nicht.« Es will mir so vorkommen, als sei er stets weiß gekleidet gewesen, obwohl das natürlich Unsinn ist, denn welcher Mann trägt zum Beispiel im Winter weiße Anzüge? Aber für mich, für das Kind, war Großvater der Makellose, eine Lichtgestalt. Sein Weiß flößte mir keine Angst ein, sein Weiß war der Ausdruck einer noblen Lebensart. Es gab überhaupt einiges, das meinem Großvater in den Augen des Kindes einen ungeheuren Nimbus verlieh. Zum Beispiel der Umstand, daß er operiert war und nur noch einen halben Magen hatte, faszinierte mich.

Aber das war nicht der ganze Großvater. Der war viel mehr. Er war es, der mich täglich auf seinem Fahrrad mit in den Wald nahm, zu den Drei Kaffeehäuschen . Er war des Kindes Bäckergesell. In einer Waldgrube half er mir, dreifarbige Marmorkuchen zu backen aus Lehm, Sand und verrotteten Tannennadeln. Er war des Kindes bester Kunde. Er kostete mein Brot und beglückwünschte mich zu meiner Backkunst. Großvater war für mich nicht nur Wärme und Licht, er war auch Wärme und Waldboden, Wärme und Tannenduft. Solange das Kind noch klein war, saß es in einem Körbchen, das an der Lenkstange seines Fahrrades befestigt war. Als ich größer wurde, installierte man einen kleinen Sattel auf die Fahrradstange. Wie liebte ich es, Großvater, mich nach hinten zu schmiegen, ganz nahe an dich. Ich kann deine Wärme spüren. Ich fühle dein Kinn auf meinem Kopf. Dein warmer Atem geht über mich hinweg, als wolltest du den kühlen Fahrtwind aus meinem Ringelhaar pusten.

Als meine Eltern einen Garten vor der Stadt mieteten, fuhr ich auch dorthin zusammen mit Großvater. Auf halbem Wege machten wir halt und du kauftest frische Brötchen und Blutwurst, selbst wenn diese Köstlichkeiten deinem halben Magen nicht gut bekamen. Auch das warst du, Großvater, du warst der Duft warmen Brotes und der Hauch marmorner Metzgerskühle. Du lehrtest mich die Blumen am Wegesrand kennen und den Gesang der Vögel unterscheiden. Du brachtest mir einen Eichelhäher aus dem Wald, du schenktest mir mein erstes Kaninchen, mein erstes Kätzchen. Als du Schützenkönig wurdest, wähltest du mich zu deiner Königin. Du nahmst mich mit ins Theater. Mit dir sah ich Peterchens Mondfahrt und Dornröschen . Mit dir hörte ich Hänsel und Gretel , meine erste Oper.

Großvater war eine Kinderwelt, in der nichts Beängstigendes Platz hatte, solange er in der Nähe war. Er brachte es fertig, daß das Kind sich wunderbar fühlte. ›Na, mein kleines Mädchen‹, pflegte er zu sagen, und ich fühlte mich gut. Sein ›Mädchen‹ war ein zärtlich geliebtes. Es war ein anderes Mädchen als das, das ich später werden sollte, des Vaters NUR-Mädchen oder der Mutter Mädchen, das aus der Art geschlagen war.

Aber des Kindes Welt bricht jäh zusammen. Der Hausflur unserer Stadtwohnung, kein Licht fällt hinein, und doch sehe ich es deutlich. Türen werden aufgerissen, klaffen wie Mäuler. ›Keine Familie, eine Büglerin‹, sagt meine Mutter. ›Der alte Narr‹, brüllt mein Vater. ›Ein Weibsstück‹, sagt meine Mutter. Und Vater sagt nichts mehr. Er schlägt zu. Er schlägt meinen über alles geliebten Großvater im Hausflur unserer Stadtwohnung zusammen. Und ich stehe dabei. Eine harte Hand faßt meinen Arm, zerrt mich ins Zimmer. Großvater, ich will zu dir. Wie liegst du denn da? Was ist denn passiert?

Was war passiert? Nichts weiter, als daß Großvater gewagt hatte, sich zu verlieben. Das durfte nicht sein, nicht in seinem Alter, obwohl er seit geraumer Zeit schon verwitwet war. Und er hatte mich mit in die Lasterhöhle genommen. Das liebe Gesicht. Ja, ich erinnere mich lebhaft an ein liebes Gesicht, an einen mächtigen Busen, einen einladenden Schoß, an den Duft frisch gebügelter Wäsche. Das, was die Familienehre als Unmoral verdammte, hatte etwas bezwingend Sauberes, etwas Adrettes. Deine Unmoral, Großvater, wirkte wie frisch gestärkt.

Ich wurde schwer krank. Ich behielt keinerlei Nahrung mehr bei mir. Ich hörte auf zu essen. »Aber meine Mutter pflegte mich rührend. Sie umsorgte mich mit aufopfernder Güte. Als ich dann wieder etwas bei mir behielt, waren es nur Bananen und Grahambrot, was ich vertrug. Ich glaube, ich habe jahrelang von nichts anderem gelebt als von Bananen und Grahambrot.«

Soviel sage ich laut. Den Rest aber verschweig' ich. Oder auch nicht. Der Rest kommt mir nicht in den Sinn. Daß ich selbst von Dir, liebe Mutter, nichts annahm. Nicht einen Bissen. Zwar hattest du die Hände gerungen, als dein Mann zuschlug. Aber warst nicht du es gewesen, die gesagt hatte ›ein Weibsstück‹? Wenn auch nur seufzend? In den Ohren des Kindes jedenfalls hat es geklungen wie ›Kreuziget ihn‹. »Und auch Onkel Gregorius hatte nur zugesehen. Ich versteh' das heute noch nicht.«

Lieber Onkel Gregorius. Nie hat es jemand gewußt, aber er war neben meinem Großvater mein zweiter persönlicher Halbgott. Ich betete ihn an, und der Gedanke an ihn erwärmt mir noch heute das Herz. Meiner Liebe zu ihm gesellte sich zuweilen eine gewisse Vorsicht hinzu, die mir im Hinblick auf meine Mutter angebracht schien. Ich wußte nie, wann das, was er sagte, auf ihren Beifall stieß oder auf ihre Mißbilligung. Ich konnte den schon erwähnten eigentümlichen Glanz in ihren Augen nicht deuten, wenn er begleitet war von mahnenden Worten. ›Aber Greg‹, sagt meine Mutter, ›das Kind.‹ Unterschwellig schien dieser Glanz eine doppelte Botschaft zu übermitteln, die ich nicht verstand. Zudem schien es eine Botschaft mit umgekehrten Vorzeichen zu sein. Es war verwirrend.

Onkel Gregorius hatte Großvaters Humor geerbt, seinen Humor in gleichsam verjüngter Auflage, er sprühte vor Witz. Er konnte jede Gesellschaft unterhalten. Und dabei schonte er weder sich, seine Frau, noch sein Eheleben. Was er aus letzterem preisgab, war manchmal etwas gewagt, nie jedoch mangelte es seinen Geschichten an Delikatesse. Dennoch waren es wohl diese Ehegeschichten, die meine Mutter zu dem Ausruf veranlaßten: ›Aber Greg…, das Kind.‹ Übrigens nannte ihn jeder Greg. Nur ich habe Zeit seines Lebens darauf bestanden, Onkel Gregorius zu sagen, ein Name voller Musik. Onkel Gregorius war Musik. Er hatte Konzertpianist werden wollen, der Krieg jedoch hatte ihn daran gehindert. Er war dann später beruflich wohl etwas aus der Bahn geworfen. Als ich ihn mit Bewußtsein in mich aufnahm, arbeitete er als Chauffeur. Aber immer noch spielte er hinreißend Klavier.

Wie meine Mutter erzählte, hat Onkel Gregorius erst geheiratet, nachdem er sich ›ordentlich ausgetobt‹ hatte. Sie betonte dies in ihrer zwischen Stolz und Ablehnung schwankenden Art und mit diesen glänzenden Augen. Onkel Gregs Frau, meine Tante Ida, die wir Idchen nannten, hatte er kennengelernt, als sie sich anschickte, in einem Baggersee zu ertrinken. Er rettete ihr das Leben und lag ihr fortan zu Füßen. Es war Liebe auf den ersten Blick. Tante Idchen war selbst in triefendem Zustand eine hinreißende Schönheit. Nach Ansicht meiner Mutter haftete ihr ein Makel an: Sie kam nicht aus der richtigen Familie, das Milieu stimmte nicht. Ihr Elternhaus hatte in einer Straße gestanden, in der man nach Mutters Ansicht ›nicht wohnt‹. Zwischen den Schwägerinnen sollte Zeit ihres Lebens ein erbitterter Kampf herrschen, der hin und wieder zu offener Feldschlacht aufloderte. Heute neige ich zu der Ansicht, daß die überaus glückliche Ehe, die Onkel Greg und Tante Idchen führten, meine Mutter verdrossen haben muß. Bemerkungen zufolge, die weder für des Kindes noch für des Mädchens Ohren bestimmt waren, und die später ich erst verstand, schien diese Ehe auf einer gesunden sexuellen Lebensfreude zu basieren. Sexualität war für Onkel und Tante so notwendig wie das tägliche Brot, und man erfreute sich ihrer mit gesundem Appetit. Das mochte meine Mutter verdrießen, obwohl sie sich die Hände daran wärmte.

Zu dem sprühenden Witz und Temperament von Onkel und Tante gab es natürlich einige Geschichten, wie auch zu den bisweilen auftretenden ehelichen Explosionen der beiden. Einmal habe man, erzählte meine Mutter, während der Karnevalszeit in einem Restaurant unserer Wohnung gegenüber zu Abend gegessen. Der Besitzer, ein Kunde meines Vaters, war ziemlich etepetete und hatte trotz der närrischen Saison nur dezente Kleidung erlaubt, allenfalls eine Papiermütze. Das war nichts für Tante Idchen. Zu vorgerückter Stunde sei sie ›mal eben rüber‹ gegangen, um nach mir zu schauen. Bei uns muß es sie dann übermannt haben. Jedenfalls habe sie mit beiden Händen in unseren Küchenherd gegriffen und sich Gesicht und Arme geschwärzt. Zu der Gesellschaft zurück kehrte eine Mohrin im eleganten weißen Abendkleid, das auch so weiß nicht mehr war. Der Haussegen soll nach diesem Zwischenfall ziemlich lange schiefgehangen haben. Das war aber nicht tragisch. Das soll mit dem Haussegen des öfteren passiert sein. Auch hat Ruß noch einmal eine Rolle gespielt. So lange ich denken kann, wurde in unserer Familie darüber gesprochen, daß Tante Idchen kein Abendessen rechtzeitig auf den Tisch bringen konnte. Einmal muß das zu einer Eruption mittleren Ausmaßes geführt haben. Wie immer war Onkel Greg müde und hungrig von der Arbeit gekommen und hatte die Wohnung leer und die Küche kalt gefunden. In seinem Zorn fühlte er sich bewogen, den Küchenherd von der Wand zu reißen, ehe er sich auf die Suche nach seiner Ehehälfte machte. Diese war inzwischen zurückgekehrt und hatte ihrerseits die Wohnung leer gefunden, wenn auch nicht mehr in dem Zustand, in dem sie sie verlassen hatte. Was dem einen recht ist, ist dem anderen billig, mag sie gedacht haben, als sie den Herd an seinem ungewöhnlichen Platz stehen sah. Jedenfalls fühlte sie sich berechtigt, den Frevel angemessen zu ahnden: Sie griff in den Herd, hob den Ruß heraus und verteilte ihn malerisch auf die Wohnung. Zur Krönung leerte sie das Familiensilber hinein. Dann ging auch sie auf die Suche nach ihrer Ehehälfte. Man fand sich bei meinen Eltern und ging einträchtig nach Hause, um den Dreck zu fegen. Geholfen hat es übrigens nicht. Ich erinnere mich gut, daß es immer wieder Auseinandersetzungen gab, weil das Abendessen nicht auf dem Tisch stand. Der Ehe scheint das aber gut bekommen zu sein.

Ich sollte hier einfügen, daß meine Eltern und Onkel Gregorius und Tante Idchen alles gemeinsam unternahmen, die sonntäglichen Fahrten in den Wald, das Baden am Rhein. Sie mieteten zusammen den schon erwähnten Garten vor der Stadt und teilten sich später ein Grundstück auf dem Land, an dessen jeweiligem Ende ein jedes der Paare sein Haus baute. An den Wochenenden bestand meine Familie also aus Vater und Mutter und aus Onkel und Tante. Besonders das Kind sollte davon profitieren. Onkel Gregorius war es, der die erste echte Heiterkeit in mein Leben brachte. Hatte ich mich bei Großvater geborgen gefühlt, so machte Onkel Greg mich lachen. Er machte mich in anderer Weise lachen als meine Mutter. Bei ihm brauchte ich mich nicht zu fürchten. Nicht einmal dann, wenn er als Nikolaus kam und auf meiner Mutter Geheiß meine Sünden des vergangenen Jahres aus meines Vaters Hauptbuch verlas und große Augen dabei machen mußte. Ich genoß es sogar, wenn Nikolaus Tante Idchen bei den Haaren packte und die wild um sich Schlagende in den Flur zerrte, um sie in den großen Sack zu stecken und mitzunehmen. Ich wußte, sie kommt wieder, so wie die erdolchte Heroine im Theater, die sich am Schluß meiner Puppenspieldramen vor einem dankbaren Publikum verneigte.

Ich begann, auf die Sonntage zu warten. Mit Onkel Gregorius' Erscheinen in meinem kleinen Leben wurde der Sonntag zu einem besonderen Tag. Er war anders als die anderen Tage. Er hatte sein eigenes Strahlen, wie Himmelsbläue und Sonnenglut. Er hatte seine eigenen Geräusche, wie das Läuten der Kirchenglocken und des Onkels Klavierspiel. Er hatte seine eigene Stille, eine warme Stille, samten und satt. Ja, Onkel

Gregorius, ich begann, auf dich zu warten. Du warst mein Ersatzvater. Du warst es, auf dessen Schoß ich kletterte, du warst es, dem ich Zöpfchen flocht. Heute weiß ich, daß ich es dir verdanke, nicht als Waise aufgewachsen zu sein, als Waise mit Vater und Mutter. Dich d u r f t e ich lieben. Meine Verbindung zu dir war wohl die einzige, die ungetrübt blieb durch meine Mutter.

Oder doch nicht? Es hatte dem Kind nicht verborgen bleiben können, daß die Bewunderung, die meine Mutter für ihren Bruder hegte, gepaart war mit jener seltsamen Abneigung gegen die Schwägerin. Wenn ich nun unartig zu Tante Idchen war, vielleicht gefiel ich der Mutter? Aber damit ärgerte ich meinen Onkel. Auch mein Vater begann, meine Zuneigung zu ihm mit Mißtrauen zu betrachten. Das Kind erkannte nicht, daß es Eifersucht war. Es fühlte sich nur unbehaglich.

»Wie auch hätte ich mich verhalten sollen? Heute weiß ich, daß ich damals auf einem schmalen Grat ging und es merkte. Daß ich aufpassen mußte, die Balance nicht zu verlieren. Im Grunde hatte meine Mutter recht, wenn sie meinte ›Du eckst doch überall an‹.« Ja, liebe Mutter, denkt das Kind, ich weiß, ich muß mir ein Beispiel nehmen an dir und deiner Sanftheit. Ich muß lernen, mich anzupassen.

Und dann ist Sonntag, und wir sind im Wald. Alle sind lustig, alle außer mir. Ich kann mich nicht freuen. Ich hocke seit Stunden auf dem Boden, die Beine an den Leib gezogen. Ich habe Schmerzen, so entsetzliche Schmerzen. Mutter, in meinem Bauch schneidet es wie mit Messern.

›Was das Kind nur wieder hat‹, sagt meine Mutter.

Ich renne durch die Straßen einer düsteren Stadt. Sie sind grau und winklig, aber sehr sauber. Ich suche eine Toilette. Ich muß unbedingt und sofort aufs Klo. Aber ich kann kein Klo finden. In die Häuser kann ich nicht gehen. Alle Türen sind zu und die Fenster verschlossen. In den Straßen gibt es zwar

Ecken, in die ich mich hocken könnte, aber sie sind so sauber, daß ich nicht wage, sie zu verunreinigen. Und doch muß ich so nötig. Schweißgebadet wache ich auf.

»Was fällt Ihnen zu diesem Traum ein?« – »Nichts«, sage ich, und ich sage die Wahrheit. Ich möchte jetzt nicht über den Traum sprechen. Ich möchte lieber weiter von meiner Kindheit sprechen. Damit bin ich nämlich noch lange nicht fertig. »Nein, zu dem Traum fällt mir nichts ein. Übrigens war meine Mutter sehr sauber. Ich habe es schon erwähnt.«

Es ist, als knüpfe ich da an, wo ich das letzte Mal aufgehört hatte, bei Onkel Gregorius und den Sonntagen. Die Sonntage. Sie hatten nicht nur ihre eigenen Geräusche, ihre eigene Stille, sie hatten auch ihre eigene Reinlichkeit. Einmal in der Woche, genauer gesagt an den Freitagen, pflegte meine Mutter die Wohnung auseinanderzunehmen. Es war eine einzigartige, großangelegte Gebärde. Fenster wurden aufgerissen, Schränke ausgeräumt, Möbel beiseite gerückt, Teppiche zusammengerollt. Es wurde geschüttelt, gebürstet, gewischt und gebohnert. Dann wurde die Einrichtung erneut in die Hand genommen, in umgekehrter Reihenfolge, es wurde wieder eingeräumt. Damit ich meiner Mutter nicht unter die Füße lief, durfte das Kind ›etwas vor die Tür‹. Beim Mädchen änderte sich das, das Mädchen mußte mit anfassen: ›Los, nun nimm schon den Scheuerlappen in die Hand‹, sagt meine Mutter. ›Das gnädige Fräulein glaubt wohl, weil wir Herzog heißen, könnte sie hier die Prinzessin spielen.‹ Bei meiner Mutter hieß es immer spielen. Die Prinzessin spielen, die Beleidigte spielen, die große Dame spielen. – ›Aber nicht doch, wenn ich schon sehe, wie du den Aufnehmer auswringst‹, sagt meine Mutter.

Das wöchentliche Ritual wurde mir schnell zur Selbstverständlichkeit, denn Ordnung und Sauberkeit waren mir ein inneres Bedürfnis. Ich putzte gern. Es trug mir Mutters Lob ein, ich meine auf die Dauer, denn ich lernte, wie man Aufnehmer auswringt. Und mein Hang zur Sauberkeit sollte ja auch erst in späteren Jahren auf so groteske Weise eskalieren. Heute, wo ich nur das putze, was sichtbar schmutzig ist und auch nur dann, wenn ich Lust dazu habe, sehe ich mit einiger Beklemmung auf die wöchentlichen Putzorgien meiner Mutter zurück. Auf meine eigenen natürlich auch. Damals jedoch schienen sie mir gottgewollt, weil muttergewollt.

Die Stadtwohnung, die da allwöchentlich zerlegt wurde, verteilte sich auf zwei Ebenen. Im Parterre befanden sich unsere Wohnküche und das Eßzimmer, auf der ersten Etage das elterliche Schlafzimmer. Unser Eßzimmer war das sogenannte gute Zimmer und wurde nur selten benutzt. Darin schienen in der Hauptsache des Kindes Goldfische zu leben und selbst die nicht lange, gingen sie doch mit schöner Regelmäßigkeit ein.

Am vertrautesten war mir die Küche, denn dort wurde das Kind gebettet, wenn die Magenkrämpfe begannen. Wenn ich auch auf dem Sofa lag, mit dem mein Vater meine Maus getötet hatte, so fühlte ich mich doch wohl da. Im Küchenherd brannte ein Feuer, ganz gleich, ob Sommer oder Winter war. Er wurde zum Kochen und auch zum Heizen benutzt. Es machte mir Spaß zu sehen, wie meine Mutter hantierte.

Sie steht am Herd, greift das rußige Stocheisen, klappert das innere Rund aus der Platte und dann noch zwei Ringe und stellt den Kessel hinein. Ganz wie die dicke Frau. ›Das Wasser singt schon‹, sagt meine Mutter. ›Gleich mach' ich dir einen Tee.‹ Ich liege unter einem Berg von Federn. Auf meinem Bauch liegt die Katze, die Großvater mir geschenkt hat. Sie macht sich meine vielen Krankheiten zu ihrem eigenen Vorteil zunutze. Ihren Kopf hat sie mir zugewendet, streckt ihn gerade so weit hervor, daß sie nicht Gefahr läuft, zu ersticken. In der Wärme des Federbetts und meines Körpers wird sie zusehends länger, läuft auseinander wie Butter in der Sonne.

Hin und wieder seufzt sie tief auf vor Trägheit, reckt sich, streckt sich, stößt ihre vor Anstrengung zitternden Vorderbeine gleichzeitig und starr unter dem Deckbett hervor und stupft ihre Pfoten mit den ledrigen schwarzen Kaffeeböhnchen direkt in mein Gesicht. Wenn ich sie streichle, beginnt sie zu schnurren, führt ihre Krällchen wollüstig aus und ein. ›Sie tritt Milch‹, sagt Onkel Gregorius. ›Aber Greg‹, sagt meine Mutter, ›das Kind.‹ Und ich verstehe kein Wort. Vielleicht versteht es die Katze. Ich verstand nur eins: Unsere Zuneigung schien gegenseitig zu sein. Zumindest in einem Punkt herrschte ein ungewöhnliches Maß an Übereinstimmung zwischen der Katze und mir: Wann immer ich kotzte, kotzte auch sie.

»Also abgesehen von den wirklich großen Schmerzen, die ich hatte, abgesehen von dem ewigen Erbrechen, war es eigentlich nicht unangenehm, krank zu sein. Meine Mutter war besorgt und liebevoll. Sie sprach mit leiser Stimme und nicht so viel, wie sonst manchmal. Ich bekam alles, was ich wollte. Ich bekam das zu essen, was ich mit Gewißheit vertrug. Aber sehr oft vertrug ich mit Gewißheit eben gar nichts.« Mit mir war wirklich nichts anzufangen.

»Wenn mein Vater nicht zu Hause war, machten wir es uns gemütlich.«

›Wir können aufatmen‹, sagt meine Mutter, ›Vater kommt heute nicht so früh zurück.‹ Also atmeten wir auf. Das begann schon frühmorgens, wenn Vater die Arbeit einteilte. Dann stand er wie ein weißuniformierter Feldherr auf dem Hof, der sich an der rückwärtigen Breite unserer Stadtwohnung entlangzog und den man von der Straße her durch einen dunklen Gang erreichen konnte. Eigentlich war der Hof mein Revier, denn hier schlug ich meinen Blumenstand auf und bot die in unserem Garten vor der Stadt gepflückten Rosen und Nelken der Mutter zum Kauf an. Für echtes Geld. Bei mir mußte immer alles echt sein. So hatte der Vater mir einmal zu Weihnachten einen zauberhaften begehbaren Kaufmannsladen gezimmert, reich ausgestattet mit Theken, Fächern und Schüben. Ich erinnere mich, daß ich nicht ruhte, bis meine Mutter mir die Kinderlebensmittel und Spielpäckchen ausgetauscht hatte gegen echtes Mehl, echten Kaffee, echte Rosinen, die ich dann für echtes Geld verkaufte. Aber jetzt bin ich im Wege, mein Vater teilt die Arbeit ein. Lehrlinge schleppen Eimer, Pinsel, Bürsten, Farben. Gesellen wuchten Böcke, Bretter, Leitern. ›Kind‹, sagt jemand, ›geh etwas vor die Tür.‹ Ich gehe vor die Tür und sehe mit unerklärlichem Schaudern, wie das dreckige Zeug an mir vorbeigetragen wird, endlich hinauskommt aus unserem ordentlichen Haus. Na Gott sei Dank, auf die Karre und fort. Wie das aussieht, so schmutzig-verschmiert in allen Regenbogenfarben. Vater hat keinen schönen Beruf. Auch Mutter mag ihn nicht. Und daß nur nichts an mein feines Kleid kommt. »Ich glaube, wenn Mutter sagte ›Vater teilt die Arbeit ein‹, dann war das ein Vorwurf. Einteilen war ja nicht dasselbe wie arbeiten. Meine Mutter war von außergewöhnlicher Sparsamkeit. Hätte mein Vater ›gearbeitet‹, das heißt, mit Hand angelegt, dann hätten wir einen Gesellen einsparen können.«

Soviel bekam ich damals schon mit. In die gleiche Richtung ging auch die oft wiederholte Klage mit Augenaufschlag gegen ein höheres Wesen, das über uns zu wohnen schien: ›Wie ich nur einen Handwerksmeister habe heiraten können‹, sagt meine Mutter. ›Noch dazu einen mit einem Saisongeschäft.‹ Und ich werde ermahnt: ›Mach du nicht den gleichen Fehler. Merke dir, Kind, ein Beamter, das ist das Wahre, das ist etwas Regelmäßiges, da weiß man doch, was der am Letzten mit nach Hause bringt.‹ Vater hat das eigentlich immer mit einer Eselsgeduld ertragen.

Aber so wie die Dreijährige damals nicht an später denken wollte, so möchte die Sechsundzwanzigjährige jetzt nicht an die Dreijährige denken. Der Hof nämlich holt auch die übrige

Wohnung in meine Erinnerung. Und da ist ein gewisses Unbehagen, eine seltsame Sperre.

»Bis ich mein eigenes Zimmer hatte, habe ich im Schlafzimmer meiner Eltern geschlafen. Das war immer dunkel, auch tagsüber.«

Ich glaube, was ich sage, denn ich sehe das Zimmer wie ein Loch und so, als sei nie ein Lichtstrahl hineingefallen. Vielleicht liegt das daran, daß ich dort meinen halbtoten Vater gesehen habe, als er an der einzigen Krankheit darniederlag, die ihn jemals befallen sollte: Er hatte sich am Rhein, wohin wir sonntags zum Baden fuhren, einen Sonnenbrand geholt. Und nun liegt er in dem abgedunkelten Zimmer, zu verbrannt, um auch nur ein Nachthemd oder ein Leintuch auf sich ertragen zu können. Die Haut geht ihm in Fetzen ab. Ich stehe vor dem Vater im dämmrigen Zimmer. Aber schon ist die Mutter da und beeilt sich, das Kind hinauszuführen, weg von dem nackten Mann. Übrigens gab es keinen Grund zu bemitleiden, denn der Vater hatte gewußt, daß er eine empfindliche Haut besaß. ›Wer nicht hören will, muß fühlen‹, sagt meine Mutter. Und: ›Ungesund Fleisch muß weg.‹

Aber jetzt bin ich erwachsen, und das Schlafzimmer meiner Eltern ist immer noch ein Loch. Zugezogene Vorhänge, Finsternis, Leere. Das allein kann es nicht sein. Aber was sonst? Was? Nichts. Ein weißer Fleck auf einer Landkarte. Weiß? Wieso weiß? Weiß wie Angst! Ja Angst. Angst aber wovor? Ich hab' doch lange Jahre in dem Zimmer geschlafen. Es muß mir vertraut sein. Da, bitte, mein kleines Bettchen steht an der Wand, den Betten der Eltern gegenüber. Warum also Angst? Und dann fällt es mir ein.

»In diesem Zimmer«, sage ich ganz trocken, »in diesem Zimmer hat mein Vater versucht, meine Mutter zu töten.«

Die Nachttischlampe brennt. Die Mutter hat mich aufgenommen und auf das Töpfchen gesetzt, gleich neben ihrem Bett. Dann hat sie sich wieder hingelegt. Es wird geredet, endlos geredet. Yakkety-yak, yakkety-yak. Mein Vater springt auf, fegt um die Betten, auf die Seite, wo ich auf dem Topf sitze. Er wirft sich über meine Mutter, legt ihr die Hände um den Hals und drückt zu. Er drückt zu! Ich schreie, ich schreie, ich schreie. Da richtet der Vater sich auf. Es ist Stille im Raum. Unheimliche Stille. Denn auch die Mutter sagt einmal nichts. Da ist nur mein Schluchzen, aber selbst das ist still.

»Mein Vater hat versucht, meine Mutter zu erwürgen. Und das ist der Grund, warum ich hier liege.«

Verdammt noch mal, warum reagiert der denn nicht? Habe ich nicht gerade eine fundamentale Entdeckung gemacht? Habe ich nicht Ungeheuerliches erinnert? Mein Vater blokkiert mir den Sinn. Wieder einmal. Ich behandle ihn einmal mehr nach Gebühr. Ich trete ihn breit, halte ihn in der Hand, drehe ihn nach allen Seiten: Sag' ich es nicht, es sind nur dunkle Stellen an ihm sichtbar. Die Krankheit, die ich habe, soll doch in meiner Kindheit wurzeln. Und nun bin ich ihr auf der Spur, und der da drüben reagiert nicht. Versucht er etwa, meinen Vater zu verteidigen? Möchte er mir einreden, daß das, was ich so deutlich vor mir sehe, auf einem Irrtum beruht? Daß ich wahrscheinlich nur Zeuge eines elterlichen Beischlafes geworden bin, der für ein Kind jedoch genauso angsterregend sein könne wie ein Mordversuch? Denn Angst ist Angst, nicht wahr, ob vor realen oder vor eingebildeten Bedrohungen. O nein, Herr Doktor, was ich gesehen hab', das hab' ich gesehen. Und es hat mich so entsetzt, daß das Kind Durchfall bekam, wo es doch Mutter ich muß bitte ein Bächlein hatte machen wollen. Aber dennoch haben Sie recht, wenn Sie den Vater quasi verteidigen. Denn manchmal ist der Täter das Opfer, nicht wahr? Man kann auch mit Worten töten, ich meine allein durch ihre Zahl und sinnlose Häufung. Aber noch bin ich nicht so weit, das zu erkennen. Dazu werden wir noch einige Jährchen brauchen. Es war der Vater, der Angst und Schrecken um sich verbreitete. Was wußte das Kind von

Ursache und Wirkung? Der Vater war Angst und Schrecken, so einfach ist das. Und ich, das Kind, ich hatte es zugelassen, wenn auch nicht stumm. Aber ich hatte nicht eingegriffen, war dir, liebste Mutter, nicht zu Hilfe gekommen, hatte dir nicht beigestanden. Doch ich werde es wiedergutmachen, ich werde wiedergutmachen, was ich versäumt habe. Warte nur, Mutter, artig werde ich sein, reinlich werde ich sein, lieben werde ich dich, dich zu Tode pflegen, was immer du verlangst. Und hassen werde ich den Vater, sofern die Angst vor ihm mir Raum lassen wird für meinen Haß.

Am nächsten Morgen ging meine Mutter mit verweinten Augen stumm leidend durchs Haus. Die Nachbarn hatten gehört und litten gleich stumm zurück: die arme Frau. Ich aber bezog mein Lager in der Küche und kotzte mir die Gedärme aus dem Leib.

»Eigentlich lief das parallel, mein Kotzen und die verweinten Augen meiner Mutter. Mein Vater war schuld daran. Aber auch ich. Ich mochte mich anstrengen wie ich wollte, immer ging etwas schief.« ›Du strengst dich aber auch kein bißchen an‹, sagt meine Mutter. Doch, Mutter, ich strenge mich an. Es kam nur immer etwas zwischen mein Wollen und mein Wirken. Das eine war nie deckungsgleich mit dem anderen. Entweder waren es die Umstände, die dazwischenkamen, oder die handelnden Personen selbst.

»Ich glaube, ich war ein richtiggehend böses Kind. Meine Mutter wurde einfach nicht fertig mit mir.«

»Böse Kinder werden gemacht«, kommt es von gegenüber der Couch.

»Ich weiß nicht so recht. Ich hatte doch eine schlechte Erbmasse.« Ich erinnere mich, daß ich alles tat, um meiner Mutter zu gefallen. Aber was immer ich tat, es ging schief. Da ist die Sache mit dem Hof. Dieser düstere ekelhafte Hof, der doch eigentlich mein Lieblingsspielplatz war. Ein Loch auch er. Ein Schatten liegt über der privaten Kommandozentrale meines Vaters. Und ein Schatten fällt über den Schatten. Fällt über mich, von hinten, als stürze ein überdimensionaler Raubvogel herab, um mich zu fressen: Meine Mutter steht hinter dem Kind, mit Augen so groß wie Wagenräder. Sie sagt kein einziges Wort, nimmt mich stumm bei der Hand und schleppt mich hinter sich her, zerrt mich in die Küche, wo sie mich auf den Tisch setzt, damit die Wagenräder meinen Augen genau gegenüberstehen. Sie sieht mich todernst und gleichzeitig abgrundtief traurig an und sagt mit dumpfer Stimme Dinge, die ich nur zum Teil verstehe. Was ich jedoch verstehe, ist um so furchtbarer. Ich habe gesündigt. Ich habe nicht allein sie, sondern auch den lieben Gott im Himmel betrübt und erzürnt. Ich muß ihr jetzt und auf der Stelle versprechen, ›das da‹ nie wieder zu tun. ›Hörst du‹, sagt meine Mutter, ›nie wieder. Auch wenn ich nicht da bin. Der liebe Gott sieht es doch.‹ Ich hätte es wissen müssen, der liebe Gott sieht immer alles. Das Kind weiß nicht, wie ›das da‹ überhaupt hat passieren können. Ich weiß auch nicht, wie der kleine Junge in den Hof gekommen ist. Ich weiß nicht, wer er ist. Irgendwie bringe ich ihn mit Frau Mühlen und ihren unsäglichen Kopfschmerzen, den Kopfschmerzen bis hier, in Verbindung. Der kleine Junge kann etwas, was ich nicht kann. Er kann im Stehen pinkeln. Und er hat etwas zum Anfassen dabei. ›Das kann ich nicht. Ich kann überhaupt nichts anfassen. Läßt du mich mal.‹ Und genau in diesem Moment stürzt der Raubvogel herab. Ich weiß es sofort. Jetzt ist es passiert. Jetzt bin ich nicht artig gewesen, nicht reinlich. ›Was du getan hast, ist schmutzig, sehr schmutzig‹, sagt meine Mutter. Und dann folgt die Anrufung Gottes: ›Mein Gott, wie bin ich gestraft, zuerst der Jähzorn der Herzogs und nun auch noch ihre Sittenlosigkeit.‹ Die Wagenräder weinen. Und diesmal bin ich schuld. Ganz eindeutig.

Du stelltest mich in eine dunkle Ecke, wo ich, ich weiß nicht wie lange, stumm dastehen mußte. Ich war so entsetzt, daß ich nicht einmal weinen konnte. Nur hinschauen konnte ich zu dir, ob dein Blick sich nicht wieder änderte, ob du nicht doch beginnen würdest, mich wieder anzuschauen, und sei es auch nur mit großen Augen. Aber nein, du sahst mich nicht an. Den ganzen Tag nicht, für dich blieb ich Luft.

Das Geschehen muß meine Mutter schwer getroffen haben, denn irgendwann später hörte ich sie sagen, zu wem, ist mir nicht erinnerlich: ›Das fing schon an, als sie noch ganz klein war, da hab' ich ihr immer die Hand da unten wegtun müssen.‹ Ich mußte also verdorben sein von klein auf. Ich mußte das geerbt haben wie eine Krankheit, so wie ich des Vaters Jähzorn geerbt hatte. Aber vielleicht konnte man es abwaschen? Wenn ich es auch nicht gleich versuchte, ich meine, es abzuwaschen, so habe ich doch später damit begonnen. Jahrelang habe ich versucht, es von mir abzuwaschen. Und dafür wurde ich auch noch gelobt. ›Du wirst wohl am besten einmal Waschfrau‹, sagt meine Mutter. Sie sagt es spöttisch. Aber es ist Anerkennung dabei.

»Ich konnte plötzlich nicht mehr vertragen, daß meine Leibwäsche mit der Familienwäsche in Berührung kam. Ich fing sehr bald an, meine eigenen Sachen selbst und separat zu waschen. Auch heute noch wasche ich alles sofort, wenn ich es ausgezogen habe. Meine Wäsche muß immer sauber und vollzählig im Schrank liegen.«

Stille mir gegenüber.

Ich erinnere mich, daß ich einen sechsten Sinn für Schmutz auch in sexuellen Dingen entwickelte. Diesen Gefahren konnte ich immer ausweichen. Nur einmal ist es noch brenzlig geworden, als ich bereits das Mädchen war. Schulkameradinnen und ich spielten in einem Kino, das unserem Haus gegenüber lag und das dem Wirt gehörte, der so etepetete war. Ein paar Jungen wollten uns in den Vorführraum ziehen.

Während die anderen noch überlegten, war ich schon auf und davon. Hatte die Flucht ergriffen. »Wenn ich es recht bedenke, so habe ich immer die Flucht ergriffen, wenn auch nur die geringste Gefahr bestand, daß ein Mann sich hätte mir nähern und unter den Rock langen können. Ich habe mich auch nie mehr da unten berührt.«

In dem Moment, wo ich es ausspreche, weiß ich, daß ich die Unwahrheit sage. Ich erinnere mich, daß ich mich sehr wohl noch einmal berührt habe. Ich bin etwa dreizehn und liege krank in der Wohnküche unseres Hauses auf dem Land, wohin wir inzwischen gezogen sind. Ich berühre mich da unten. Ich berühre mich in Mutters Gegenwart, denn sie steht drüben am Schrank. Ich berühre mich ihr gleichsam zum Trotz, auch wenn ich weiß, daß sie es nicht merkt. Es gibt mir das Gefühl, ihr eins auszuwischen. Aber ich weiß nicht, warum ich das will. Es gibt mir das Gefühl, ihr etwas heimzuzahlen. Aber ich weiß nicht was.

Ende der Stunde.

»Also dann bis übermorgen.«

Wenn ich es heute überlege, so hatte meine Mutter gute Arbeit geleistet, was meine sittliche Erstarkung betraf. Sozusagen in einem einzigen Anlauf hatte sie das Problem in den Griff bekommen. Schwerer dagegen sollte sie es mit meinem Herzogschen Jähzorn haben. Doch auch da war sie zuversichtlich. ›Deinen Jähzorn werd' ich schon brechen‹, sagt meine Mutter, ›verlaß dich drauf.‹ Ich erinnere mich, diesen Satz bereits gehört zu haben, als ich noch gar nicht jähzornig war. Aber Erinnerungen können uns ja dumme Streiche spielen. Meine Mutter wird schon recht gehabt haben, wenn sie meinte, ich sei immer schon so jähzornig gewesen wie mein Vater. Und der war es ja nun tatsächlich, jähzornig und aggressiv. Da konnte auch nicht der geringste Zweifel bestehen. Sie dagegen, die Mutter, war sanft und gefügig. Keine Spur von Aggressivität bei ihr. ›Lieber Gott, mach, daß ich so bin wie meine Mutter.‹ Denn wie der Vater wollte ich nicht sein.

Dem ersten Wutanfall, der mir bewußt erinnerlich ist, gab ich nach an einem Tag, der dafür denkbar ungeeignet war, an einem Heiligabend. Und er richtete sich gegen die Person, die dafür nicht die geringste Schuld traf, er richtete sich gegen meine Mutter. Ich war wohl fünf. Ich hatte mir zu Weihnachten ein kleines Fahrrad gewünscht. ›Bekomm' ich bitte ein Fahrrad? Für den Sattel auf der Lenkstange bin ich doch schon zu groß.‹ – ›Wart es nur ab‹, sagt meine Mutter. Ich muß ihr nach den Augen sehen. Da steht das Fahrrad drin. Ich glaube, ich bekomm' es. Sie blinzelt mir zu. Und endlich ist der große Augenblick da. Der Engel mit dem Glöckchen huscht ein letztes Mal durch das Weihnachtszimmer, dann öffnet sich die große Tür, das Kind darf eintreten. In dem von Kerzenlicht matt erleuchteten Raum steht der Eßtisch, ausgezogen wie immer bei festlichen Anlässen und reich bestückt mit Gaben. Ich lasse meinen Blick blitzschnell durch das Zimmer sausen: nirgendwo ein Fahrrad. Es ist kein Fahrrad da, kein Fahrrad. Dabei hat Mutter geblinzelt! Ich fühle eine unendliche Enttäuschung sich in mir ausbreiten. Sie füllt mich an mit Watte. Ich bin wie gelähmt. Irgendwie bringe ich es fertig, meine Füße in Gang zu setzen und wie ein artiges Kind um den Gabentisch zu gehen. Die vielen hübschen Dinge, die mich nicht interessieren. Vom Großvater, der seit einiger Zeit wieder aufgenommen ist im Schoße der Familie, hier diese Tasche aus Leder. Von der Mutter die Madonna aus Gips. Vom Vater, aber das ist nicht so wichtig. Kein Fahrrad da. Weit und breit kein Fahrrad. Des Kindes Gedanken überstürzen sich, fallen übereinander her. Wie soll ich denn in Zukunft in den Garten kommen? Soll ich vielleicht nicht mehr mit? Und dabei hab' ich schon Radfahren gelernt. Der Vater hat es mit Staunen gesehen. Und ich hab' mich gefreut, daß er staunt. Ist das eine Strafe? Eine Strafe für was? Aufruhr in mir. Mein Dank für die Geschenke fiel wohl etwas steif aus. Ich hätte mich freuen müssen. Aber ich stehe verlegen herum. Und die anderen? Wenn ich es recht überlege, stehen auch sie verlegen herum. Müssen wir jetzt nicht das obligate Sti-hille Nacht, Hei-lige Nacht singen? Niemand rührt sich von der Stelle. Warum geht denn niemand weg da?, Weg von der Wand? Und endlich begriff ich: Sie alle, Vater, Mutter, Großvater, sie alle standen vor etwas, das sie zu verbergen versuchten, vor etwas, das grün-metallen an der Wand lehnte. Sie standen vor einem Fahrrad, vor meinem Fahrrad. Sie hatten es nur versteckt. Sie hatten es versteckt, damit des Kindes Freude um so größer wäre, wenn ihm zuvor eine saftige Enttäuschung bereitet worden war. Ich sah es an der Miene meiner Mutter: So etwas von Selbstgefälligkeit. Und dann geschieht das schier Unglaubliche: Anstatt sich zu freuen, wie man es wohl hätte erwarten dürfen, stürzt das Kind sich mit erhobenen Händen auf die Mutter, die es doch nur gut gemeint hatte. Stürzt sich auf sie und drischt mit den Fäusten auf den Mutterbauch.

»Ich weiß, ich vergoß Tränen des Zorns und der Wut. Ich fühlte mich verraten und verkauft. Nur durch Faustschläge konnte ich mich abreagieren.«

Und das an Weihnachten, dem Fest aller Feste, wo Kinder besonders artig zu sein haben, weil sie beschenkt werden, oder damit sie beschenkt werden. Wer kennt sich schon aus? Aber ich, das Herzogsche Kind, das Ungeheuer, ich bekomme einen Wutanfall. Noch dazu in Gegenwart des Vaters, in Gegenwart dessen, der mir als Negativbeispiel ständig vor Augen und Ohren gehalten wurde. Mußte ich nicht besonders lieb und still sein, wenn er zugegen war? ›Sei still‹, sagt meine Mutter, ›Vater kommt nach Haus.‹ So still, daß mir mein kleines Leben oft so gedämpft vorkam, als sei Schnee darauf gefallen. Und nun dieser Ausbruch. Ich war tatsächlich ein mißratenes Geschöpf.

Es sollte mir schlecht bekommen, und recht hatten sie, wenn sie mich unter das Dach auf mein Zimmer schickten. Und recht hatten sie, wenn sie nicht mehr mit mir sprachen. Nur fort mit dem Kind. Fort. Weit weg von jeglicher Kommunikation. Das war wie ›etwas vor die Tür‹ müssen. Wie in die Ecke gestellt werden. Es war eine Art Ausbürgerung. Eine Ausbürgerung allerdings, die auch ihr Gutes hatte, konnte man so doch möglichen Bedrohlichkeiten entfliehen. Nur, so schien es dem Kind, war das wie Fliehen vor einer Bedrohlichkeit in eine andere Bedrohlichkeit. Denn so ganz allein dort oben in meinem Zimmer, direkt unter dem Dach, war es auch nicht geheuer, besonders nicht nachts. Auch wenn ich dafür gelobt wurde. ›Wir können unser Kind jederzeit allein lassen‹, sagt meine Mutter. ›Das ist schließlich nur eine Frage der Erziehung.‹ Sie war sehr stolz auf die Resultate ihrer Erziehung.

Da hinauf also wurde ich geschickt, an jenem verhängnisvollen Weihnachtsabend. Ich sollte darüber nachdenken, wie sich ein liebes Kind benimmt. Mir geschah ganz recht. Ich sah es ein. Ich war böse. Und ich wußte, daß meine Mutter es nur gut mit mir meinte. Sie meinte es immer nur gut. ›Laß es dir gesagt sein‹, sagt meine Mutter, ›das alles geschieht nur zu deinem eigenen Besten.‹ Auch wenn du in meiner Gegenwart verstummtest, Mutter, wenn ich Luft wurde für dich, geschah es zu meinem eigenen Besten. Ich mußte einfach lernen, sanft zu sein, so sanft, wie du es dir wünschtest. Denn deine Wünsche waren es, die zählten, nicht die meinen. Schließlich warst du es, die mir die Butter auf mein tägliches Brot strich. Es mußte doch zu schaffen sein, das Liebwerden. ›Mutter, ich will wieder lieb sein‹, sagt das Kind. ›Ich bin nur gespannt, für wie lange‹, sagt meine Mutter.

»Herr Doktor, sie hat mir nicht geglaubt.«

»Danke«, sagt er und lächelt.

Ich habe die kleine blaue Blume vor mir hergetragen wie eine zerbrechliche Kostbarkeit. Die ganze Straße entlang. Sonst wächst sie auf Feldern. Die hier stand auf dem Schutt einer Kriegswunde, vor dem Maul eines Baggers. Die Straße macht Fortschritte. Hugenotten sind eifrig beim Werk. Oder Heinzelmännchen. Ich weiß nicht genau. Ich sehe sie nie. Ich komme zu spät oder zu früh. Ich komme des abends, zwischen sieben und acht.

»Danke«, sagt er und lächelt. Die kleine blaue Blume liegt auf dem Schreibtisch. Ob sein Lächeln gilt? ›Das gilt nicht‹, sagt meine Mutter. Aber er ist nicht sie. Auf ihn kann ich mich verlassen. Und er sich auf mich. Ich möchte ihm sagen: Höre, auf mich können Sie sich verlassen. Mir können Sie glauben. Aber ich laß es. Vielleicht sagt es die Blume. Oder auch nicht. Vielleicht ist es unnütz. So wie früher. Meine Mutter hat mir auch nie geglaubt. Warum auch? Ich habe nur immer ihre Negativerwartungen erfüllt. Traurig, nicht wahr, wenn man bedenkt, was sie alles für mich getan hat. ›Ich habe doch alles für dich getan‹, sagt meine Mutter. Und ›Du hattest doch alles‹. Wie oft muß ich mir das noch anhören? Und warum bekommt dein Gesicht etwas so Starres dabei? So als schweltest du vor unterdrückter Wut. So als müßtest du dich gegen Vorwürfe verteidigen. Die dir doch nun wirklich niemand macht. Niemand macht dir Vorwürfe, Mutter. Du hast ja so recht. Ich hatte alles. Zumal ich doch ein Einzelkind bin, und Einzelkinder sind immer gut dran. Sie brauchen nicht zu teilen. Ich hatte einen Vater, und ich hatte dich. Vielleicht hatte ich keine Eltern. Aber was soll's. Was zählen schon Vater und Mutter, ich meine getrennt voneinander. Vereint nur, wenn sie sich gegen mich stellten.

»Meine Mutter hat immer alles für mich getan.«

Und das war schließlich eine Leistung, wenn man es recht bedenkt. Denn wer hätte wohl sonst etwas für mich tun mögen? Für ein Kind, das niemand hätte haben wollen? Nicht nur böse wie ich war, sondern auch häßlich wie ich war. ›Nein, deine Sommersprossen‹, sagt meine Mutter. ›Und dann dein Haar, so was von Schnittlauch.‹

»Besonders mein Haar war ihr ein großer Kummer. Sie hatte sich ein Kind mit Locken gewünscht. Aber selbst so einen kleinen Gefallen hatte ich ihr nicht getan. Und meine Mutter hat mir so oft und so lange Jahre gesagt, ich hätte krumme Beine, daß ich es selbst dann noch glaubte, als die Jungen anfingen, hinter meinen wirklich schöngewachsenen schlanken Beinen herzupfeifen.«

Ja, liebe Mutter, das Kind hatte alles. Es hatte auch einige Marotten. Es hatte in Abständen gräßliche Magenschmerzen. Es erbrach. Es erbrach Galle. Es hörte auf zu essen. Es war lächerlich reinlich. Es hatte nur keinen Namen. Hörst du Mutter, ich hatte keinen Namen. Auch wenn ich getauft war, katholisch getauft auf Augusta. Ihr alle sagtet immer ›das Kind‹. Und später ›das Mädchen‹. Ich blieb, was ich war, ein Neutrum, so namenlos wie meine Qual. Meine Unnamen zischen an mir vorbei, wie die Lebensstationen vorbeizischen an dem, der nach dem Strohhalm greift: ›Das Kind‹, sagt meine Mutter. ›Nur ein Mädchen‹, sagt mein Vater. ›Du‹, sagt mein Verlobter. Und ›Schatz‹ sagen die Freunde meines Vaters, die mich zu einer Spritztour einladen wollen. Sie sind verheiratet, die Arschlöcher. Mit dem Schatz kommt man nicht in Schwierigkeiten. Da kann man sich ruhig versprechen daheim.

Ich hab' keinen Namen. Ergo bin ich nicht. Ich bin eine Unperson. Dann ist es ja gut. Denn ich kann mich nicht leiden. Sowenig wie ich meinen Namen leiden kann. Ich habe mir immer einen anderen zulegen wollen, später. In der Klavierstunde habe ich damit angefangen. Aber auch das ging schief. Nur die Hoffnung blieb, die Hoffnung auf später. Eine seltsam trostlose Hoffnung. Denn wann fängt später an?

Hier, wo er danke sagt und lächelt? Ob er mich lieb hat? Lieber Gott, gib, daß er mich lieb hat. Meine Augen füllen sich mit Tränen. Ich beginne zu schluchzen. Es steigt hoch, überflutet mich, sprengt alle Dämme. Ich weiß nicht mehr, was ich tue. Ich merke nicht, daß ich aufgesprungen bin, daß ich mich über meinen Analytiker geworfen habe. Ich umschlinge seine Knie. Ich weine in seinen Schoß. Wieviel Flüssigkeit hat ein Mensch in sich? Und jetzt ruiniere ich ihm den Anzug. Jetzt muß er ihn in die Reinigung geben. Ob Tränen wohl wieder rausgehen? Nun ist er mir böse. Aber ich kann nicht aufhören. Bitte, laß mich, bitte, laß mich. Nicht ich weine, es weint mich. Bitte, laß mich, bitte, laß mich. Ich weiß ja, daß ich nicht tun darf, was ich hier tue. Weinen ja, aber anfassen nicht. Ich darf meinen Analytiker nicht anfassen. Alles realisieren, nichts materialisieren. Ich spüre es an der Rigidität seiner Beinmuskeln. Nicht wegstoßen, bitte nicht wegstoßen. Ich werde von allein wieder aufstehen. Ich werde von allein dahin zurückgehen, wo mein Platz ist. Aber noch ehe ich mich erheben kann, höre ich seine Stimme: »Es ist ja alles gut, es ist ja alles gut.«

Ich glaube, daß seine Stimme tut, was seine Hand nicht tun darf. Und ich weiß, ich brauche mich nicht zu schämen. Ich stehe auf und gehe auf meinen Platz zurück. Ich habe sie wieder, meine siebenundzwanzig Jahre. Aber auch meine drei. Etwas, das unwiderbringlich verloren schien, ist mir geschenkt worden.

Am Schlußzeremoniell hat sich nichts geändert. Kurzer Händedruck. »Also dann bis übermorgen«. Ich schaue mich um. Da liegt sie auf seinem Schreibtisch, die kleine blaue Blume. Sie ist ohne Stiel. So wie Kinder Blumen pflücken.

Das Mädchen

Die Hugenottenstraße ist mittäglich sonnig. Wir haben die Sitzung verlegt. Es ist Montag. Wieder einmal. Ich ziehe die Füße über das Pflaster, als hingen Gewichte an mir. Dabei gibt es kein Pflaster. Platten bedecken den Weg. Von Sprüngen zerrissen und krumm. Kriegsopfer auch sie. Die Hugenottenstraße ist lang, doch zu kurz für den Zustand, in dem ich bin. Die Fünfunddreißig ist nah. Eine Dreihundertfünfzig müßte es sein. Eine Dreitausendfünfhundert wäre noch besser. Eine endlose Straße, die würde ich brauchen. Denn ich will nicht ankommen heute. Ungemach wird mich erwarten, ein Donnerwetter vielleicht. Die Baumaschinen dröhnen die Richtung. Vielleicht wenn ich mein Schicksal beschwöre? Wenn ich über die Platten springe, ohne daß mein Fuß die Risse berührt? Schaff' ich es, ohne die Risse zu treffen, wird alles gut. Das Hüpfen von Platte zu Platte gibt meinem Gang Schwung und Frische. Und ich will es doch anders. Verhuscht will ich sein, von schlechtem Gewissen geplagt. Schaut alle her. Ich habe eine Entscheidung getroffen. Allein und ohne zu fragen. Und es müßte mir leid tun. Ich soll zwar Entscheidungen treffen, aber doch nicht abrupt, nicht auf die Schnelle. Und es tut mir n i c h t leid. Ich mußte es tun. Es konnte nicht warten. Das ging wie im Flug. Flug in den Himmel. Vorbei an elenden Masken. Das Gesicht meiner Mutter, traurig wie immer. Das Gesicht meines Verlobten, verzweifelt wie nie. Sie klagen mich an. Fließen in eins. I m m e r d i e s e L e i d e n s m i n e n u m m i c h ! Wie bin ich sie satt.

Und ich falle mit meiner Tür in das Haus Numero fünfunddreißig: »IchhabemeineVerlobunggelöstGutenTag«. In dieser Reihenfolge. Ganz ohne Atem. So, jetzt ist er dran. ›So, jetzt bist du dran‹, sagt meine Mutter, und ich hatte sprachlos zu sein. Ist er jetzt sprachlos? Oder wird er gleich platzen? Schau ihn dir an. Schau sein Gesicht an. Vater würde jetzt platzen. Geh lieber in Deckung.

»Das habe ich kommen sehen.«

Wie bitte? Sag das noch mal. Das hast du kommen sehen? Es ist nicht zu fassen. Das hat er kommen sehen! Und er scheint sich zu freuen. Aber nicht doch, Herr Doktor, Sie dürfen sich nicht freuen. Ich war so gemein. ›Du gehst über Leichen‹, sagt meine Mutter. Sie wissen ja nicht, wie gemein ich war. Ich habe meine Verlobung gelöst, hinein in ein leidendes Antlitz. Hier bitte, schauen Sie es sich an, das Gesicht, die Szene, alles. Jemand klopft an mein Zimmerfenster. Das ärgert mich schon. Wozu haben wir die Klingel am Haus. Ich stürme hinaus, reiße die Tür auf, und er steht vor mir, mit diesem traurigen Blick, wie ein geprügelter Hund. ›Wieso?‹, kann ich nur sagen. ›Wieso? Die Karenzzeit ist noch nicht um.‹ Die kummervolle Miene, wie sie mich ärgert. Will sie, daß ich mich schuldig fühle? Will denn alle Welt immer, daß ich mich schuldig fühle? Meine Gedanken laufen sich nach. Und wo will er bleiben die Nacht? In meinem Bett? Wo er doch weiß, daß ich mir nichts daraus mache. Ich muß morgen früh raus. Ich habe zu tun. Und abends Theater. Was soll ich denn reden mit ihm? O mein Gott, ist der mir fremd.

Und morgen fiel die Entscheidung. So geht das nicht weiter, so geht das auf gar keinen Fall weiter. Ich weiß nicht, daß ich mich der Worte meines Analytikers bediene. Ich weiß nur, so geht das wirklich nicht weiter. Ich sitze in der Straßenbahn und fühle, wie kalte Wut in mir hochsteigt. Wie kommt der Mann meiner Mutter Träume dazu, die Analyse zu stören? Mit der Wut steigt mein Entschluß. Steigt in dem Maß, wie ich mich meiner Wohnung nähere. Die Straßenbahn tut mir nicht mehr Genüge. Dieses Verkehrsmittel ist mir zu langsam. Ich steige um in ein Taxi. Und stehe dann vor den traurigen Augen. Nur verweint sind sie nicht. Schluß jetzt damit. Ich streife den Ring ab, den kostbaren, den gehüteten, um den ich gebangt habe vor wie langer Zeit. ›Glaubst du nicht, daß er dir in der Ehe noch schwer genug werden wird?‹ sagt meine Mutter. Er ist mir jetzt schon zu schwer. Ich lege ihn ab. Waren das damals schon Zweifel? Als ich fürchtete, ihn zu verlieren und doch alles tat, um ihn loszuwerden? War es ein Spiel? Vor der Kartoffelkiste, über dem Waschbecken? Ich hab' nicht weitergespielt. Ich war es satt. Ich bin froh, daß ich es hinter mir habe.

»Das habe ich kommen sehen«, sagt mein Arzt noch einmal. »Und ich habe es Ihrem Verlobten vorausgesagt, als er bei mir war.«

Er war hier? Bei meinem Analytiker? Und mir hat er kein Wort davon gesagt? Immer geschieht alles hinter meinem Rücken! Das war doch von jeher so. Wo? Wann? Ich werde schon noch darauf kommen.

»Die Tatsache, daß Sie Ihre Verlobung gelöst haben, zeigt, daß wir auf dem richtigen Weg sind.« »Aber ich hab' sie doch nur gelöst, weil mein Verlobter an mein Zimmerfenster geklopft hat. Ich glaube, wenn er geklingelt hätte, wäre das nie passiert. Es war nur wegen dieser Nichtigkeit.« »Es war wegen der vielen Nichtigkeiten. Sie haben sich nur wegen Nichtigkeiten gestritten. Das nennt man Verlagerung auf ein Kleinstes. Da wird ein Kleinstes zum Anlaß genommen, um aus der Haut zu fahren, stellvertretend für einen unbewußten schweren Konflikt. Glauben Sie mir, Sie brauchen einen ganz anderen Mann. Nicht einen, den Ihre Mutter sich gewünscht hätte für sich. Keinen sanften Heini.«

Ich fahre hoch. Was fällt dem ein, so von meinem Verlobten zu reden, von diesem zärtlichen, verständnisvollen Mann. Aber nicht doch, Guste, auch das ist Schnee vom vergangenen Jahr. Aber was für einen Mann brauche ich denn, Sie Großer Weiser, der Sie plötzlich so beredt sind? Ich brauche doch einen sanften und zärtlichen Mann. Und ich sage es laut: »Ich brauchc einen sanften und zärtlichen Mann, so sanft und zärtlich, wie ich bin.« Es geht mir von den Lippen ohne zu stokken. Und es muß bekräftigt werden: »Ich selbst bin ja sanft und zärtlich. Damit bin ich immer am weitesten gekommen. Das war meine beste Rolle.« Ich merke nicht, was ich da sage. Ich merke nicht, daß ich hätte hinzufügen müssen: Ich war immer nur eine Rolle. Ich war noch nie ich.

Mein Analytiker macht mich nicht darauf aufmerksam. Man muß selbst darauf kommen. So lautet die Regel.

Ende der Sitzung.

Zwei Tage später benötige ich einen Aktenordner, der auf dem untersten Fach eines Regals steht. Um an ihn zu gelangen, gehe ich in die Hocke. Mein Kleiderrock bauscht sich um mich. Als ich mich wieder erhebe, passiert es. Ratsch! Ich bin mit einem Absatz hängengeblieben. Ich habe mir ein Stück Rocksaum losgetreten. Entsetzen ergreift mich. Das alte Gefühl. Es brandet hoch, steigt von den Füßen an aufwärts. Das Herz klopft mir im Hals. Hitzewellen überfluten meinen Körper. Fluten zusammen mit dem einzigen Gedanken: Jetzt ist es also wieder so weit. Ein abgerissener Saum. Wird er mich unterkriegen, der Saum? Wird sie wieder beginnen, die Qual? Wie unter einem Zwang geh' ich nach Hause, laufe auf Schienen, mit Scheuklappen vor den Augen, es ist wieder Einbahnstraße, Luftlinie. Wie unter einem Zwang öffne ich den Nähkasten, suche in meinen überreichen Vorräten, finde das passende Garn. Und nähe den Saum an. Punkt. Aus und fertig. Ich meine, ich nähe nur einmal. Aus und fertig. Wirklich und wahrhaftig aus und fertig. Aber das kann ja nicht sein. Aber... das muß ich ihm doch gleich... Ich stürze zum Telefon... Kann ich das denn noch so spät... Wenn er denn nun böse... Ich darf das doch nur, wenn ich in Not... Und ich bin nicht in Not, ich bin alles andere als in Not. »Hören Sie bitte, hören Sie. Ich muß nicht mehr nähen. Ich muß nicht mehr nähen. Ich weiß es genau. Seit ich meine Verlobung gelöst habe, zwingt es mich nicht mehr zu nähen!«

Wir haben also tatsächlich etwas erreicht. Ich weiß also, daß ich gesund werde. Aber werden Sie wissen, daß ich Sie liebe?

»Ich habe meine Mutter wieder tot geträumt.« *Schau hin, Guste, deine Mutter liegt in einem Sarg ohne Deckel. Der Sarg steht schräg unter einem riesigen Baum. Er steht auf armdikken Wurzeln, die sich wie Schlangen auf dem Erdreich ringeln. Er steht auf den Wurzeln der Weltesche. Ich entdecke plötzlich, daß ich ein Mann bin.*

»Ich glaube, daß meine Mutter Sie haßt.« »Warum glauben Sie das?« »Sie schweigt Sie tot. Sie sind wie ein unsichtbarer Dritter, mit dem wir es uns nicht mehr gemütlich machen können.« Auch über die Analyse sprachen wir nicht. Es war wie ein geheimes Einverständnis. Sie sprach wohl nicht darüber, weil sie Angst hatte. Und ich sprach nicht darüber, weil ich nicht wollte, daß sie dagegen sprach. Etwas anderes hätte ihre Angst ja nicht zulassen können. Wenn man es nämlich bei Licht besah, dann hätte auch mein Analytiker ein typischer Herzog sein können. Die Welt schien voll von typischen Herzogs zu sein. Also schwiegen wir beide. Was nicht ausschloß, daß ich eklige Fragen stellte: Wie war das eigentlich damals, warum habt ihr mich nie mit meinem Namen angeredet? ›Was du dir nicht immer alles einbildest‹, sagt meine Mutter. Vielleicht hab' ich es mir wirklich eingebildet. Die Erinnerung, hab' ich herausgefunden, ist etwas sehr Fragwürdiges. Und die Wahrheit auch. Ich erinnere mich zum Beispiel genau an meinen ersten Schultag. Er war eine Katastrophe, weil ich keine Schultüte bekommen hatte. Dabei gibt es eine Fotografie, auf der ich, Augusta Herzog, dastehe mit einer riesigen Schultüte im Arm. Ich aber erinnere mich, daß ich k e i n e Schultüte bekam, und zwar als einziges Kind in der Klasse. So ist das mit der Wahrheit oder mit den Wahrheiten. Wie viele gibt es? Und welches sind die richtigen? Die erinnerten oder die objektiven? Ich meine, welche zählen? Die erinnerten, will mir scheinen. Und ich erinnere mich eben an keine Schultüte, das heißt, ich erinnere mich genau, nur erinnere ich mich an das Gegenteil des Augenscheins. Also lügt die Fotografie. So einfach ist das. Daraus ergibt sich nur eine Frage: Was bekam ich nicht, das die anderen Kinder bekamen? Was fehlte dem Mädchen, das doch alles hatte?

»Aber alles andere stimmt, Herr Doktor, meine Mutter redet mich heute noch nicht mit meinem Vornamen an. Das ist keine falsche Erinnerung. Ich rufe sie an. ›Guten Tag, Mutter‹, sag' ich. ›Guten Tag, Karin‹, sagt meine Mutter. Jedesmal. So heißt eine Kusine von mir. ›Mutter, ich heiße Guste‹. Es ist nichts zu machen. Sie kann sich meinen Namen nicht merken.« Es ist, als wolle sie mit dem Namen auch mich aus ihrem Gedächtnis streichen. Es ist, als sei ich für sie nicht existent. Vielleicht weil ich ihre Erwartungen nicht erfüllt habe? ›So etwas wie du ist für mich doch einfach nicht vorhanden‹, sagt meine Mutter.

Im übrigen kann ich meine Mutter gut verstehen. Auch mir hat mein Name nie gefallen. ›Ich hatte mir immer eine Marianne gewünscht, aber Großmutter hat das nicht erlaubt‹, sagt meine Mutter. Es war also schon vor meiner Geburt losgegangen. Großmutter war meine Taufpatin und hatte darauf bestanden, daß ich nach ihr benannt wurde. ›Was ist denn nicht in Ordnung mit Augusta?‹, muß sie gesagt haben. ›Unsere letzte Kaiserin hieß so, und im alten Rom war Augusta eine Ehrenbezeichnung. Warum also soll Augusta nicht gut genug sein für mein Enkelkind?‹ Aus diesem Grunde wurde ich nicht meiner Mutter Marianne. Ich selbst mochte Augusta nicht, weil der Name verstaubt klingt und von einem Männernamen abgeleitet ist. Außerdem wird mein Namenstag am Tag des Heiligen Augustinus gefeiert. Was geht mich der Heilige Augustinus an? Bist du ganz offen, Augusta, oder gibt es da noch etwas? Augustinus, Augustus, August, dummer August. Der Clown im Zirkus. Meine Mutter besteht darauf, daß das Mädchen mit in den Zirkus geht. Ich aber will nicht. Bitte nicht, Mutter, können wir nicht woanders hin? Nein, wir gehen in den Zirkus. Meine körperliche Qual beginnt, als der Clown auftritt. Ich kann sie nicht ausstehen, diese Purzelbäume. Ich kann darüber nicht lachen. Ich möchte weinen. Wie bringt er es nur fertig, sich selbst so zu demütigen? Genügt es nicht, wenn die anderen das tun? Er macht sich doch lächerlich, und Lächerlichkeit tötet. Wie kann man sich nur so zum Gespött der Leute machen? Es ist doch viel erträglicher, perfekt zu sein. Man muß immer perfekt sein.

»Was hab' ich nicht selbst Purzelbäume geschlagen.« Ich möchte lieber nicht daran denken. Aber Gedanken, die man nicht denken will, sind wie Stehaufmännchen. Clown, ruft die Klasse, Clown, sagt meine Mutter. Unsere Lehrerin hatte mit uns ›Die Vogelhochzeit‹ einstudiert, und zu irgendeinem festlichen Anlaß wurde sie aufgeführt. Alles was im Lied kreucht und fleucht, ist vorhanden, bis hin zur Le-er-che, die führt die Braut zur Ke-er-che. Und ich bin eine Gans, obwohl die im Lied nicht vorkommt. Ich bin eine d u m m e Gans. Durch ein Mißgeschick bin ich vor Beginn der Aufführung aus der Kulisse auf die Bühne gestolpert. Vor den Augen des sehr verehrten Publikums. O du mein Gott, wie komm' ich hier weg? Wenn wir doch nur einen Vorhang hätten. Wenn ich mich doch nur verkriechen könnte. Gibt es denn keine Rückzugsmöglichkeit? Gibt es denn keine RETTUNG? Da die Tür. Aber nein, die ist Kulisse. Ich komme hier nicht weg. Ich muß tun, als sei ich geschickt worden. Mit einem Auftrag. Ich tue geschäftig. Suche die anderen Tiere. Und finde endlich eine Bühnengasse. Aber es war schon zu spät. Lange Jahre noch hörte ich das Gekicher im Saal. ›Du mußtest natürlich wieder eine Extrawurst braten‹, sagt meine Mutter. Es war entsetzlich. Ich hatte versagt. Vor allen Leuten. Ich hatte mich blamiert. Ich hatte meine Mutter blamiert. Und sie mußte ihren Finger in die Wunde legen. Dazu hattest du immer schon eine unfehlbare Gabe, liebste Mutter, ich meine, deinen Finger in anderer Leute Wunde zu legen.

»Mein Vater hatte ja seine eigene Art, mich zu demütigen. Er nahm mich mehr oder weniger nicht zur Kenntnis. Er konnte mit mir nichts anfangen.« ›Vater kann mit Mädchen nichts anfangen‹, sagt meine Mutter. »Besonders nichts mit einem wie mir, das immer krank war und so dünn und spillerig. Ich war zu nichts zu gebrauchen.« Nur zum Frechsein. ›Nur zum Frechsein bist du zu gebrauchen‹, sagt meine Mutter. Und ›Mußt du Vater denn immer so reizen?‹

Vielleicht sollte ich es einmal mit Mut versuchen. Wenn ich nun mutig war wie ein Junge, war ich dann auch wie ein Junge zu gebrauchen? ›Vater, ich kann schwimmen.‹ Wir sind an unserem Baggersee. ›Na, dann laß mich mal sehen‹, sagt mein Vater. Wir gehen ins Wasser, und er stellt sich wie ein nacktbrüstiger Feldherr in Position. Vater teilt das Schwimmen ein. Ich ziehe Kreise um ihn, wobei ich vorsorglich mit einem Fuß auf dem Boden bleibe. ›Na, das ist ja wirklich prima‹, sagt mein Vater. ›Ich gratuliere. Und jetzt schwimmen wir da hinüber.‹ Was blieb mir anderes übrig, als beide Füße vom Boden zu nehmen. Hurra, Vater, ich kann wirklich schwimmen. Bist du jetzt stolz auf mich? ›Morgen gehen wir ins richtige Schwimmbad. Wenn du vom Fünfmeterbrett springst, bekommst du von mir einen Lutscher mit Ring‹, sagt mein Vater. »Als ich den Sprungturm hinaufkletterte, beherrschten mich zwei widerstreitende Gefühle. Zum einen glaubte ich, mich aus freiem Willen zu ertränken, zum anderen hatte ich die beruhigende Gewißheit, daß mir nichts geschehen könne. Mein Vater war ja im Wasser und würde mich auffangen. Er würde mich nicht ertrinken lassen, auch wenn ich nur ein Mädchen war.« Und dann stehe ich da oben. Ich kann den einen Schritt ins Leere nicht tun. Aber mein Vater wartet. ›Bitte‹, sag' ich zu einem wildfremden Mann, ›könnten Sie mich wohl da hinunterwerfen? Mein Vater wartet.‹ Und unten nahm er mich richtig in Empfang. Das kleine ungute Gefühl, das ich wegen der Mogelei hatte, wurde überstrahlt von dem kaum zu bewältigenden Gedanken, daß der Vater stolz war. Er war stolz, weil das Mädchen Mut bewiesen hatte, und das Mädchen war stolz, weil der Vater stolz war. Nie ist ein Ring mit so viel Stolz getragen worden.

So habe ich mich um deine Liebe bemüht, Vater. So habe ich um sie gebuhlt. Was tat ich nicht alles, um sie mir zu gewinnen. Ich meine zuerst. Später ging ich dir ja lieber aus dem Weg. Ja, es stimmt, ich habe um dich gebuhlt. Und ich habe mich geschämt, weil ich um dich gebuhlt habe, ich meine, weil ich so erfolglos gebuhlt habe. Ich habe meine Purzelbäume so entsetzlich vergeblich vor dir geschlagen. Nein, das Mädchen mochte entschieden keine Clowns, weder im Zirkus noch sonstwo.

»Aber vielleicht tue ich beiden Unrecht?«

»Vielleicht nur einem von beiden.«

Wie meint er das? Und welchem von beiden? Zu denken, ich täte meiner Mutter Unrecht, meiner geliebten Mutter, die nur mich hat gegen meinen Vater. Müßte ich mir da nicht einen Strick um den Hals legen? Und ich weiß es sofort: Wenn ich gleich nach Hause komme, muß ich darauf achten, daß keine Schnüre herumliegen. »Ist es nicht seltsam, ich weiß jetzt immer im voraus, wann die Qual kommt. Ich weiß nur nicht, warum sie gerade dann kommt.«

»Das werden wir schon noch herauskriegen.« »Freuen Sie sich über meine Fortschritte?« »Ja, ich freue mich über Ihre Fortschritte.«

Ich mußte die Frage stellen. Ich bin wieder das kleine Mädchen. Ich werde noch oft das kleine Mädchen sein, ohne es zu wissen. Zum Beispiel wenn die Frau des Analytikers ihr ich weiß nicht wievieltes Kind bekommt. Eigentlich möchte ich ja nicht darüber sprechen. Wenn sie ein Kind bekommt, heißt das ja, daß sie miteinander... Ich frage: »Was ist es denn?« »Ein Bub. Es ist wieder ein Bub, und ich hatte mir so sehr ein Mädchen gewünscht.« Und ich sage: »Ist ja nicht so schlimm, Sie haben ja mich.« »Ja«, sagt er, »ich habe ja dich.« »Doktor, darf ich heute etwas länger bei dir bleiben?« »Das geht leider nicht, es kommt noch ein Patient.«

Und nach der Stunde stehe ich auf der anderen Straßenseite. Ich stehe versteckt da und warte. Es kommt tatsächlich noch ein Patient. Er hat mich nicht belogen.

Vielleicht kommt dafür die Qual heute doch nicht mehr.

Der Schulbeginn ohne Schultüte war übrigens kein böses Omen. Ich freute mich auf die Schule. Obwohl ich so klein und zierlich war, hatten meine Eltern mich nicht zurückstellen lassen. ›Es ist Zeit, daß für dich der Ernst des Lebens beginnt‹, sagt meine Mutter. Ich ging von Anfang an gern in die Schule. Vielleicht war es die Hoffnung, die Schule würde etwas ändern. Immer war doch diese unbestimmbare und seltsam trostlose Hoffnung in mir, daß sich etwas ändern würde. Nur wußte ich nicht, was sich hätte ändern sollen oder warum sich etwas hätte ändern sollen. Es ging mir doch gut. ›Deine Sorgen möchte ich haben‹, sagt meine Mutter.

›Sag deiner Mutter, sie möchte einmal in die Schule kommen‹, sagt meine Lehrerin. Ich hatte sofort ein schlechtes Gewissen. Aber die Lehrerin war nur besorgt. Es hatte sie beunruhigt, daß ich immer in den Baum vor dem Fenster schaute. Und daß ich überhaupt zu ruhig war. Daß ich keinen Kontakt zu anderen Mädchen hatte. ›Wegen eines Kastanienbaumes habe ich in die Schule kommen müssen‹, sagt meine Mutter. ›Das stelle sich einer vor.‹

Nach dem ersten Schuljahr kam ich eine Zeitlang von zu Hause fort. Meine Mutter war ja krank und mußte in ein Heilbad. Es sei das Herz, hieß es. O ja, es war das Herz. Da liegt meine Mutter, bleich und schwach, und hat diese Stiche in der Brust. Ich muß ihr schnell ihre Tropfen geben. Genau abzählen. Sie sind gefährlich. Wenn man zu viele gibt, kann leicht etwas passieren. Vater hat sie aufgeregt. Ich habe sie aufgeregt. Irgend jemand hat sie aufgeregt. Man darf sie nicht aufregen. Ich kam also zu Tante Agnes, der Frau von Vaters Bruder Joseph. Tante Agnes war ein Wesen, das ganz aus Demut, Stille und Duldung bestand. ›Tante Agnes ist so was von einfältig‹, sagt meine Mutter, und sie hatte recht. Ich würde mich eines Plagiats schuldig machen, wollte ich sagen, Tante Agnes habe ein elegantes Schafsgesicht gehabt. Dennoch machte sie ihrem Namen Ehre: sie hatte ein Schafsgesicht, wenn auch kein elegantes. Sie war extrem kurzsichtig und trug ganz dicke Gläser. Sie hatte etwas von einer keuschen Törin. Das Mädchen war gern bei ihr. Frohe Farben sind mir gegenwärtig. Ich sehe weiße, wehende Tüllgardinen. Ich sehe rote Geranien auf einem hellblauen Fensterbrett. Ich sehe und höre eine Maus, die mit dem falschen Ende in eine Falle geraten ist und sie mit dem Schwanz quer durchs Zimmer zerrt, über einen hellblauen Fußboden. Mein Vater hatte die Wohnung gestrichen. ›Daß der es auch immer wieder fertigbringt, den Leuten sein Hellblau aufzuschwatzen‹, sagt meine Mutter.

Natürlich sehe ich auch Onkel Joseph, ihren Mann. Er sah noch ungewöhnlicher aus als seine Frau. In seinem typisch Herzogschen Gesicht saß ein Glasauge. ›Was zuviel ist, ist zuviel‹, sagt meine Mutter. Ich mußte immerfort hinschauen. Vielleicht würde das falsche Auge sich einmal rühren, einmal, nur ein einziges Mal die Bewegungen des richtigen Auges mitvollziehen. Jetzt schaut er nach links. Bitte, Glasauge, schau mit. Aber nein, der Glasblick rührte sich nicht. Er gab Onkel Joseph etwas verwegen Abenteuerliches, und ich erinnere mich, daß ich glaubte, er sei ein verkappter Seeräuber. ›Ich hab' Onkel Joseph heute in der Stadt gesehen‹, sagt meine Mutter. ›Und, wie geht es ihm?‹ ›Weiß ich nicht, ich bin auf die andere Straßenseite gegangen‹, sagt meine Mutter. Es ging übrigens das Gerücht, Onkel Joseph tränke. Als er plötzlich starb, hieß es, er habe zwei Pfund Pflaumen gegessen und einen Schnaps darauf getrunken. ›Das war wohl genau umgekehrt‹, sagt meine Mutter, ›der hat eine Pflaume gegessen und zwei Liter Schnaps darauf getrunken.‹ Mir tat leid, daß er tot war. Und wo war das Glasauge jetzt? ›Mutter, hat man es mit begraben?‹ ›Weiß ich nicht, frag Tante Agnes.‹ ›Aber nein, das würde sie kränken.‹ ›Tante Agnes kann man nicht kränken‹, sagt meine Mutter.

»Ich war ein sehr frommes Mädchen, aber nur von zwei Wesen im Himmel hatte ich eine klare Vorstellung, von Maria, der Mutter des Herrn, die war so sanft und so lieb wie meine Mutter. Und von Joseph, ihrem Mann, der hatte ein Glasauge.« Ich stehe schon unter der Tür, als mir noch etwas einfällt: »Stellen Sie sich das vor, Herr Doktor, der Heilige Joseph ein Seeräuber.«

»Wieso habe ich noch nicht von der Familie meines Vaters gesprochen? Obwohl, wir verkehrten ja eigentlich nicht viel miteinander. Meine Mutter nannte sie ›das Gesocks‹, aber ich glaube, daß mein Vater das nicht hören durfte. Das Gesocks war uns zahlenmäßig schwer überlegen. Mein Vater hatte vier Brüder und drei Schwestern. Ich bin da aber nicht so ganz sicher, einige von ihnen habe ich nämlich nie kennengelernt, obgleich wir doch alle in einer Stadt lebten. Aber bei Familienfesten traf man sich dann doch so reihum, zumindest die, die gerade nicht miteinander in Fehde lagen.«

Die Herzogs lagen grundsätzlich in Fehde, und diese Fehden waren berühmt. Es gab kurzfristige Fehden, und es gab langfristige. Die kurzfristigen waren häufiger als die langfristigen. Dafür währten die langfristigen meist ein Menschenleben, so lange nämlich, bis einer der Kontrahenten starb. Danach pflegten sich neue Fehden zu bilden, umorganisierte sozusagen. Es kam vor, daß Kurzzeitfehden sich zu solchen mit Langzeitdauer wandelten. An den Fehden beteiligten sich grundsätzlich alle Geschwister mit Ausnahme meines Vaters, der den lieben Gott eher den sprichwörtlichen guten Mann sein ließ. In punkto Fehden jedenfalls herrschte ein ausgesprochen enger Familiensinn. Während also von Mutters Seite Friede auf mich herniederträufelte, regnete es von Vaters Seite Krieg. Möglicherweise war das aber nur rechnerisch bedingt, da sich zwei Geschwister ja wohl weniger häufig in der Wolle haben als deren acht.

Schade, daß ich bei meiner Ersten Kommunion der Mittelpunkt war. Dadurch konnte ich leider nicht so richtig beobachten, wie das Gesocks sich ärgerte. ›Die ärgern sich doch immer‹, sagt meine Mutter. Mein Opa war ein reizender alter Herr. Zumindest war er sehr appetitlich anzusehen mit seinem schlohweißen Haarkranz und seinem ebenso weißen Spitzbart. Oma dagegen war ein seltsam gedrücktes Wesen. »Also Opa und Oma waren bei meiner Kommunion. Und die

Oldendorfer natürlich. Ich glaube, die ›Giftzentrale‹ hatte zu der Zeit gerade Startverbot.« Im übrigen war ich auch viel zu fromm, um mich groß um die Äußerlichkeiten zu kümmern. Dafür war meine Mutter zuständig. Auch hatte ich schreckliche Magenschmerzen. ›Das Gesocks frißt und meine Tochter kotzt‹ sagt meine Mutter. Bei feierlichen Anlässen war ich ›meine Tochter‹.

Mit meiner Ersten Kommunion nahm ich es sehr ernst. Mein Vater war ja nicht der einzige Vater, vor dem ich Purzelbäume schlug. Ich muß es wohl auch bei Gott, dem Vater, der im Himmel thront, versucht haben. Ich erinnere mich, daß in mir eine unbändige Sehnsucht nach einem lieben Gott wohnte, wobei die Betonung auf lieb lag. Diese Sehnsucht schien mir aber auch irgendwie gepaart mit jener seltsam trostlosen Hoffnung: Wenn ich schon bei meinem irdischen Vater nichts ausrichten konnte, was sollte ich da bei dem himmlischen bewirken? Mir wurde doch täglich versichert, daß ich nicht lieb sein konnte. Wie konnte Er da lieb sein zu mir? Mit meiner tiefen Gläubigkeit stand ich übrigens völlig allein da, denn weder mein Vater noch meine Mutter sahen sich die Kirchen von innen an. Mutters Beiträge zu meiner religiösen Erstarkung hatten sich in der Anrufung Gottes und deren Wiederholungen erschöpft und in der Überreichung der Madonna aus Gips an jenem verhängnisvollen Weihnachtsfest. Onkel Gregorius bezeichnete sich offen als Atheist. Ich aber lebte in der Hoffnung. Mit feierlichem Ernst nahm ich am Kommunionsunterricht teil. Dabei hatte ich eine seltsame Schwierigkeit: Das fromme Mädchen sah sich außerstande, das Vater Unser zu beten. »Wissen Sie, ich scheiterte an dem Dein Wille geschehe. Diese drei Worte machten mir das ganze Gebet suspekt. Machten sie nicht alle Bitten von vornherein zunichte? Warum bitten, wenn man sich mit drei Worten so völlig auslieferte an einen zweifellos Stärkeren? Ich fand das reichlich unfair.« Ich weiß, daß ich mit dem Gegrüßet Seist Du Maria entschieden besser zu Rande kam. Von Maria, der Mutter des Herrn, war nichts Bedrohliches zu erwarten. Sie war so sanft wie meine Mutter. Ich hatte immer Angst, daß es auch mit der Mutter des Herrn eines Tages ein schlimmes Ende nehmen würde.

»Ein völlig überwältigendes Erlebnis war meine erste Beichte gewesen.«

Da war also eine Instanz, der man alle Sünden, deren man laufend angeklagt wurde, und die man wohl auch begangen hatte, durch ein Holzgitter zuflüstern konnte, und man erfuhr Vergebung. Zumindest, wenn Sein Wille geschah, verdammt noch mal. Ich erinnere mich übrigens genau, daß ich nie dachte: Meine Sünden sind mir vergeben, ich dachte nur: Ich habe Vergebung erfahren. Für meine Übersteigertheit war die Umgangssprache nicht ausreichend. Wenn ich aus dem Beichtstuhl kam, fühlte ich mich rein wie frischgefallener Schnee, ich fühlte mich gut und liebenswert. Ich hätte die Arme ausbreiten und fliegen mögen.

»Oder ganz ohne Schaden auf der Kirchentreppe Purzelbäume schlagen, wenn Sie wissen, was ich meine.«

Von der Beichte pflegte ich ganz langsam und auf Umwegen nach Hause zu gehen, so als müsse ich mir die neuerworbene Vollkommenheit recht lange bewahren. Zu Hause war meine Tugendhaftigkeit auf seltsame Weise gefährdet. Es lagen zu viele Fallstricke herum. Immer gab es Streit. Der Vater explodierte, die Mutter weinte, ich ergriff Partei, der Vater rannte mir nach, um mir die Flötentöne beizubringen, und die Mutter beschwerte sich beim Vater über mich.

»Wenn ich es recht bedenke, war es eigentlich wortwörtlich zum Kotzen. Habe ich es deshalb vielleicht immer getan?« Okay, okay, halt nur die Klappe. Ich weiß ja mittlerweile, daß ich mit meinen Fragen meistens nur so rhetorisch an dich hinschwätze.

Ich erinnere mich auch, daß das Gefühl der Reinwaschung

mir so zum Bedürfnis wurde, daß ich jede Woche zur Beichte ging. Manchmal erfand ich zusätzliche Sünden, denn was ich vorzutragen hatte, schien mir zu dürftig für die darauffolgende Gnade der Absolution. Eines begann das Mädchen allerdings zu stören. Der Beichtvater wollte immer wissen, ob ich nicht gegen das Sechste Gebot gesündigt hätte. Und das hatte ich nicht getan. Schließlich hatte ich genug mit dem Vierten am Hals. Mit der Zeit kam es mir so vor, als würde die Sünde gegen das Sechste Gebot geradezu erwartet. Ich fühlte, wie Ungläubigkeit durch das Holzgitter sickerte. Es beunruhigte mich zutiefst, dieses Bohren in etwas so Verbotenem, wie es die Unkeuschheit war. Warum wollte der Beichtvater, daß ich ausgerechnet da etwas zu gestehen hatte, wo ich doch nun wirklich nur mit einem blütenreinen Gewissen aufwarten konnte? Ich fand, daß er, der Geistliche, der Unkeusche war.

»Und wissen Sie, was das Schönste ist? Hier haben die Herren Geistlichen wieder damit angefangen. Als ich noch verlobt war, war ihnen die Tatsache nicht genug, daß ich gegen das Sechste Gebot verstoßen hatte. Da wollten die auch noch genau wissen, *wie*. Da fragte doch tatsächlich einer: in welchen Stellungen? Ich wußte zuerst gar nicht, was der meinte. Ich sagte, ich kenn' doch nur eine Stellung, nämlich die, wo ich arbeite. Das hätte beinahe zu entsetzlichen Verwicklungen im Beichtstuhl geführt. Der hatte geglaubt, ich hätte es im Büro... und so. Und bis man so ein Mißverständnis dann wieder zurechtgeflüstert hat. Aber ich gehe ja jetzt kaum noch in die Kirche.«

Meine Abwendung von der Kirche hatte zunächst gesundheitliche Gründe. In den Momenten meiner tiefsten Inbrunst fiel ich mit schöner Regelmäßigkeit in Ohnmacht. ›Das ist nur der Weihrauch‹, sagt meine Mutter. Da bin ich heute allerdings nicht mehr so sicher. Denn in dem Maße, wie meine Frömmigkeit aufweichte, wurde ich weihrauchunempfindlich. Zuerst fiel ich nicht mehr in Ohnmacht, dann ging ich nicht mehr so häufig in die Kirche. »Ich war nämlich dahintergekommen, daß der Handel, den ich erbetet hatte, nicht klappte. Ich wurde nicht tapfer und mutig, ich wurde nicht liebenswürdig und biegsam, ich wurde auch nicht hübscher. Mit dem Vater da oben war genauso wenig los, wie mit dem Vater hier unten. Nur das seltsam trostlose Hoffen auf morgen war geblieben.«

Völlig übergangslos sage ich: »Und jetzt lieg' ich hier.« Und er sagt: »Und jetzt liegen Sie hier.«

Wir sind umgezogen. Das heißt, mein Doktor ist umgezogen. Mitsamt seiner Familie. Innerhalb des gleichen Hauses. Eine Etage höher. Die Hugenotten sind mir geblieben. So wie die Numero fünfunddreißig. Ich muß jetzt eine Treppe hoch steigen. Und auch wieder hinunter. Nur mein Tapetenfleck ist nicht mehr da. Wir haben ihn unten gelassen. Ich hatte ihn ja auch nicht mehr so nötig. Unser neues Zimmer ist größer. Das heißt, mein Analytiker sitzt weiter weg von mir. Aber mir immer noch schräg gegenüber. Ich muß mich nach wie vor vergewissern können, daß er mir wohl will. Er sitzt da wie eh und je, fast ein wenig teilnahmslos. Aber etwas hat sich geändert. Über uns spielt jemand Klavier. Ich schaue zur Decke, als wäre dort ein neuer Fleck. Aber nichts ist zu sehen, die Decke ist fleckenlos weiß. Kollegen meines Vaters haben alles gestrichen. Mein Vater kann es nicht gewesen sein, denn nichts ist hellblau. Soweit ich das von dem einen Zimmer aus beurteilen kann.

»Sie können froh sein, daß mein Vater Ihnen die Wohnung nicht gestrichen hat. Sonst wäre jetzt einiges hellblau.« Und: »Wer spielt da oben Klavier?« »Über uns wohnt ein Klavierlehrer.« Na, dann werde ich das ja jetzt öfter genießen. Ich mag es, wenn Klavier gespielt wird. Bei uns wurde viel Klavier gespielt. »Sie hätten wirklich einmal Onkel Gregorius hören sollen. Oder meinen Vetter Frieder.« »Wer ist Ihr Vetter Frieder?« »Er war mein Vetter Frieder. Er ist tot. Im Krieg gefallen. Und Tante Erna, seine Mutter, hat daraufhin ihr Parteiabzeichen zurückgeschickt.«

Tante Erna war Vaters älteste Schwester.

›An welchem Ende fangen wir heute an, die Familie aufzurollen?‹, sagt meine Mutter. Jemanden durchhecheln nannten wir ›aufrollen‹. Es gab zwar Verwandte, mit denen man nicht sprach, es gab jedoch keine, über die man nicht sprach. Wie zum Beispiel über Tante Erna. ›Sie ist die reinste Giftzentrale‹, sagt meine Mutter. Tante Erna hatte nach Ansicht der gesamten Familie mehrere schwerwiegende Fehler. Zum einen stiftete sie Fehden. Das taten die anderen zwar auch, aber bei Tante Erna wurde es entschieden als störend empfunden. Zum anderen hatte sie einen ungemein dummen Mann, herzensgut zwar, aber: ›Mein Gott ist der dumm!‹ Das wäre weiter nicht schlimm gewesen, wenn er mit seiner Dummheit nicht so unverschämt viel Geld verdient hätte. Onkel Gottlieb hatte nämlich überhaupt nichts gelernt, und das war nach Herzogschem Weltbild wohl das Schlimmste, was ein Mensch sich antun konnte. Er war Fensterputzer und hatte mit nichts anderem angefangen als mit einer Leiter und einem Eimer. In den Familiensymposien die Jahre hindurch erhielten diese Berufsutensilien echt leitmotivischen Charakter. Es war nämlich nicht bei der einen Leiter und dem einen Eimer geblieben, es waren immer mehr Leitern und immer mehr Eimer hinzugekommen. Kurzum, gegen Ende seines nicht langen Lebens hatte Onkel Gottlieb an die zwanzig Fensterputzer beschäftigt, die so ziemlich alle Fenster in unserer an Geschäften nicht armen Innenstadt putzten. Und ehe die Herzogs es sich versahen, besaß der ungelernte Onkel Gottlieb das schönste Haus in der Familie, gelegen im besten Viertel der Stadt, inmitten eines der zauberhaftesten Gärten.

»Später hat man Tante Erna noch angekreidet, daß sie ein Nazi war. Sie war hingebungsvolles Parteimitglied und trug ›das Bonbon‹, wie meine Mutter das Parteiabzeichen nannte, nicht nur auf weißen Blusen, sondern auch auf Abendkleidern. Alle ihre Sofakissen waren mit großen Hakenkreuzen und Hitlerbildern bestickt. Das heißt, eines war bestickt mit ›Nur ein Viertelstündchen‹. Das sah aus wie ›Ruhe sanft auf unserem Führer, aber nicht länger als fünfzehn Minuten.‹ Aber dann ist mein Vetter Frieder gefallen, und die Sofakissen mußten neu bezogen werden. Tante Erna schickte ihr Parteibuch zurück, alles was recht ist.«

Es wäre noch hinzuzufügen, daß Tante Erna sich als Siebzigjährige beinahe erfolgreich das Leben nahm. Sie kam sogar in die Leichenhalle. Eine etwas enger an sie attachierte Verwandte wollte sie noch einmal sehen und mußte feststellen, daß die Leiche atmete. Tante Erna war die bisher einzige Scheintote in unserer Familie, wenn man von mir absieht.

»Ich glaube, meine Mutter hätte es auch nur schwer verwunden, wenn ausgerechnet die Giftzentrale vor der Zeit geschlossen worden wäre. Über Tante Erna hat man sich immer so schön ärgern können. Ich war übrigens sehr gern dort. Mir gefiel die Eleganz des Hauses. Und wie gesagt, mein Vetter Frieder spielte vorzüglich Klavier.« Ich höre auf das Geklimper über mir. Muß Bach sein. Ja, ganz unverkennbar.

»Trotz der vielen Onkel und Tanten väterlicherseits kannte ich nur wenige meiner Vettern und Kusinen, einfach, weil wir kaum miteinander verkehrten. Nur die Oldendorfer kannte ich gut.« Wenn ich nicht irre, war Onkel August der älteste Bruder meines Vaters. Wir nannten sie die Oldendorfer nach dem Vorort, in dem sie wohnten. Meine Tante Mathilde war Baptistin und außerordentlich fromm. ›Diese Betschwester‹, sagt meine Mutter. Sie hatten vier Kinder.

»Ich habe lange Zeit den Eindruck gehabt, als würde ich

zum Wochenende gegen ein Auto an die Oldendorfer ausgeliehen. Onkel August hatte als erster in der Familie einen Wagen. Samstags wurde ich zu ihnen gebracht, und mein Vater bekam das Auto. Zumindest kam es mir so vor.« In Wirklichkeit machten die beiden Ehepaare Wochenendausflüge ohne ihre Kinder. Wir blieben zurück unter der Obhut eines Kindermädchens namens Sophie. »Ich glaube, was meine Mutter noch mehr ärgerte als Tante Mathildes Beterei, war, daß die Oldendorfer ein Kindermädchen hatten. Das klang so vornehm, und Vornehmes stand eigentlich nur uns zu.«

Ich selbst sah den Leihwochenenden mit heißem Verlangen entgegen. Besonders heftig liebte ich meine Kusine Auguste. Sie trug nicht nur den gleichen Namen, wir hatten auch sonst viele Gemeinsamkeiten. Die Oldendorfer Guste war mit genau denselben Kümmernissen geschlagen wie ich: Auch sie war dünn und spillerig, auch sie hatte Schnittlauchlocken, und ihr Gesicht war, wie das meine, mit Sommersprossen übersät. Wir hatten auch die gleichen Träume. Mir voraus hatte sie allerdings die Gabe, daß sie ihrer blühenden Phantasie lebhaft Ausdruck zu verleihen wußte, gepaart mit einem schon früh sich manifestierenden Sinn für Vermögensbildung.

Es gab wirklich viel Gemeinsames zwischen Guste und Guste. Auch im Ablauf unserer beider Leben. Als Onkel August sich scheiden lassen wollte, fand mein Vater die Idee für sich gleich erstrebenswert. Beider Begehren erwies sich in der Folge mehrere Male als undurchführbar, und sie kehrten zu ziemlich denselben Zeiten zu ihren Ehefrauen zurück, die ihrerseits am Herzen litten. Die Oldendorfer Mathilde hatte die gleiche Herzkrankheit wie meine Mutter, nur natürlich ›längst nicht so schlimm‹. ›Bei der ist das doch nur Angstell‹.

»Eines ist vielleicht nicht unwichtig: Bei den Oldendorfern hatte ich nie einen kranken Magen. Ich aß dort leidenschaftlich gern trockenes Schwarzbrot, das Sophie freigebig austeilte.« Sophie steht mitten in der Küche und schneidet Brot. Charlotte Buff nach zeitgenössischen Stichen. Sie schneidet es wie meine Mutter, den Laib fest gegen ihre Brust gedrückt, fährt sie mit einem riesigen Messer beherzt hinein. Sophie, die Spenderin edler Genüsse. Mir läuft das Wasser im Mund zusammen. ›Trockenes Brot‹, sagt meine Mutter, ›das sollte man dir einmal zu Hause anbieten.‹

»Es ist komisch, wenn meine Mutter Brot so schnitt wie Sophie, hatte ich immer Angst, sie würde sich die Brust amputieren.«

Ich stehe als Zuschauerin mit fremden Leuten vor einem Zirkuszelt. Auf einer Bahre mir zu Füßen liegt bleich und wächsern ein winziges künstliches Geschöpf. Es ist gekleidet wie eine Seiltänzerin oder wie eine Zirkusprinzessin. Seine Attitüde ist überaus elegant, aber affektiert. Neben mir steht eine Hexe. Sie ruft emphatisch: Ihr habt mein Kind getötet. Immer und immer wieder: Ihr habt mein Kind getötet. Ich weiß, daß ich es bin, die da als kleine wächserne Puppe auf der Bahre liegt, und daß die alte Hexe meine Mutter ist, mit der mich aber nichts verbindet. Dann sagt sie: Ich werde mein Kind für einige Jahre mit in mein Haus nehmen. Ich, die ich gleichzeitig neben meiner Mutter stehe, denke: Ja, nimm mich nur mit in dein Haus, und stell mich in deinen Schrank. Ich werde bald genug anfangen zu stinken.

»Was fällt Ihnen zu diesem Traum ein?«

»Eigentlich nichts. Die Engländer haben ein Sprichwort ähnlich wie ›*There is a skeleton in every family's closet*‹.«

»Wissen Sie, daß Sie sich gewöhnlich die Gürtelschnalle öffnen, wenn Sie auf der Couch liegen?« Na und, Sie Klugscheißer, der Gürtel kneift mich ja doch, wenn ich liege. Ich sage – Pünktchen Pünktchen für Klugscheißer: »Der Gürtel kneift mich ja doch, wenn ich liege.« »Möglich, aber jetzt haben Sie ihn zugemacht.« Okay, dann bin ich heute halt zugeknöpft.

Ich bin plötzlich am Rhein. Onkel Gregorius hat ein Boot aus Sand gebaut und sitzt mit Tante Idchen darin. Wild schwingt er sein Paddel, das nichts weiter ist als ein belaubter Zweig, mit dem er rechts und links den Strand fegt. Mein Vater hat die Szene fotografiert. Es ist noch immer eines meiner liebsten Fotos. Onkel Greg ist so lustig darauf und Tante Idchen ist so schön. Als Mädchen hätte ich das Bild gern gehabt. ›Du kannst es nicht haben‹, sagt meine Mutter. ›Du mußt immer alles haben wollen. Du bist vom Stamme Greif.‹ Und dann kam ein Standardsatz meiner Mutter, den ich zu fürchten gelernt hatte wie ihre verweinten Augen: ›Wart doch, bis ich tot bin, dann bekommst du es‹, sagt meine Mutter. ›Wenn ich einmal tot bin, bekommst du alles.‹

»Wissen Sie, sie sagte den Satz so oft, daß es mir immer so vorkam, als würde das Füllhorn ihrer Liebe nach ihrem Tode erst recht über mir ausgeleert werden.«

Ich kann den Gürtel ruhig wieder öffnen.

»Wenn ich ihr etwas schenkte, war es genau dasselbe. Das heißt, meiner Mutter konnte man nichts schenken.« Ich denke an die Tischdecke, die eine Weihnachtsüberraschung war. »Über ein halbes Jahr habe ich in aller Heimlichkeit daran gestickt. Und als dann Heiligabend war, dachte ich, meine Mutter würde überwältigt sein. War sie überhaupt nicht. Sie hat sich nicht einmal gefreut. Sie hat mich getadelt, weil ich etwas so Schwieriges gemacht hatte.« ›Das wäre nicht nötig gewesen, etwas Einfacheres hätte es auch getan‹, sagt meine Mutter. ›Und wenn ich einmal tot bin, bekommst du die Decke zurück.‹ »Dabei wollte ich sie gar nicht zurückhaben. Ich hatte sie ihr doch geschenkt. Aber sie hat sich nie etwas von mir schenken lassen. Irgendwie ging das immer ins Auge. Oder sie wollte so ideelle Geschenke.«

›Das schönste Geschenk für mich wäre, wenn du in Zukunft artig wärst‹, sagt meine Mutter.

»Ich habe es nie verstanden. Genausowenig, wie ich meine Mutter tot haben wollte, wollte ich meine Geschenke zurückhaben. Ist es nicht seltsam, Herr Doktor, sie hat mich so geliebt, warum hat sie sich nie etwas von mir schenken lassen?«

Keine Antwort. Wie üblich. Aber diesmal will ich auch keine. UM GOTTES WILLEN, NEIN, laß mich die Antwort nicht finden. Ich fürchte mich davor. Ich fürchte mich entsetzlich. Denn wenn ich die Antwort finde, werde ich fallen. Dann werde ich stürzen wie ein Stein.

»Werden Sie mich eines Tages auffangen, Herr Doktor?«

Ich weiß nicht, warum ich das sage. Es hat wohl nichts zu bedeuten.

Ich bin mit meiner Mutter in der Nähe unseres Hauses. Die Gegend ist mir völlig unbekannt, was ich sehr eigenartig finde, weil wir ja dort wohnen. Meine Mutter sehe ich auch nicht. Aber ich fühle sie irgendwo in meinem Nacken. Ich stehe auf einem Gartenweg, der aber gleichzeitig eine öffentliche Straße ist. Ein unsympathischer Mann, schrecklich lang und hager und ganz grau, kommt mir entgegen. Ich weiß, daß er hier seinen Urlaub verbracht hat. Jetzt ist er auf dem Rückweg und trägt sein Urlaubsgepäck auf einem Fahrrad, das er schiebt. Als er auf meiner Höhe ist, sehe ich, daß er ungezählte Schlangen bei sich hat. Sie quellen aus seinem Rucksack, sie fallen aus seinen Taschen. Sie ringeln sich um seine Angelrute, sie wickeln sich um die Fahrradstange. Große Schlangen, kleine Schlangen, dicke Schlangen, dünne Schlangen. Er hat bereits viele davon verloren, ohne daß er es bemerkt hätte. Sie ringeln sich auf dem Weg, den er gekommen ist. Ich möchte ihm helfen, obwohl es mich schrecklich ekelt. Also rufe ich ihm nur zu: Hier liegt noch eine Anakonda, hier liegt noch eine Python. Der Mann kommt dann jedesmal zurück, um die von mir bezeichnete Schlange aufzuheben. Wenn er sich bückt, fallen ihm andere Schlangen dafür aus den Taschen. Vor Entsetzen wache ich auf.

»Was für ein scheußlicher Traum.« Und Sie brauchen mich gar nicht zu fragen, was mir dazu einfällt. Ich werde es Ihnen schon sagen. »Grün. Die meisten Schlangen waren grün. So wie das kleine Fahrrad, das ich damals zu Weihnachten bekam, Sie erinnern sich? Mit dem wir immer in unseren Garten gefahren sind. In diesen Zaubergarten. Als ich älter wurde, kutschierte ich ganz allein dorthin.«

Ich versuche, mir den Weg vorzustellen, den ich als Mädchen genommen habe. Da war doch eine dunkle Unterführung, durch die ich mußte und vor der ich mich immer fürchtete. »Am liebsten hätte ich in der Unterführung die Augen zugemacht. Aber dann wäre es ja noch dunkler gewesen. Man fuhr immer in ein völlig finsteres Loch hinein. Aber es ging ja schnell.« Schwupp, und hindurch. Grün explodiert vor meinen Augen. Ich denke mit Begeisterung Garten. Aber wenn ich Garten denke, denke ich auch Magenkrämpfe. Nirgendwo sonst lagen für mich Freude und Schmerz so nah beieinander wie dort. Ich habe nicht die geringste Ahnung, warum das so war. Ich sehe mich dahocken auf einem Weg. Ich krümme mich. In meinem Bauch schneidet es wie mit Messern.

Der Garten gehörte einem alten Herrn namens Korting. Er hatte eine Parzelle von zwei Morgen in zwei gleich große Hälften geteilt. Die eine davon versuchte er nutzbringend dem Obst- und Gemüsebau zuzuführen. Es gelang ihm nicht.

Er hatte seinen Teil so sorgfältig gerodet, daß nur Sand übriggeblieben war, und daraus war mit dem besten Willen keine Frucht zu schlagen. Aus der anderen Hälfte zog er deshalb Nutzen auf direktem Wege in der Form von Pacht. Dieses Stück gehörte uns, meinen Eltern und Onkel Gregorius. Es war nicht gerodet, und es zeigte sich dankbar dafür. Birken und Pappeln schossen ungehindert in den Himmel. Anspruchslose Sträucher und mannshohes Gras wucherten, wohin man trat. Heckenrosen zerbarsten leuchtendes Rot in sattes Grün. Ich kann mich nicht erinnern, daß irgend jemand irgendwann einmal versucht hätte, ordnend in dieses Chaos einzugreifen. Dazu hätten wir auch keine Zeit gehabt. Wir trieben Unfug.

»Sie können sich nicht vorstellen, was man allein dem armen Herrn Korting antat.« Wir unterstützten seine gärtnerischen Bemühungen. ›Kommen Sie, Herr Korting, wir helfen Ihnen sprengen‹, sagt Tante Idchen. So harmlos fingen in der Regel die unzähligen Wasserschlachten an, die im Sommer stattfanden. Es gibt ganze Familienalben mit Wasserschlachtbildern. Es begann meistens in dem ehrlichen Bemühen, Herrn Kortings Sand Gutes angedeihen zu lassen. ›Was‹, sagt Onkel Gregorius, ›ein Schlauch nur? Das ist zu wenig.‹ Und es wurde eine Gegensprenganlage eingerichtet, bis alles vor Wasser triefte. Auch Herr Korting. Er war klein von Gestalt und schon ein wenig eingeschrumpelt. ›Greg, laß das‹, sagt meine Mutter. ›Wasser kann dem nur guttun‹, sagt Onkel Greg. Es gibt da eine Fotografie, auf der Herr Korting eine Hose trägt, die in seinen Jünglingsjahren sicher Teil eines eleganten blauen Anzuges gewesen war. Jetzt waren die Hosenbeine oberhalb der Knie abgeschnitten. Das Blau war wohl nicht farbecht, es läuft in breiten Streifen an Herrn Kortings dürren Greisenbeinen hinunter.

Ich sehe Tante Idchen, wie sie meinem Onkel eine volle Kaffeekanne zuwirft: ›Greg, hepp!‹ Mein Onkel erwischt sie und muß sie fluchend fallenlassen, der Kaffee war siedendheiß. Ich sehe meinen Vater, wie er Onkel Gregorius an einem drückend heißen Sommertag die Haare rasiert, die ihm in üppiger Fülle auf dem Rücken wuchsen. Er rasierte ihm ein Hakenkreuz in seinen Pelz. Mein Onkel war sehr verbittert, denn er war Sozialdemokrat. Ich erinnere mich vage an wilde Feste, die gefeiert wurden, während ich in unserem Gartenhaus schlafen sollte. Und ich erinnere mich an diese entsetzlichen Schmerzen.

»Ich weiß nicht, warum mich das immer dort überfiel. Alles war ausgelassen und lustig, und ich hockte auf dem Boden und krümmte mich. Vielleicht war ich selbst schuld. Ich glaube, ich kam in ein Alter, in dem ich anfing, mich unmöglich zu benehmen.«

Ich erinnere mich, daß ich begann, meiner Mutter Widerworte zu geben. Ich wollte nicht, daß es geschah. Nicht ich gab die Widerworte, die Widerworte gab es aus mir. Meine Mutter hatte daran bestimmt keine Schuld. Sie ließ mir doch eine sorgfältige Erziehung angedeihen, wenn diese in der Regel auch aus imperativischen Negativsätzen bestand. ›Sitz nicht so krumm‹, sagt mein Mutter. ›Zieh die Schultern nicht so hoch‹, sagt meine Mutter. ›Blick nicht so frech‹, sagt meine Mutter.

»Irgend etwas war da im Garten, aber ich kann mich nicht erinnern, was. Es hatte auf jeden Fall nichts mit meiner Mutter zu tun.«

»Wenn heute abend noch etwas sein sollte, können Sie mich anrufen.«

Was sollte heute abend noch sein? Außer daß ich die Schnüre wegschließen muß? Und woher weiß er es? Ich fasse an meinen Hals.

Irgendwo in einer Stadt bin ich auf der Suche nach einem Klo. Ich muß unsagbar dringend Stuhl entleeren. Aber ich kann kein Klo finden. Das, was man gemeinhin das Stille Örtchen nennt, ist alles andere als still. Es ist eher eine öffentliche Angelegenheit. Es hat keine Tür, so daß ein jeder hineinschauen und zusehen kann. Ich bin von Bauchkrämpfen gepeinigt und suche weiter. Das nächste Klo, das ich finde, steht mitten in einem bewohnten Raum. Eine Frau sitzt daneben, die an einem Strumpf strickt. Ich wage nicht, diese Toilette zu benutzen. Mir ist der Gedanke unerträglich, ich könnte in Gegenwart dieser Frau einen schlechten Geruch verbreiten. Das darf ich ihr nicht antun. Ich muß mein Bedürfnis mit aller Gewalt unterdrücken, das dadurch aber nur um so dringender wird. Es ist entsetzlich, ich komme einfach nicht zu Stuhle.

»Was fällt Ihnen dazu ein?« »Nicht viel. Ich habe da doch überhaupt keine Probleme. Ganz im Gegensatz zu meiner Mutter.«

Da stehen sie herum bei ihr, die Abführtees, die Abführpillen, die Abführgranulate. Meine Mutter hatte überhaupt ein überaus kompliziertes Klozeremoniell. Mit all dem kann ich nicht aufwarten. Bei mir läuft das wie geschmiert. Nur im Traum nicht.

»Da oben spielt ein Mädchen meine Haydn-Sonate. Ist das nicht ein Witz? Oben edle Klassik, und hier unten werde ich meine Scheiße nicht los?« »Woher wissen Sie, daß es ein Mädchen ist, das da spielt?« Ja, tatsächlich. Woher weiß ich es?

»Das hatte ich auch meiner Mutter zu verdanken.«

Jawohl, meine größte Glückseligkeit hatte ich tatsächlich ihr zu verdanken. Sie nimmt mich bei der Hand und führt mich ein paar Schritte um die Ecke, in die Nachbarstraße. Es soll eine Überraschung sein. Wir gehen in ein düsteres Gebäude, durchsteigen ein düsteres Treppenhaus und läuten an einer düsteren Tür. Wie sie sich auftut, sehe ich direkt in den

Himmel. Fräulein Mehnken hatte die gütigsten, klarsten grauen Augen, die mich je angeblickt hatten. ›Hier bringe ich Ihnen meine Tochter, sie soll Klavierunterricht haben‹, sagt meine Mutter. ›Guste, mach einen Knicks.‹ Irgendein Herzog hatte seine Fehde beendet und uns ein Klavier vererbt. Ich muß etwa sieben gewesen sein. Fräulein Mehnken kam mir sehr alt vor. Nach ihren Augen fielen mir ihre Hände auf, feinnervige und doch starke Hände, die an Spitzenmanschetten zu nesteln schienen. »Tante Fine! Tante Fines Hände waren Fräulein Mehnkens Hände.«

Und eine Stimme sagt: ›Ja, du hast recht, Aischa klingt hübscher, klingt wie Musik‹. Natürlich, Fräulein Mehnken. Ein zartes Gesicht, schneeweißes Haar... »Sie kam mir vor wie eine Fee. Und sie wohnte in einem Feenreich. Da hatte ich also geglaubt, bei uns sei es schön. Das mußte ein Irrtum sein. Hier war das Richtige, das Echte. So mußten sie sein, die Möbel, die Teppiche, die Gemälde.« ›Wo du nur den übersteigerten Geschmack her hast‹, sagt meine Muter.

Als meine Mutter gegangen war, standen wir uns gegenüber, die Fee und das Mädchen. ›Du also bist Guste.‹ Ich Guste, hier in diesem Raum? Nein, hier bin ich nicht Guste, das Kind meiner Eltern, das ewig schuldbeladene, hier bin ich nicht von dieser Welt. Es ist eingetreten, das Ersehnte, das seltsam trostlos Erhoffte. Bitte, lieber Gott, verwandle mich, laß mich nicht Guste sein. Mach, daß ich hierher gehöre. Laß mich ganz neu anfangen. Und diesen ganz neuen Anfang begann ich dann mit dieser faustdicken Lüge. Als ich meinen Mund auftat, kam sie heraus. ›Nein‹, sage ich, ›nicht Guste, bitte, ich bin Aischa.‹ Ich hatte diesen Namen nie vorher gehört, ihn nie vorher gelesen, ich erfand ihn in jenem Augenblick. Und Fräulein Mehnken sagte einfach: ›Also Aischa. Ja, du hast recht, Aischa klingt hübscher, klingt wie Musik, und Musik wollen wir machen.‹

»Von da an begann eine wunderbare Zeit. Ich verbrachte

jede freie Minute am Klavier.« ›Das Mädchen ist nicht vom Klavier zu schlagen‹, sagt meine Mutter. ›Wenn man bedenkt, daß man anderer Leute Kinder hinprügeln muß...‹ Sie war entschieden stolz auf mich. Ich erinnere mich, daß ich gute Fortschritte machte. Wir begannen verhältnismäßig früh mit den Sonaten von Haydn.

»Ich weiß es noch wie heute, ich hatte die zweite Haydn-Sonate gespielt, als Fräulein Mehnken meinte: ›Das war ganz schön, aber ich möchte es noch einmal hören.‹ Und denken Sie nur, sie stand auf und ging mir voraus in ein Zimmer, in dem ich noch nie gewesen war. Es stand ein Flügel darin. Und ich durfte meine Sonate auf dem Flügel wiederholen. Dann blieb Fräulein Mehnken ganz ruhig sitzen und sagte: ›Das war wirklich sehr schön. Ich glaube, wir werden jetzt immer hier musizieren.‹ Können Sie sich das vorstellen? Ich sollte auf ihrem Flügel spielen. Das würde mir keiner glauben. Und deshalb behielt ich es auch für mich. Das sollte mir keiner kaputtmachen.« Es war das Geheimnis des Mädchens Aischa, das in einer Traumwelt lebte, in einer Traumwelt gesponnen aus Tönen.

»Und weiter?«

Das ging vier Jahre gut. Ich spielte Haydn, Scarlatti, Czerny, Mozart, Bach, vor allem Bach. Ich hatte es bis zu den Französischen Suiten gebracht. Was geht das dich an?

»Und weiter?«

»Sie haben es mir doch kaputt gemacht.« Die Katastrophe war aus völlig heiterem Himmel über mir hereingebrochen. Ich tanze wie üblich in die Klavierstunde. Das Leben ist schön. Das Leben ist Musik. Und Fräulein Mehnken öffnet die Tür und sagt: ›Dein Vater war hier. Er hat gesagt, ich dürfe dir keinen Klavierunterricht mehr geben. Er hat gesagt, es sei eine Strafe für etwas, das du getan hättest.‹

Tränen rinnen mir über das Gesicht. Meine Stimme ist ganz leise geworden.

»Ich weiß gar nicht, wie ich da weggekommen bin. Ich konnte nur denken, mein Vater, das Schwein. Und wieso falle ich nicht tot um? Mein Vater hat ihr verboten, daß ich musiziere. Ich kann mir schon vorstellen, wie er es ihr gesagt hat. So, als wolle er auch ihr die Flötentöne beibringen. Was kann sie denn dafür, daß ich böse bin? Wissen Sie, was mich am meisten geärgert hat, war, daß man mich nicht gewarnt hatte. Man hätte mich doch warnen können: Hör mal, Guste, du warst unartig. Als Strafe bekommst du keine Klavierstunde mehr. Du brauchst also gar nicht erst hinzugehen. Aber nein, dazu hatten sie wohl keinen Mut. Es war einfacher gewesen, das Mädchen voll ins Messer laufen zu lassen. Er hatte mich verraten, mein Vater, der uns schuriegelte, der die Mutter schlug und mir nachrannte. Ich hätte es ihm gern ins Gesicht geschrien, aber ich konnte es nicht artikulieren. Ich durfte es nicht, die Mutter hätte es ja ausbaden müssen, die Sanfte. Ich weiß wirklich nicht, wie ich damals nach Hause gekommen bin. Ich weiß nur, daß meine Noten weg waren. Die hatte ich vor Zorn in irgendein Kellerfenster geworfen. Mitsamt der Mappe.« –

»Ich habe meine Klavierstunde nie wieder aufnehmen dürfen. Und den Grund dafür habe ich auch nie erfahren. Er wurde totgeschwiegen, genauso, wie jetzt meine Analyse totgeschwiegen wird. Nur soviel hörte ich, daß es die Mutter gewesen war, die sich bei meinem Vater über mich beschwert hatte. Das tat sie oft, trotz aller Liebe zu mir. Und der machte dann kurzen Prozeß. Der beschloß, mich auf die einzige Art zu bestrafen, die wirklich traf. Aber das werde ich ihm nie verzeihen!«

Nein, das werde ich dir nie verzeihen, nie. Es genügte dir nicht, daß du uns in Angst und Schrecken versetztest unser Leben lang. Du hast mir meine Musik gestohlen! Das einzige, woran mir je im Leben gelegen hat.

»Ich glaube, es war danach, daß ich mir vornahm, einmal

einen Mann zu heiraten, der genau das Gegenteil meines Vaters war. Ich hatte keine Lust, mein Leben lang auf einem Pulverfaß zu sitzen. – Aber das ging ja dann wohl auch schief.«

Ich versuche, mich an damals zu erinnern. »Ja, einige Zeit nach diesem Vorfall wurde ich schwer krank. Ich konnte nicht mehr gehen. Ich hatte eine rätselhafte Lähmung in den Beinen. Ich erinnere mich, daß man mich, als ich schon einige Jahre in die Schule gegangen war, in einem Kindersportwagen fahren mußte. Aber meine Mutter hat mich wieder aufopfernd gepflegt. Wenn ich sie nicht gehabt hätte...«

Und ich fühle es sofort, heute abend wird die Qual kommen. Ich werde in die Watte fallen. Ich werde die Schnüre wegschließen müssen. Ich fasse mir an den Hals. »Herr Doktor, heute abend wird es wieder schlimm. Bist du trotzdem sicher, daß alles gut wird?« »Ja, ich bin sicher, daß alles gut wird.«

»Fräulein Mehnken habe ich dann noch einmal wiedergesehen, es war viele Jahre später. Wir trafen sie zufällig in einem Waldcafé. Onkel Gregorius, der so viel über sie gehört hatte, forderte sie auf mitzukommen und bei uns zu spielen. Sie blieb seltsam zurückhaltend. Als sie sich verabschiedete, blickte sie mich an und sagte zu meinen Eltern: ›Schade, daß sie damals aufgehört hat, ein so begabtes Mädchen.‹ Und zu mir sagte sie: ›Leb wohl, Aischa.‹ Denken Sie nur, sie hat Aischa gesagt.« Wir stehen da unter den schattigen Bäumen. Ich mache meinen tiefsten Knicks und küsse ihr die Hand. ›Wenn das Mädchen will, kann es sich sogar benehmen‹, sagt meine Mutter. Und mein Vater sagt: ›Aischa? Sie hat sie doch verwechselt. Da siehst du, daß Musik verdummt.‹

»Ich habe nie mehr eine Klaviertaste angerührt.«

»Möchten Sie es jetzt nicht wieder versuchen?«

Der spinnt wohl.

»Ich meine, Sie könnten doch einmal in der Woche Unterricht nehmen, oben, ehe Sie zu mir herunterkommen.«

Der spinnt wirklich.

In der darauffolgenden Woche mietete ich ein Klavier und nahm wieder Unterricht. Ich spielte nach den Noten, die ich damals in ein Kellerfenster geworfen haben wollte. Aber es fiel mir nicht auf. Es fiel mir einfach nicht auf!

»Damals hatte ich sogar schon Kompositionslehre«, sage ich und spinne den Faden aus der letzten Sitzung fort, so als sei heute nicht schon wieder übermorgen von vorgestern. Über uns versucht sich jemand an der Klavierbearbeitung eines Orgelkonzertes von Händel. »Vielleicht wäre alles nicht so schlimm geworden mit mir, wenn es das Debakel mit der Schule nicht auch noch gegeben hätte. Ich meine, der abgewürgte Klavierunterricht war ja nur symptomatisch dafür, wie mein Vater Ausbildungsfragen zu handhaben pflegte.«

›Nein‹, sagt meine Mutter, ›du kommst nicht auf die höhere Schule‹.

»Meine Lehrerin hat alles versucht, um meine Eltern umzustimmen.« Guste, sei ehrlich, sie hat alles versucht, um deine Mutter umzustimmen, denn die hatte das Sagen, wenn es ums Geld ging. Und allein ums Geld ging es. Dein Vater ließ den lieben Gott wieder einen guten Mann sein. Und du selbst, warum wolltest du auf die höhere Schule? Weil ich durch die Umschulung der anderen doch gerade diejenigen Mitschülerinnen verlor, zu denen ich mich hingezogen gefühlt hatte. Es spielte dabei keine große Rolle, daß es so gut wie keine persönlichen Kontakte zwischen uns gab. ›Ich möchte wissen, woher du den vornehmen Deu hast‹, sagt meine Mutter, was soviel hieß wie, woher dein Zug zu Höherem kommt. Es waren die dreckigen Finger, Mutter. Die Mädchen, die aufs Lyzeum kamen, hatten nicht dauernd drekkige Finger. Ihnen hätte ich vielleicht erlaubt, meine Sachen anzufassen. ›Deine Lehrerin braucht sich die Hacken gar nicht abzulaufen‹, sagt meine Mutter. ›Meine Tochter ist ein Mädchen, und Mädchen heiraten‹, sagt meine Mutter. Und ›Wir haben nicht genug Geld, um es zum Fenster hinauszuwerfen.‹

Nein, davon hielt meine Mutter nicht das geringste. Sparen war ihre Devise. Meine Mutter war so sparsam, daß man geneigt war, von Geiz zu sprechen. Aber das muß man bitte verstehen. War sie nicht in einem Haus aufgewachsen, in dem nach Ansicht *ihrer* Mutter die Hungersnot ständig auf der Schwelle gelauert hatte? Auch meine Mutter war der Überzeugung, eines Tages verhungern zu müssen. Es stimmt wohl, wenn man sagt, daß in einer jeden Familie die früheren Generationen unsichtbar nebenherschleichen. Das Leben meiner Mutter war überschattet von dem Gedanken, eines Tages könnte sie ohne Geld dasitzen. Also sorgte sie vor. Sie sparte, wo es nur ging, sie sparte pfennigweise.

»Das hat natürlich jeder gemerkt. Meine Mutter hatte dann auch schnell ihren Spitznamen weg: sie hieß ›Frau Wellholz‹. Ich weiß nicht, auf wessen Konto das ging. In der Beziehung war bei uns niemand zimperlich. Meine Mutter bearbeitete in der Tat alles und jedes mit diesem an sich segensreichen Instrument. Was immer es war, sie walzte es dünn aus, damit es lange vorhielt.«

Manchmal hat es mir körperliche Pein bereitet, wenn ich sah, wie du, liebste Mutter, etwas von deinem Haushaltsgeld abzwacktest. Alles für Notzeiten. Ich habe nie gewußt, wo diese Notzeiten hätten herkommen sollen. Vater besaß doch einen blühenden Betrieb. »Es ist wahr, zu jener Zeit beschäftigte mein Vater so viele Gesellen, daß er wirklich genug damit zu tun hatte, wie ein Feldherr im Hof zu stehen und die Arbeit einzuteilen. Was gehörte nicht alles dazu. Ich habe ihm später helfen dürfen: Ware bestellen, disponieren, aufmessen, nachmessen, abrechnen, Bücher führen. Aber das zählte für meine Mutter nicht. Ihr spukte immer noch der Beamte im Kopf herum, der Regelmäßige.«

Und mein Vater war genau der Typ, der auf das Regelmäßige pfiff. Zu allem Übel war er außerdem ein Verschwender, der das Geld, das mit Schubkarren hereinkam, mit Lastwagen wieder hinausfuhr, wenigstens nach Ansicht meiner Mutter. Heute glaube ich, daß Vater einfach großzügig war. In ihren guten Momenten mußte sogar seine Ehefrau das zugeben: ›Man kann gegen ihn sagen was man will, großzügig ist er‹, sagt meine Mutter. Nur, daß auch das ihr körperliche Pein zu bereiten schien. »Wissen Sie, Herr Doktor, das war wahrscheinlich ihre Qual. Vielleicht schleichen auch die Qualen der früheren Generationen unsichtbar mit.«

Ich jedenfalls habe meine Mutter auf die seltsamsten Arten ›sparen‹ sehen. So pflegte sie meinem Vater, wenn er spätabends heimkam und wir schon gegessen hatten, als Brotbelag eine Büchse Ölsardinen hinzustellen. Eine verschlossene wohlgemerkt. Und in der Hoffnung, er möge zu faul sein, sie zu öffnen. Er war zu faul. ›Ich habe gestern schon wieder sechsunddreißig Pfennig gespart‹, sagt meine Mutter. Ich weiß, daß eine einzige immer neu servierte Büchse Ölsardinen in unserem Haushalt ein methusalemsches Alter erreichen konnte. Meine Mutter war ziemlich stolz auf diesen Trick. Und nicht nur die Ölsardinen wurden steinalt, auch andere Lebensmittel hatten ihre Schonzeiten. Fleisch zum Beispiel. Erst als ich von zu Haus weggegangen war, erfuhr ich, daß Fleisch nicht unbedingt einen haut-goût zu haben braucht.

Natürlich gab es große Auseinandersetzungen wegen des Geldes und wegen des Sparens. Mein Vater nannte es ›das Leitmotivische in Mutter‹. Es hätte wohl heißen müssen ›das Leidmotivische‹. So gab es Auseinandersetzungen die Fülle wegen Mutters Näherei. Vater verdiente so gut, daß Mutter

Modellkleider hätte tragen können, aber sie nähte ausnahmslos alles selbst. Das jedoch brachte Unordnung mit sich, die meinem Vater auf die Nerven ging. Wenn er müde nach Hause kam, wollte er nicht unbedingt eine Nähmaschine mitten im Wohnzimmer vorfinden. Man hätte sie ja wegräumen können. Aber nein, sie blieb stehen, demonstratives Mahnmal sparsinnigen Fleißes.

»Diese Scheißnähmaschine. Entschuldigen Sie bitte, aber ich kann sie nicht anders nennen. Sie können sich nicht vorstellen, wie oft es ihretwegen Streit gab. Manchmal ist es mir so vorgekommen, als ließe meine Mutter sie absichtlich stehen, damit es Streit gäbe. Als hätte sie ohne diesen Streit nicht leben können. Zuerst gab es Streit wegen der Nähmaschine, dann gab es Streit wegen des Streites. Es war immer dasselbe. Sie tat ja grundsätzlich Dinge, von denen sie wußte, daß Vater sie nicht mochte. Es gibt wohl die seltsamsten Formen von Masochismus.«

Wenn ich sage, daß bei uns immer gestritten wurde, so meine ich, daß es keine Rangstufen gab. War es nicht die Nähmaschine, dann war es das Sparen. War es nicht das Sparen, dann war es die Politik. Es kam nicht so genau drauf an. So scheint mir auch die Entscheidung, mich nicht auf die höhere Schule zu schicken, auf seltsame Weise mit der Machtergreifung Hitlers verquickt gewesen zu sein. Auch ein Grund zum Streiten. Möglicherweise kommt es mir auch nur so vor, weil ja beides im gleichen Jahr stattfand. Blutigrot leuchtet der Himmel über dem Ruhrgebiet. Ein Hugenottenrevier. Wir haben Verwandte besucht. Nun sind wir auf der Heimfahrt. Das Mädchen steht am Zugfenster und drückt sich die Nase platt. Flammen schlagen hinauf, grellodernd rot, grellodernd gelb. Dampf ist dazwischen. Es müßte zischen, aber es zischt nicht. Der Zug läßt das Zischen verstummen. Die stille Glut erhellt eine gespenstische Landschaft: Schlote, Fördertürme, Krane, Gestänge. Als habe sie ausgeglüht, was sie doch nicht berührt. ›Da schmieden sie die Waffen für den nächsten Krieg‹, sagt meine Mutter. So schön ist der Krieg, denkt das Mädchen, so schaurig-schön, so lodernd-still. Nur der Zug rattert seinen Weg durch Verwüstung, die noch keine ist. ›Der Stahl wird abgestochen‹, sagt mein Vater. Abgestochen? Wie Greubers Schwein? Nein, man hört es nicht. Greubers Schwein hat man gehört. ›Die bringen es nicht einmal fertig, ein Schwein ordentlich abzustechen‹, sagt Onkel Gregorius. Das Schwein hatte ich gehört, es schrie, schrie und schrie. Wie mein kleiner Hund. Auch der schrie, schrie und schrie.

»Einmal habe ich nämlich meinen kleinen Hund gequält. Er war erst einige Wochen alt. Und ich liebte nichts auf der Welt so wie ihn. Ich hielt ihn mir hoch über den Kopf und ließ ihn fallen. Und dann schrie er. Meine schlechte Erbmasse, wissen Sie.«

»Kinder quälen Tiere. Es ist eine Phase der normalen Entwicklung. Es geht vorbei.« Den bringt wohl nichts aus der Fassung.

»Und dabei hatte ich ihn so lieb. Ich glaube, ich habe ihn fallen lassen, damit ich ihn hinterher um so mehr liebhaben konnte. Es tat mir so gut, ihn streicheln und trösten zu können.«

›Da schmieden sie die Waffen für den nächsten Krieg‹, sagt meine Mutter. Und der abgestochene Stahl schrie nicht wie Greubers abgestochenes Schwein und nicht wie mein Hund. ›Wir werden wieder alles verlieren‹, sagt meine Mutter.

›Und überhaupt, das müssen Sie einsehen‹, sagt meine Mutter zu der Lehrerin, ›bei dieser politischen Lage. Das Mädchen bleibt in der Volksschule.‹ »Ich kam nicht auf die höhere Schule, weil ich ein Mädchen war und weil wir es uns nicht leisten konnten, Schulgeld zu bezahlen. Wir mußten sparen, damit wir mehr zu verlieren hätten, im Krieg.« ›Außerdem, du bist ja doch immer krank‹, sagt meine Mutter. Und in diesem Punkt konnte man ihr schwerlich widersprechen. »Ich legte mich ja auch prompt wieder hin. Diesmal waren es also die Beine, und dieser Kindersportwagen wurde angeschafft.« ›Es gibt doch wirklich keine Krankheit, die du nicht haben mußt‹, sagt meine Mutter. Ja, liebe Mutter, ich mußte immer alles haben. Ich war vom Stamme Greif. Aber das meintest du ja nicht böse. Obwohl du doch die Last damit hattest, mit mir und meiner Pflege. Und hattest verweinte Augen dabei. Es war schon ein Kreuz mit dem Mädchen.

»Meine Mutter trug es mit vorbildlicher Fassung, da kann man sagen, was man will.«

Ich stehe hinter der Bühne eines großen Theaters. Es ist Premierenabend, und ich bin die Primaballerina. Das Haus ist ausverkauft. Ich werde gleich meinen Auftritt haben, aber daraus kann nichts werden, weil meine Spitzenschuhe nicht passen. Sie sind viel zu groß. Dann sehe ich mich in einem anderen Raum tanzen. Alles ist grau und diffus. Auch hier komme ich mit meinem Part nicht zurecht, weil mir die Tanzschuhe nicht passen. Meine Mutter ist da und sagt: Hier bringe ich dir die richtigen Schuhe. Sie hat Ersatzschuhe in der Hand. Aber auch die passen mir nicht. Seltsam, auf meine Mutter ist sonst immer Verlaß. Als ich auf ihre Füße schaue, sehe ich, daß auch sie Schuhe trägt, die ihr viel zu groß sind. Aber sie kann darin gehen. Oder sie tut wenigstens so. Ich hingegen muß tanzen. Ich muß gleich auf die Bühne. Ich muß auf Spitzen stolzieren. Ich muß das Gleichgewicht halten. Was schon schwer genug ist, wenn man Schuhe anhat, die passen. Ich kann einfach nicht die richtigen Ballettschuhe finden, obwohl das Publikum und meine Mutter darauf warten, daß sie eine erstklassige Ballerina zu sehen bekommen.

»Schuhe sind ein Vaginalsymbol.«

Weiß ich, du Armleuchter, genau wie Schlangen ein Penissymbol sind. Und der ›Armleuchter‹ ist ein Widerstand. Weiß ich auch.

»Als ich ein junges Mädchen war, habe ich eigentlich nur einen Berufswunsch gehabt, ich wollte Tänzerin werden.« Es hatte wohl schon begonnen, als ich mit Großvater meine erste Theatervorstellung sah, Peterchens Mondfahrt. Mir hatte es das Mondkalb angetan, das nach der Griegschen Musik zu Peer Gynt einen Mondkalbtanz tanzte. ›Onkel Gregorius, bitte spiel Peer Gynt, ich mache jetzt das Mondkalb.‹ Und ich ›machte‹ das Mondkalb, so wie meine Mutter früher Frau Schneiders frische Luft gemacht hatte. Mein Onkel war ein unermüdlicher Klavierbegleiter, wenn es darum ging, mit mir einen Tanz einzustudieren. ›Du bist wirklich das entzückendste Mondkalb, das ich kenne‹, sagt er zu mir. Und zu meiner Mutter: ›Das hat sie von dir, dieses Talent zur Parodie. Du wirst sehen, sie kommt einmal auf der Bühne aus.‹ ›Das werde ich zu verhindern wissen‹, sagt meine Mutter. »Dabei sah meine Mutter meine Tanzerei eigentlich nicht ungern, bei Bedarf konnte man so schön damit angeben. Aber warum wollte sie plötzlich etwas bekämpfen, das ich von ihr hatte? Sonst bekämpfte sie immer nur das Herzogsche in mir.«

Keine Antwort.

Ich weiß nicht mehr, wieso die Goldene Hochzeit von Opa und Oma in einem so großen Rahmen gefeiert wurde. Es war jedenfalls ein riesiges Fest mit Oberbürgermeister, Abgeordneten von Stadt und Land, von Verbänden und Vereinen. Mit einem Varietéprogramm und dem ganzen Herzogclan.« ›Wozu noch ein Varieté, wenn die Herzogs doch da sind?‹ sagt meine Mutter. Die Herren im Smoking, die Damen in lang. Nerzjäckchen und so. Tante Erna mit Bonbon an demselben. ›Nicht einmal heute kann sie darauf verzichten‹, sagt meine Mutter. Ich war die Ballerina, die zu Ehren der Jubelgreise mit einem Walzer über die Bühne schwebte. Am nächsten Tag stand der Clan in der Zeitung, und auch ich wurde erwähnt. Meine Mutter barst vor Stolz. Trotzdem ging mein Traum nicht in Erfüllung.

Mein Wunsch, Tänzerin zu werden, eskalierte, als wir bereits in unserem Haus auf dem Land wohnten. Ich lernte ein Mädchen kennen, das in der benachbarten Stadt in die Tanzschule ging und mir all das beibrachte, was es dort lernte, Pliés, Entrechats, Attituden, Arabesken, Pirouetten. Onkel Gregorius übte mit mir, Walzer, Mazurken, Humoresken. Ich tanzte klassisch, national, Pantomime. Und ich lag meiner Mutter in den Ohren: Mutter, bitte darf ich Ballettunterricht nehmen. Aber da hörte die Liebe bei ihr auf. ›Da hört die Liebe bei mir auf‹, sagt meine Mutter. Mein Kampf um den Ballettunterricht dauerte zwei Jahre, zwei verzweifelte Jahre: Laß mich, bitte, Mutter, laß mich, verdammt, Mutter, laß mich. Nichts zu machen. Einfach nichts zu machen. Eine Bühnenlaufbahn, Gott bewahre, und meine Mutter bekreuzigt sich. Da würde ich ja gleich und in jeder Beziehung auf die schiefe Bahn kommen. ›Die müssen wir an die Kette legen‹, sagt meine Mutter. ›Sonst bringt sie uns noch ein Kind mit nach Hause‹.

Ich liege auf der Couch und bin verbittert: »Ein Kind. Durch Tanzen. Von Geschlechtsverkehr hatte meine Mutter offensichtlich noch nichts gehört. Man hat mich dann später in ein Büro gesteckt, zu einem Rechtsanwalt, der Spezialverteidiger für sexuelle Vergehen war. Und dem mußte die Vierzehnjährige die Akten von ›den warmen Brüdern‹ heraussuchen. Das war wenigstens etwas Ehrbares, etwas Gutbürgerliches, so recht nach dem Herzen meiner Mutter.«

Ich liege auf der Couch und bin verbittert. Immer noch. Wenn auch nicht mehr lange.

»Aber eigentlich hat meine Mutter es ja nur gut gemeint. Es war sicher zu meinem Besten. Sie hatte es damals auch ziemlich schwer. Mein Vater begann, sich von uns abzuwenden.

Die Ölsardinen wurden immer älter, weil meine Mutter sie ihm gar nicht mehr hinzustellen brauchte: Mein Vater kam nicht mehr nach Hause. Er hatte nur noch seine Scheidung im Kopf. Er hatte wohl auch eine Freundin oder Freundinnen. Genaues habe ich nicht erfahren, es wurde vor mir vertuscht, solange es ging. Ich erfuhr alles hinterher, nachdem Vaters Klage abgewiesen worden war.«

Ich erinnere mich, daß meine Mutter triumphierte. ›Natürlich ist der damit nicht durchgekommen‹, sagt meine Mutter. ›Mir kann man nämlich nichts vorwerfen‹, sagt meine Mutter. ›Das hätte dem so gefallen können, mit einer anderen abzuhauen und dann nichts mehr zu arbeiten‹. ›Damit er mir keinen Unterhalt hätte zahlen müssen‹, sagt meine Mutter. Sagt meine Mutter, sagt meine Mutter. Hör zu, was immer du sagtest, es hing mir zum Hals raus. Unterhalt, Unterhalt. Nie sagtest du Zuneigung. Nie sagtest du Liebe. Nie diesen törichten Satz: aber ich liebe ihn noch. Hätte ja sein können, nicht wahr?

»Meine Mutter hielt mit ehernem Griff an ihrem Unglück fest, selbst später, als es noch dicker kam. Mein Vater muß ihr als die einzig mögliche Altersversorgung vorgekommen sein, wenn auch noch so mühsam erwirtschaftet durch Zank und Streit.«

»So etwas kann Lebensinhalt sein«, sagt mein Arzt. Aber auf dem Ohr bin ich taub.

»Ich wäre meinen Vater ja ganz gern losgeworden. Aber da war nichts zu machen. Meine Mutter war die Ehefrau par excellence, und ich behielt meinen Vater.« Wir fingen dann schon sehr bald an zu bauen. Also kann es meinem Vater mit der Scheidung nicht so ernst gewesen sein. Oder er nahm Tatsachen als Tatsachen. Wenn er es schon bei uns aushalten mußte, konnte er das auch in einer komfortablen Umgebung tun. Onkel Greg und Tante Idchen bauten gleichzeitig mit uns, am anderen Ende des gleichen Grundstücks. Die Bauerei war übrigens ein Grund mehr für meine Mutter, sparsam zu sein. ›Jetzt wird Frau Wellholz aber aktiv‹, sagt Tante Idchen.

»Ich erinnere mich, daß ich auf unser Haus große Hoffnungen setzte. Jetzt würde sich mein Leben ändern. Ich konnte noch einmal von vorn beginnen. Welch eine Chance. In mir war ja immer noch dieses seltsam trostlose Hoffen auf ich weiß nicht was.«

Unser neues Haus schien mein Leben tatsächlich zu ändern. Ich begann noch einmal von vorn, wenn auch in einer höchst absonderlichen Art.

»Das Haus von Onkel Gregorius und Tante Idchen, die zum Kummer meiner Tante noch keine Kinder hatten, stand, wie gesagt, am anderen Ende des großen Gartens. In unserer Sprache hieß es ›drüben‹, und drüben verbrachte ich von nun an meine Freizeit.« Auch die Hunde, die wir im Laufe der Jahre nacheinander hatten, verbrachten ihre Freizeit drüben. Sie waren perfekte Botengänger. ›Laß den Hund Onkel Greg mal 'ne Nachricht bringen‹, sagt meine Mutter. Die Nachricht steckten wir dem Hund dann ans Halsband und öffneten die Haustür. Er kannte nur den Weg nach drüben. All unsere Hunde kannten nur diesen Weg. Sie sausten ab wie mit dem Gummiband festgezurrt, Einbahnstraße, Luftlinie. »Unsere Hunde müssen die ersten Neurotiker in unserer Familie gewesen sein.« »Da bin ich nicht so ganz sicher.«

Drüben verbrachte ich vor allen Dingen meine Sonntage. Sonntag, Tag der Ruhe, Tag der Ordnung. An den Sonntagen stand meine Welt still. Wenn man unterstellt, daß Ordnung die Abwesenheit von Unordnung ist, und daß es Unordnung gibt, solange der Mensch lebt, dann waren meine Sonntage kleine Tode. Das Sterben des Mädchens begann in der Regel am Freitag. Es lief nach einem strengen Ritual mit immer gleicher Präzision ab: Es begann mit der Säuberung meiner sämtlichen Taschen und hörte mit der Säuberung meines Körpers auf. Dazwischen lagen Waschungen aller Art. Ich wusch mein

Zimmer, ich wusch meine Kleider, ich wusch meine Wäsche, ich wusch mich selbst, in dieser Reihenfolge. Ich besaß das zauberhafteste Zimmer, das ein junges Mädchen sich wünschen konnte. Mein Vater hatte mich damit überrascht, als ich aus dem schrecklichen Kinderheim gekommen war. Man hatte mich wohl ein bißchen ›vor die Tür‹ geschickt, als ich plötzlich von Qualen unbestimmter Genese heimgesucht worden war.

»Das war kurz bevor wir aufs Land zogen. Meine Mutter schleppte mich von Arzt zu Arzt, von Kinderärzten zu praktischen Ärzten, von Homöopathen zu Augendiagnostikern. Sie sollten herausfinden, warum ich an diesen unvorstellbaren Schmerzen im Unterbauch litt. Die Magenschmerzen waren nach unten gerutscht. Jetzt saßen sie eine Etage tiefer.« Parterre: Nadeln, Scheren, Messer, Ausgang.

Die Ärzte fanden vieles und nichts, von einer angeblich unbemerkt überstandenen Lungenkrankheit bis zu einer Drüsenfunktionsstörung. Da mir angeblich ›die Sonne fehlte‹, wurde ich also für ein paar dunkle Wintermonate in dieses Kinderheim geschickt. Zwei Ärzte umstehen einen Untersuchungstisch, auf dem ich mich in Qualen winde. Über meinen Bauch hinweg geraten sie sich in die Wolle. ›Aber hier, fühlen Sie doch, Herr Kollege, ganz eindeutig eine Verhärtung.‹ Der Herr Kollege fühlte nichts, sprach von einem prämenstruellen Syndrom und machte mir eine Injektion. Morphium.

»Ich glaube, ich war dort nur besonders unglücklich. Es waren so entsetzlich viele Kinder da. Es müssen Hunderte und aber Hunderte gewesen sein. Sie alle berührten mich, faßten mich an, ohne daß ich ihnen hätte ausweichen können. Es war, als wäre ich lebendig begraben worden in einem Sarg mit lauter lebendigen Schlangen.«

Dort hatte man mich also wieder wegholen müssen, und als ich daheim ankam in unserem neuen Haus, fand ich dieses zauberhafteste aller Mädchenzimmer vor. Zarte Kirschblüten rieselten über Decken und Wände, weiße Schleiflackmöbel, patiniert mit goldbraunen Ornamenten, standen um, na was wohl? Um einen hellblauen Fußboden. Er schimmerte wie ein See, und im stillen dankte ich Vater für seine Liebe zu Hellblau. Ich war beglückt, daß er mir etwas so Herrliches geschenkt hatte. Wie damals bei dem begehbaren Kaufmannsladen. Halt, Guste, sieh nichts in deinen Vater hinein, was nicht drin ist. Wie war das, als er dich verprügeln wollte und dir nachrannte die schmale Treppe hinauf in diesen Kirschblütentraum? Ich kann ihm nicht ausweichen. Er will mir die Flötentöne beibringen, und zwar mit Gewalt. Mir bleibt nur das Fenster. Ich schwinge mich hinauf, und hier sitze ich, ein Bein schon über der Brüstung: ›Ich springe, hörst du, ich springe. Wenn du auch nur einen Schritt in dieses Zimmer tust, springe ich aus dem Fenster!‹

»Er hat das geglaubt, dieser brutale Mensch, der ein Huhn schlachtete, indem er es mit einem kurzen Schlag gegen die Querverstrebung eines Gartentisches so betäubte, daß der Kopf gleich ab war.« ›Ich wollte doch nur, daß es nichts spürt‹, sagt mein Vater. ›Immer muß er sein wahres Gesicht zeigen‹, sagt meine Mutter.

»Aber das Zimmer war wunderschön.« Und es war mein Reich, meines ganz allein. Ich erlaubte nicht, daß irgend jemand auch nur das Geringste darin berührte. Ich nahm es ganz allein auseinander, ich meine, an den Freitagen. Ich putzte alles selbst, so wie ich meine Leibwäsche und meine Kleider selbst wusch. War mein Zimmer fertig, wusch ich die Wäsche. War gutes Trockenwetter, konnte sie nach ein bis zwei Stunden wieder gebügelt im Schrank liegen. Es war damals, daß meine Mutter meinte, ich würde einmal eine gute Waschfrau werden. Auch als Putzfrau, liebste Mutter, hätte ich Chancen gehabt.

Eigentümlich will mir erscheinen, daß ich bei all meinem Ringen um Sauberkeit so gern mit Dreck hantierte: Zur Gartenarbeit brauchte man mich genauso wenig anzuhalten, wie man mich zum Klavierspielen hatte anhalten müssen. Ich liebte es, mit bloßen Händen in der Erde zu wühlen. Betrachtet man es indes genauer, so brachte ich auch dort nur etwas in Ordnung. Indem ich jätete, entfernte ich Unordnung. Ich entfernte sogar die Regenwürmer, wenn ich sie unseren Hühnern vorwarf. Übrigens sehr zum Ärger meiner Mutter, die dann keine Eier mehr aß.

»Sie aß auch keine Eier, solange wir einen Hahn hatten.« ›Wir schaffen den Hahn ab‹, sagt meine Mutter, ›die Eier haben sonst diesen Hahnenstich.‹ Aber Greg, das Kind, geht es mir durch den Kopf. »Vielleicht war unser Hahn auch nur zu aktiv. Schließlich konnte sie zu ihm nicht gut sagen: Aber Hahn, das Mädchen.«

Um Gottes willen, woher kommen mir plötzlich so lästerliche Einsichten? Ich bin doch erst drei Jahre in der Analyse. Und auf meine Mutter lasse ich nichts kommen.

»Auf meine Mutter habe ich nie etwas kommen lassen.« Der Satz steht eigentümlich beziehungslos im Raum. Falls in einer Analyse irgend etwas irgendwo beziehungslos stehen kann.

»Wenn ich es genau überlege, hat mein Leben damals einen völlig mechanischen Ablauf genommen, den ich durch nichts zu ändern imstande gewesen wäre. Meine Woche war eine Art von stumpfem Hinleben auf den Freitag. Und am Freitag begann mein ganz privates Sterben. Obwohl ich doch aktiv wurde, todesaktiv, wenn man so will.« War der Sonntag gekommen, strahlte alles in gewolltem Glanz, alles war sauber, die Welt des Mädchens war in Ordnung. Ich trug mich nach drüben zu Onkel Gregorius und ließ mich durch nichts mehr berühren. F a ß m i c h n i c h t a n, L e b e n, d u h a s t d r e k k i g e F i n g e r.

Ich war sauber, ich war tot. Oder scheintot wie Tante Erna.

»Wenn ich es recht bedenke, dann waren das damals die Anfänge der Qual. Watte begann mich einzukreisen. Die Lähmung hatte sich nur verschoben, ich meine nach oben, in Richtung Kopf. Die Watte lähmte mich, meine Sinne, mein Wesen.«

Ja, das war es, ich ging durch eine Wattewelt, mit dem wattigen Gefühl, nur meine Mutter zu haben, eine Wattemutter. Ich war immer allein. Ich hatte keine Freundinnen. Ich feierte keine Geburtstage. Ich wurde nicht eingeladen. Nahm ich einmal einen Anlauf und wagte mich vor, ging es unter Garantie schief. So wie damals, als ich das Mädchen mit nach Hause brachte, ein reizendes, liebenswürdiges Geschöpf und so wohlerzogen. Wie gern wäre ich ihre Freundin geworden. Auch bei uns kam sie gut an, man lobte sie, ihren Reiz, ihre Liebenswürdigkeit. ›An ihr solltest du dir ein Beispiel nehmen‹, sagt meine Mutter. Aus. Aus und vorbei.

»Denken Sie nur, sie sagte es in Gegenwart meines Großvaters. Am liebsten hätte ich ihr eine geschmiert. Aber damit hätte ich nur bewiesen, daß sie recht hatte. Das Mädchen wollte ich natürlich nicht wiedersehen.« ›Deine Freundschaften gehen immer kaputt‹, sagt meine Mutter.

Ich spielte auch nicht. Ich glaube, daß ich überhaupt nicht spielen konnte. Vor allen Dingen nicht mit Puppen. Puppen waren Kinder, und mit Kindern hatte es ja seine eigentümliche Bewandtnis. Moment mal. Aber ja doch, ich spielte mit meinem Puppenhaus. Obwohl man auch das nicht eigentlich spielen nennen konnte: Ich nahm es auseinander, so wie meine Mutter freitags die Wohnung auseinandernahm. Wenn ich spielte, spielte ich Freitag, immer nur Freitag.

»Wenn ich heute versuche, diese Wattewelt zu durchstoßen, so kann ich mich an nichts anderes erinnern als an Krankheiten und Ärzte. Wenn man bedenkt, wieviel Zeit ich auf dem Behelfsbett in unserer Küche verbrachte, dann ist es erstaunlich, daß ich den Schulabschluß mit einem der besten

Zeugnisse schaffte, das meine Schule gesehen haben will. Lauter Einser. Nur im Rechnen nicht.«

Im Rechnen war ich eine absolute Niete. Damals schon Schlangen: zehnmalzwölfgeteiltdurchdreiplusneunundachtzigminuszweiundsiebzigmalzehnmalzwölf GIBT? Ich war bei zehn mal zwölf schon weggetreten. Die anderen schossen bei GIBT wie aus der Pistole. Die schossen SECHSTAUSENDACHTHUNDERTUNDVIERZIG. Volltreffer!!! GIBT gibt es nicht mehr.

»Ich verschrieb auch jede Klassenarbeit. Ich versagte grundsätzlich, wenn es darauf ankam. Ohne meine Lehrerin wäre ich wahrscheinlich verloren gewesen. Aber sie wußte, was ich leisten konnte, wenn ich ohne diese entsetzliche Prüfungsangst arbeiten durfte.« Es ist eigenartig, ich bin immer von Lehrern gefördert worden. Auch später auf der Dolmetscherschule. Ich wäre durch jede der rigorosen Zwischenprüfungen gefallen, wenn meine Professoren mich nicht gekannt hätten. Ich weiß nicht, warum das so war.

»Morgen auf Tara will ich über all das nachdenken. Dann werde ich es ertragen...«

»Wie bitte?«

»So endet das Buch ›Vom Winde verweht‹. Scarlett sagt: Morgen auf Tara will ich über all das nachdenken. Ein ganzes Buch lang hat sie das Nachdenken auf morgen verschoben.«

Als der Krieg ausbrach, war ich im zweiten Lehrjahr. Der Schwulenanwalt wurde eingezogen und erklärte meine Lehre für erfolgreich beendet. Wieso man meine Tätigkeit bei ihm eine Lehre genannt hat, ist mir nie klargeworden. Ich war ihm zwei Jahre eine flotte Stenotypistin gewesen.

»Im Krieg lief meine Mutter zu großer Form auf. Sie hatte zwar Furcht, aber das fand ich nicht schlimm. Es war ja zum

Fürchten. Sie hat sechs Jahre im Keller geschlafen, Nacht für Nacht. Ich nur bei Alarm. Dann kam sie mich wecken. Laut fluchend sei ich die Treppen heruntergetorkelt. Ich hatte keine Ahnung davon. Ich fand mich morgens im Luftschutzbett wieder. Ich fluchte im Schlaf.« ›Warum lästerst du Gott?‹ sagt meine Mutter.

»Unser Haus wurde nur dreimal getroffen, leicht, mittel, total. Aber die Stadt...«

›Ich muß Karla finden‹, sag' ich, und schon bin ich weg. Blutigrot leuchtet der Himmel über den Mauern. Ein Bartholomäusrevier. Flammen schlagen hinauf, grellodernd rot, grellodernd gelb. Rauch ist dazwischen. Und Röhren. Wirbelstürme *en miniature*. Hier zischt es. Kein Zug läßt das Zischen verstummen. Der Krieg ist nicht schön, denn der Krieg ist nicht still. Erst die Geräusche machen ihn aus, das Tosen, das heult, das Schreien, das klagt. Erst der Gestank macht ihn aus, das Fleisch, das verkohlt, das Blut, das verkrustet. Der Mensch wird abgestochen. Und darum lästere ich Gott, wenn auch im Schlaf. Kein Zug fährt durch die Hölle zu meinem Schutz. Kein Fenster ist da zum Staunen und Plattdrücken der Nase. Ich muß das Inferno durchklettern. Die Glut erhellt eine gespenstische Landschaft. Häuserfassaden mit totem Blick, Gebirge von Schutt, Gestänge zu Hauf. Die Glut hat sie ausgeglüht, denn sie hat berührt. ›Da schmieden sie die Waffen für den nächsten Krieg‹, sagt meine Mutter. Sie hat recht gehabt. Mütter haben immer recht. »Das war mein einziges schlimmes Kriegserlebnis.«

Guste, das einzige schlimme? Und was war mit Ina? Nein, bitte, Ina noch nicht.

»Ich mußte Karla finden.« »Wer war Karla?«

Karla war der erste Mensch, der mich zu sich nach Hause einlud. Ich meine, der erste Mensch, der m i c h meinte, wenn er mich einlud. Nicht so ein Anhängsel von Vater und Mutter, das mitkam, wenn die Eltern kamen. Bei Karla war alles anders als bei uns. Es waren nicht die Äußerlichkeiten, die mich beeindruckten, die Möbel, die Teppiche, die Gemälde. Es war die Harmonie, die freundliche Gelassenheit. Damals war es wohl, daß sich in mir die feste, wenn auch trügerische Überzeugung zu bilden begann, daß in den Kreisen, die man bei uns etwas verächtlich ›die besseren‹ nannte, nie gestritten wurde.

Umgekehrt habe ich Karla nie mit zu uns genommen. Bis zu der Bombennacht. Wenn ich wollte, daß man mir etwas nicht kaputtmachte, mußte ich es verstecken. Soviel wußte ich schon. Zu Hause durfte ich nicht einmal erkennen lassen, daß ich da, wo ich hinging, gut gelitten war. ›Du bist ein Straßenengel und ein Hausteufel‹, sagt meine Mutter.

»Karla bedeutete mir sehr viel. Sie und ihre Mutter luden mich in mein erstes Konzert ein. Das war für mich so etwas wie eine Offenbarung. Ich glaube nicht, daß Karla jemals gewußt hat, was sie damit in meinem Leben bewirkte. Es tat sich mir eine völlig neue Welt auf.«

Sie fiel einfach auf mich herunter. Ganz unerwartet. Sie überschwemmte mich. Eine Springflut. Ich ertrinke, in Tönen kann ich nicht schwimmen. Ich bin ganz naß, mein Gesicht, mein Hals, meine Hände. Ich muß versuchen, es abzuwischen. Schon wieder muß ich etwas abwischen. Sie sollen es nicht sehen. Niemand soll es sehen. Ich schäme mich zu zeigen, daß ich verstört bin. Und trotzdem, nicht aufhören, bitte nicht aufhören, Musik, stehenbleiben, Zeit. Verweilen, Augenblick. Aber dann doch wieder nicht, denn das wäre das Ende der Melodie, die nur schreitet, indem Zeit schreitet. Stehende Zeit wäre stumme Zeit. Bliebe die Zeit stehen, wäre der Zauber erloschen.

Ich habe später dieses Melodiefluß-Zeitflußproblem zu überlisten versucht. Stundenlang konnte ich mir immer und immer wieder ein und dasselbe Thema auf einer Schallplatte anhören, so als hätte sie an der gewünschten Stelle einen imaginären Sollsprung. Ich meinte, es müsse doch einmal gelingen, eine Melodie festzuhalten, aber es geht natürlich nicht. Man hat sie dann wohl im Kopf oder die Partiturstelle vor Augen, aber es ist nicht das gleiche.

»Ich hatte sofort gewußt, daß Karla in Not war. In den frühen Morgenstunden kam ich in dem Viertel an, in dem sie wohnte. In dem sie gewohnt hatte. Alles war weg. Die Schutthalden qualmten noch. Sie wissen ja, wie so was ging: Zuerst setzten sie Brände, und wenn alles taghell beleuchtet war, kamen die Bomben. Karla und ihre Mutter saßen auf einem Koffer am Straßenrand. Keiner von ihnen hatte noch einen heilen Fetzen am Leib. Ich habe sie gleich mitgenommen. Meine Mutter war großartig, sie räumte das Elternschlafzimmer. Mein Vater war ja im Feld. Ich glaube, Karla und ihre Mutter blieben ungefähr ein halbes Jahr bei uns. Ich war damals sehr glücklich. Ich hatte aber ein schlechtes Gewissen, weil ich mein Glück Karlas Unglück verdankte.«

Das allein war es nicht, Guste, sei ehrlich. Du hattest auch ein schlechtes Gewissen, weil dein Vater im Feld war. Dein Wünschen hatte ihn in die Gefahr geschickt. Jetzt hattest du, was du wolltest. Endlich warst du ihn los. Aber dein Wünschen war völlig umsonst. Du hattest die Rechnung ohne deine Mutter gemacht. Rechnungen, die man ohne Mütter macht, gehen nicht auf. Wenn ich geglaubt hatte, der Krieg draußen würde Friede innen bringen, so sah ich mich schmählich getäuscht. Ich konnte mich nicht mit meiner Mutter vertragen. Wir stritten uns laufend. Wir stritten uns um nichts. Wir stritten uns, als ob mein Vater immer noch zwischen uns gestanden hätte. Ich konnte es mir nicht erklären. Ich gab mir doch so viel Mühe.

»Meine Situation wurde noch schlimmer, als ich feststellte, daß ich mit meinem Vater sehr gut auskam, wenn wir allein waren. Mit ihm stritt ich mich nie. Das hat mich ziemlich aus der Fassung gebracht.« ›Komm, mein Mädchen‹, sagt mein

Vater. ›Wir sind nicht umsonst eine berittene Einheit. Die Pferde haben wir nur, damit du jetzt reiten lernen kannst.‹ Das war irgendwo auf einem Dorf in Mitteldeutschland. Mein Vater lag dort im Quartier, und ich durfte meinen Urlaub bei ihm verbringen. Er setzte mich auf ein kleines, struppiges Pferd, das für gewöhnlich im Zweiergespann vor einem Wagen ging. Entweder mochte es mich nicht leiden oder es vermißte seinen Deichselgefährten, auf jeden Fall sauste es ab mit mir und kam erst vor seiner Stalltür zum Stehen. ›Nein‹, sagt mein Vater, ›so geht das nicht. In Gottes Namen, dann reitest du halt meine Liesel.‹ So lernte ich auf Vaters prachtvoller Fuchsstute das Reiten.

Ich war etwas irritiert, als ich sah, daß Vater sehr beliebt zu sein schien. Er war beliebt bei seinen Leuten. Er war beliebt im Dorf. Er war wohl auch ein Straßenengel und ein Hausteufel. Ich merkte, daß eine Menge von dieser Beliebtheit auf mich, seine Tochter, übertragen wurde, und ich war stolz darauf, seine Tochter zu sein. Ab er es beunruhigte mich. Übrigens lernte ich dort auch meinen ersten Verlobten kennen, der später in Rußland fiel. Aber zuerst lernte ich einmal das Küssen. An einem anderen Mann und sozusagen unter Vaters Patronat. ›Laß das nur nicht deine Mutter wissen‹, sagt mein Vater, ›die trifft der Schlag.‹ Aber meine Mutter hatte einen sechsten Sinn. Jedenfalls reagierte sie irritiert aus der Ferne und schrieb sorgende Worte. ›Das tritt sich fest‹, sagt mein Vater und wirkte im übrigen bildend auf mich ein. ›Ein ordentlicher Reitersmann muß nicht nur in der Lage sein, sich in Wind und Wetter eine Zigarette auf dem Pferderücken anzuzünden‹, sagte er, ›er muß auch in der Lage sein, vom Pferd herunter zu pinkeln, ohne daß er naß wird.‹ Wenn er solche Dinge sagte, blinzelte er mich an mit einer Art kameradschaftlichem Zwinkern, das dazu angetan war, meine Mutter auszuschließen. Darüber durfte ich ihr nichts sagen.

Was jedoch sagte meine Mutter? Dein Vater hat keinen

Humor. Und Vater tapeziert unser Eßzimmer mit Billionenmarkscheinen. Dein Vater kann mit Mädchen nichts anfangen. Und Vater schenkt mir einen begehbaren Kaufmannsladen. Schenkt mir einen Kirschblütentraum. Dein Vater teilt nur die Arbeit ein. Und Vater bestellt Ware, disponiert, mißt auf, mißt nach, rechnet ab, führt die Bücher. Dein Vater sorgt nicht für uns. Und Vater schickt Mehl, Butter, Schinken, Speck, Kleider, Mäntel. Dein Vater schlägt mich. Und ich sehe es nie. Dein Vater geht fremd. Und Vater bringt seine Geliebte aus dem Krieg mit. Ha, jetzt hab' ich ihn endlich!

Die Sitzung ist aus. »Also dann bis übermorgen.«

Seltsam beschwingt mache ich mich auf den Heimweg. Was kostet die Welt – Qual, du hast heute Ausgang. Geh und such dir ein anderes Opfer.

»Wie schon erwähnt, war ich im Krieg bereits einmal verlobt. Er fiel dann in Rußland. Ich sage das hier so lakonisch, weil ich es lakonisch denke. Auch wenn er nicht gefallen wäre, hätten wir kaum geheiratet. Wir hatten von Anfang an Schwierigkeiten. Es lag an mir, die Watte begann wieder, mich einzukreisen.«

Ich bin mit Mühe und Not an meiner Haltestelle aus dem Bus gestiegen. Und nun liege ich hier in diesem Straßengraben. Weiter komme ich nicht. O mein Gott, laß mich sterben, damit diese Schmerzen ein Ende haben. Warum muß ich diese Messer in meinem Bauch ertragen? Wenn mich hier keiner findet, will ich einschlafen. Will nie wieder aufwachen. Aber die Schmerzen lassen nicht zu, daß ich schlafe. Ich soll schön wach bleiben und darüber nachdenken, wem ich was angetan habe, daß ich mich so quälen muß. Wer tut mir das an? Hilft mir denn niemand? Mutter, komm, hier liegt deine Tochter.

»Irgend jemand hat mich dann gefunden und ist zu meiner

Mutter gerannt. So wie damals: Frau Herzog, kommen Sie schnell, es muß etwas mit Ihrer Tochter passiert sein.«

Meine Mutter holte einen Arzt. Er war mehr als befremdet, daß eine Siebzehnjährige ihre Menarche noch nicht gehabt hatte. ›Das ist doch ein Glück‹, sagt meine Mutter, ›die kommt immer noch früh genug.‹ Ich bekam also wieder Spritzen. Diesmal nicht gegen etwas, sondern für etwas. Sie halfen fast augenblicklich. Von da an erlitt ich meine Qualen nur noch einmal im Monat. Ich krümmte mich vor Schmerzen. Der Schweiß lief mir in Strömen am Körper herunter. Ich wurde von Schüttelfrösten gebeutelt. Die Schmerzen schlugen über mir zusammen wie Wellen. So stellte ich mir Wehen vor. Meine Menstruationen waren Minigeburten.

»Aber das war wie mit den Ohnmachtsanfällen damals in der Kirche, wo ich weihrauchunempfindlich wurde in dem Maße, wie meine Frömmigkeit aufweichte. Meine Schmerzen ließen nach in dem Maße, wie meine Regelblutungen nachließen. Nach einiger Zeit hörten sie ganz auf, wenn auch immer nur so lange, wie ich mich in meinem Elternhaus aufhielt. Es war seltsam: Ich brauchte nur eine Reise zu machen, und ich begann zu bluten. Sobald ich auch nur den Fuß auf das Trittbrett eines Zuges setzte, konnte ich sicher sein, daß mir das Blut in den Schuhen stand. Kam ich nach Hause zurück, hatte ich keine Periode mehr. Oder meine Dürreperiode, wenn Sie so wollen.«

Das war eine ganz einfache Formel: Reise gleich minus Zuhause gleich Blut. Wie hätte ich auf die Idee kommen sollen, daß es hätte heißen müssen: Reise gleich minus Mutter gleich Blut gleich Frau? Als mein Verlobter dann mit mir schlafen wollte, ehe er an die Front fuhr, ging es nicht. Und ich konnte ihm nicht sagen, warum. Ich konnte nicht darüber sprechen. So war ich nicht erzogen worden. »Er ist in dem Glauben an die Front zurückgegangen, daß ich eine bescheuerte frigide Närrin war. Und damit hatte er ja auch recht.«

Und ich sage nicht, daß meine Mutter meinen Verlobten umgebracht hat. Ich werde mich hüten. Aber ich kann nicht vergessen, daß du, Mutter, nach einer unserer üblichen Auseinandersetzungen in das Kirschblütenzimmer hinaufrauschtest und mit den Fetzen einer Fotografie in der Hand wieder herunterkamst. Du hattest das einzige Bild, das ich von meinem Verlobten besaß, in Stücke gerissen. Vier Wochen später war er tot. Und du trauertest mit mir um ihn.

Die Hugenottenstraße ist heiter. Mir geht es gut. Relativ gut. Es sollte mir gut gehen, wenn ich die sich schließenden Baulücken als Maßstab setze. Die Straße wächst zu, und mir geht es besser. Magisches Bauen. Straße, ich beschwöre dich, mach schnell, tu mir die Liebe. Hinkelspielen kann ich nicht mehr. Die Platten sind weg. Und damit Risse und Sprünge. Und meine Risse und Sprünge? Sind sie noch da? Ich habe Angst. Sagt man nicht, eine Analyse liefe nicht gut, wenn sie zu gut läuft? Meine Analyse läuft gut. Läuft sie zu gut? Ich hab' meine Zweifel, denn ich muß meine Klavierstunde töten. Jetzt gleich und sofort. Hören Sie, werde ich sagen, das hätten Sie mir nicht antun dürfen. Alles, nur das nicht. Seit einem Jahr komme ich her. Spiele Haydn, Scarlatti, Czerny, Mozart und Bach, vor allem Bach. Spiele genauso wie damals. Spiele nach Noten, die ich nicht mehr besitzen dürfte. Und bei der Französischen Suite sagen Sie, es sei schön. Und dann stehen Sie auf und gehen mir voraus in ein Zimmer, in dem ich noch nie war. Es steht ein Cembalo darin. Und ich muß die Suite wiederholen. Bis hierhin okay. Da capo und fertig. Aber nicht weiter. Sie durften nicht sagen: Schade, daß Sie damals aufgehört haben, Sie wären eine wunderbare Liedbegleiterin geworden. Ich weiß Ihnen keinen Dank dafür. Und Ihre Hand werde ich nicht küssen. Ich bin nicht mehr Aischa. Schluß mit der Lebenslüge. Aber es fällt noch schwer. Und jetzt gehe ich hinunter und lege mich auf die Couch. Mich sehen Sie nicht wieder. Es tut immer noch weh.

»Ich war gerade oben und habe meinen Klavierunterricht aufgegeben. Ich habe keine Lust mehr. Es würde nie mehr so werden, wie es hätte werden können. Meine Hände. Es ist zu spät.« Ich strafe mich selbst. ›Wenn du heute zu Unrecht bestraft worden bist, so nimm es für die vielen Male, wo du hättest bestraft werden müssen und nicht bestraft worden bist‹, sagt meine Mutter.

»Was ich Ihnen jetzt sage, ist ungeheuerlich: meine Mutter log. Sie log, wie sie weinte, sie log aus dem Stand.«

Ja, Mutter, du logst. Du logst häufig und wegen Kleinigkeiten, die so nichtig waren, daß sie den Aufwand des Lügens lächerlich erscheinen ließen. ›Komm schnell, heute habe ich etwas besonders Gutes gekocht‹, sagt meine Mutter, und ich wußte, daß dir das Essen angebrannt war oder daß du die Kartoffeln beim Abgießen in den Schüttstein gekippt hattest. Du logst prophylaktisch. Wahrscheinlich aus Angst. Du mußtest Vaters Zorn vorbeugen, einem Zorn, den du schürtest. Aber warum logst du auch mich an? Und was schlimmer war, warum begann ich zu lügen? Ebenfalls wegen Kleinigkeiten, die so nichtig waren, daß sie den Aufwand des Lügens lächerlich erscheinen ließen. Log auch ich prophylaktisch? Aus Angst? Um deinem Zorn vorzubeugen, einem Zorn, den ich schürte? Du wurdest doch nie zornig. Ich war es doch, die zornig wurde oder es gern geworden wäre. Zum Beispiel, wenn ich feststellte, daß du hinter meinem Rücken meine Schubladen durchstöbert hattest, um meine Briefe zu lesen.

»Zuerst stritt sie es ab, dann gab sie es zu. Es sei zu meinem eigenen Besten geschehen. Das hätte ich ja gern eingesehen. Aber warum öffnete sie meine Briefe nicht, ehe sie sie mir gab, offen und zugegebenermaßen? Warum mußte sie immer alles hinter meinem Rücken tun?«

Wie war das, liebste Mutter, als ich damals beglückt aus der Schule nach Hause kam, nachdem unsere Lehrerin uns in der zartesten Form aufgeklärt hatte, ein für die damalige Zeit immerhin fortschrittlicher Vorgang. Behieltest du mein Geheimnis für dich? Nein, du erzähltest es Vaters Freunden. Brühwarm. Sie machten sich lustig mit obszönen Worten. ›Mit Sekt fängt es an und mit Säcken hört es auf‹, sagen die Freunde. Und wer lachte am schrillsten und mit eigentümlichem Glanz in den Augen? Du, liebste Mutter.

»Wenn ich es genau überlege, hat sie mich immer verraten, sobald es ihr in den Kram paßte. Und meinen Vater auch. Sie mußte immer irgend etwas hinter irgend jemandes Rücken tun. Ich wurde laufend wechselgebadet. Und ich tat doch wirklich alles, um ihr zu gefallen. Wenn sie mit meinem Vater stritt, war ich auf ihrer Seite, selbst wenn ich fühlte, daß sie ihn herausgefordert hatte. Ich stand immer hinter ihr.«

Ich denke nach, was das heißt. Ich stelle es mir bildlich vor: Wenn ich sage, ich stand hinter ihr, dann heißt das, daß sie vor mir stand. Beschützte sie mich oder stand sie im Weg? Nicht nachdenken, Guste. Es genügt zu wissen, daß, wo immer ich stand, ein Gedränge war. Irgendwie stand ich ständig dazwischen. Ich bekam es sozusagen von zwei Seiten. Und da hätte ich nicht aufmüpfig sein dürfen? ›Nun sei nur nicht so ein Kräutchen-rühr-mich-nicht-an‹, sagt meine Mutter.

»Und dann ihr beredtes Schweigen, das sie auch meinem Vater gegenüber zu praktizieren verstand. Sie konnte in ein gleichsam anklagendes Verstummen ausbrechen, das mehr sagte, als tausend Schmähworte zu sagen vermocht hätten. Dagegen war man völlig machtlos.« Im Laufe der Jahre sind mir häufig Frauen begegnet, die diese grandiose Kunst beherrschen, Schuldgefühle zu wecken. Und nicht nur bei ihren Ehemännern. Man berichtet ihnen irgendein Vorkommnis, beifallheischend. Und alles, was sie tun, ist, einen anzuschauen, stumm und mit Augen wie Wagenräder, anklagend und leidend. Man hat sofort das Gefühl, sich die Zähne nicht geputzt zu haben.

»Über die Art, wie meine Mutter weinen konnte, habe ich schon gesprochen.« Darüber will ich nicht noch mehr sagen. Noch jetzt fürchte ich mich vor diesem ganz bestimmten Ausdruck in ihrem Gesicht, der mir sagt, gleich ist es soweit, gleich füllen sich diese Augen, die ich liebe, mit Tränen. Und ich bin schuld daran. Dann habe ich nur den einen Wunsch, wegzurennen, so schnell und so weit mich meine Füße tragen. Und einen Gedanken zu durchdenken wage ich auch heute noch nicht, den nämlich, daß auch sie dabei leidet.

Was ist heute eigentlich los mit mir? Ich liege hier auf der Couch und höre auf das Klavierspiel über mir, das nicht mehr zu mir gehört. Wie kann ich es wagen, Kritik an meiner Mutter zu üben, die mich liebte und alles zu meinem eigenen Besten tat? Auch wenn sie mich strafte?

Ich stehe vor ihrem Bett, und sie wird nicht wach. Was hab' ich getan? Ihr Widerworte gegeben? Ihr zu viele Herztropfen gegeben? Hab' ich sie erzürnt? Oder getötet? Getötet. Sie ist tot. Sie liegt bleich und schlaff da. Ich rüttle sie, ich schüttle sie. Mutter, wach auf. Was immer Vater getan hat, ich tu' es nicht wieder. Ich hab' sie umgebracht. O Gott, ich bin schuld. Ist es meinetwegen oder Vaters wegen, daß sie jetzt tot ist? Was ja im Grunde auf das gleiche herauskommt, Herzogs sind wir beide. Der Vater ist ich, ich bin der Vater.

»Die Schlaftabletten. War das vielleicht auch eine Methode, strafend auf mich einzuwirken? Zu meinem eigenen Besten? Sie nahm nie so viele, daß es hätte gefährlich werden können. Es blieb immer so dosiert, daß das Mädchen sich nur zu Tode ängstigen mußte.« Was wußte ich auch von wohlunterdosierten Selbstmordversuchen als Druckmittel? Woher kam mein Schuldgefühl? Weil ich vielleicht gewollt hatte, daß sie stürbe? O nein, lieber Gott, laß sie wieder aufwachen. Ich versuch' es mit Zwiebeln und Essig. Zwiebeln unter die Nase und Essig auf die Stirn.

»Ich stand da und wußte nicht, was ich tun sollte, den Vater benachrichtigen oder einen Arzt. Man würde mich bestimmt sofort ins Gefängnis werfen. Der Vater hat das nie erfahren. Sie tat das immer, wenn er nicht da war.«

Aber auch zwischen uns wurde nicht darüber gesprochen. Auch deine Selbstmordversuche wurden totgeschwiegen. Aber die Gefängnisdrohung, die lebte. ›Du wirst schon die richtige Laufbahn einschlagen‹, sagt meine Mutter. Mein Vater, der Verbrecher. ›Du wirst einmal im Zuchthaus enden‹, sagt meine Mutter. Ich sah mich schon drin. ›Ich bete zu Gott, daß du einen Mann bekommst, der dir morgens beim Aufwachen rechts und links eine reinhaut‹, sagt meine Mutter.

Wie kannst du nur so etwas sagen, Mutter? Du mußt doch wissen, wie das ist. Hast du denn nicht einen solchen Mann bekommen? Oder sagst es zumindest? Ich habe es ja nie gesehen, daß er dir wirklich eine reingehauen hätte. Und ich, ich schlage nur mit Worten.

Und ich höre auf zu bluten.

Ich liege im elterlichen Schlafzimmer im Bett meines Vaters. Er ist gerade aufgestanden. Ich kann mich noch in die warme Mulde kuscheln, die sein Körper hinterlassen hat. Am Fußende seines Bettes ist ein prachtvoller Löwe angebunden. Ich beuge mich zu ihm hinunter und kraule seine Mähne. Dabei wundere ich mich darüber, daß der Löwe an der Leine liegt. Das erscheint mir unnötig. Der Löwe ist vielleicht gefährlich, aber ich liebe ihn, und das hat ihn gezähmt.

»Was sagen Sie dazu?«

»Ich? Was sagen Sie dazu?«

Natürlich, ich muß ja etwas sagen. Aber ich sage lange Zeit gar nichts. Und dann unvermittelt: »Ich bin eigentlich froh, daß Sie sind wie mein Vater und nicht wie der Mann meiner Mutter Träume. Löwen mögen gefährlich sein. Aber wenn schon. Lieber will ich gefährlich leben als gelangweilt.« Aber Guste, dein Vater ist nicht nur gefährlich, er ist auch schlecht. Wie oft soll ich es denn noch wiederholen?

»Wissen Sie, daß mein Vater sich eine Geliebte aus dem Krieg mitgebracht hatte?« Und was für eine Frau! »Eigentlich war es ja eine Unverschämtheit. Wir sitzen auf einem Bauernhof in Mitteldeutschland, meine Mutter und ich, und mein Vater baut mit Hilfe seiner Geliebten unser Haus wieder auf.«

Und allen Respekt! Vielleicht war mein Vater doch nicht so ohne, wenn er es fertiggebracht hatte, sich eine solche Frau einzufangen. Mit dem Volltreffer hatte es begonnen. Ich sitze im Luftschutzkeller der Firma, für die ich seit ungefähr drei Wochen arbeite. Meine militärische Dienststelle ist in Kriegsrauch aufgegangen. Der Traum eines Arbeitnehmers: Morgens kommt er ins Geschäft und darf feststellen, daß seine Firma abgebrannt ist. Das ist schöner als pleite. Wie gesagt, ich sitze im Luftschutzkeller. Der Feind fliegt einen Tagesangriff auf unsere Stadt. Wir hören den Warnfunk. Tiefflieger bombardieren einzelne Häuser an der Bahnlinie. Wir haben ein einzelnes Haus. An der Bahnlinie. Ich muß sofort weg. Unser Haus ist zerstört. Ich bin ganz sicher. Nach Stunden stehe ich vor den Trümmern meines Elternhauses.

Ich tausche meinen Kirschblütentraum gegen einen Planwagen. »Es war gespenstisch. Die ganze Reise war gespenstisch. Eine einzige Irrfahrt. Acht Tage hat sie gedauert. Sie war so irreal wie meine Watte. Ich hatte keine Ahnung, wann ich wo ankommen würde. Dauernd wurden wir umgeleitet. Ich wußte ja nicht einmal genau, wohin ich überhaupt wollte.

Ich erinnere mich, daß ich lieber zu meinem Vater gefahren wäre. Er lag irgendwo im Sauerland, wohin er sich siegreich aus Paris zurückgezogen hatte. Frontbegradigung. Aber das konnte ich meiner Mutter nicht antun. Es wäre mir wie ein Verrat vorgekommen. Also entschloß ich mich, doch zu ihr zu fahren, in die Nähe von Magdeburg.«

Und dann bin ich am Ziel. Ich stehe vor meiner Mutter. Ganz überraschend. Sie wußte ja nicht, daß ich komme. Ich freue mich schrecklich, daß ich sie wiederhabe. Und sie? ›Du bist es?‹, sagt meine Mutter. Und: ›Wie siehst du denn wieder am Kopf aus?‹, sagt meine Mutter. ›Und benimm dich hier auf dem Bauernhof anständig und spiel' nicht die Prinzessin.‹

»Ich glaube mich erinnern zu können, daß wir ein Dreivierteljahr dort waren. In der Zeit bekam ich noch einmal Scharlach, es war das zweite Mal.« ›An einmal Scharlach hattest du wohl nicht genug‹, sagt meine Mutter.

»Ich war noch nicht lange aus dem Krankenhaus, als wir diese alarmierende Nachricht erhielten: Der Mann meiner Mutter hatte sich, wie gesagt, eine Geliebte mitgebracht.«

›Eine Schlampe‹, sagt meine Mutter. Man stelle sich die Situation bitte vor: Mein Vater steht auf einem Gerüst und baut mein Elternhaus auf. Ihm zur Seite seine Kriegsbeute, die ihm die Steine zureicht. Ich gestehe, daß ich mich heute eines Lachens kaum erwehren kann. Komm, Guste, gestehe noch mehr. Fühltest du nicht ein ganz klein wenig Schadenfreude, irgendwo tief in dir? Das ist nicht wahr! Ich war wütend. Wie meine Mutter. Und was tat deine Mutter? Füllten sich die Augen mit Tränen, wie es ihnen diesmal wohl angestanden hätte? Mitnichten, meine Mutter wetzte das Beil.

Und wieder überstürzten sich die Ereignisse. Wir beluden einen Handwagen, und meine Mutter bekam einen kleinen Geschmack davon, wie das ist, wenn man unorganisiert ein bestimmtes Ziel ansteuern muß. Man sieht nicht eben gut am Kopf aus.

»Dann standen wir vor meinem Elternhaus, das wieder aufgebaut war. Wir standen davor im wahrsten Sinne des Wortes: Mein Vater ließ uns nicht hinein. Er wollte sich wieder einmal scheiden lassen.«

Es tut mir leid, wenn es so aussieht, als würde ich die damalige Situation nicht mit dem ihr gebührenden Ernst behandeln. Aber es war einfach grotesk, wir waren ausgesperrt. Onkel Gregorius nahm uns auf, und nun hieß mein Elternhaus ›Drüben‹. Das Mädchen fungierte als Verbindungsglied. Ich kam mir vor wie unsere Hunde. Mir wurden imaginäre Botschaften in ein imaginäres Halsband gesteckt, und ich sauste nach drüben, wie mit dem Gummiband festgezurrt, Einbahnstraße, Luftlinie. Ich rekognoszierte die Lage.

»Wenn ich zurückkam, hatte ich wenig Tröstliches zu berichten. Aber ich versuchte, meine Mutter aufzurichten.« ›Hör‹, sage ich, ›sie ist nicht so sauber. Sie sieht zwar gut aus, aber der Haarkamm liegt gleich neben der Butter.‹ ›Hauptsache sie kann ihren Hintern bewegen im Bett‹, sagt meine Mutter. Ganz ohne Aber-Greg-das-Kind und auch ohne den seltsamen Glanz in den Augen. ›Ich bin ja nur eine anständige Frau‹, sagt meine Mutter.

»Die Schlampe war mir auf Anhieb sympathisch. Sie sah fabelhaft aus, dunkel und rassig. Und sie war gebildet. Sie war Weißrussin und hatte zwanzig Jahre in Paris gelebt. Sie sprach sechs Sprachen. Insgeheim bewunderte ich meinen Vater.«

Und das tust auch du, Herr Doktor. Ich kann es fühlen. Sei vorsichtig, schon damals waren solche Gedanken meinem Innenleben nicht zuträglich. Ich bezahle noch immer mit Schuldgefühlen, und das solltest du wissen.

»Aber dann geschah doch etwas Seltsames mit mir, obwohl ich es erst heute richtig einordnen kann. Für eine Zeitlang verschwanden meine Schuldgefühle. Mein Vater und meine Mutter taten etwas, und zwar ein jeder auf seine Weise, was mich wohl frei machte von Schuld. Hätten sie das, was sie taten, nicht getan, ich glaube, ich hätte den Absprung von zu Hause nie gewagt. Mein Vater, der wieder nicht hatte geschieden werden können, weil meine Mutter ja immer noch die Ehefrau par excellence war, sparsam, fleißig und treu, benutzte mich, seine Tochter, ihm die Geliebte vom Halse zu schaffen.«

Unter einem windigen Vorwand hattest du, Vater, mich und deine Gespielin auf eine kurze Reise geschickt. Mit Mutters Einverständnis, wie wir hinterher merkten. Das hattet ihr euch schön ausgeheckt. Als wir zurückkamen, war deine Ehefrau wieder an ihrem angestammten Platz im trauten Heim. ›Drüben‹ hatte wieder die Seiten gewechselt. »Sie wurde einfach auf die Straße gesetzt. Stellen Sie sich das vor. Ich hatte Mitleid mit ihr. Es war eine meiner seltenen warmen Regungen, die meine Wattewelt durchbrachen. Aber sie war gepaart mit kalter Wut: Ich verachtete meinen Vater, und verachten macht frei.« Wenigstens glaubte ich das.

Und du, liebe Mutter? Hattest du nicht stets verkündet, daß man mich an die Kette legen müsse, sollte ich euch nicht ein Kind mit nach Hause bringen? Bezeichnest du nicht heute noch jedes Wesen männlichen Geschlechts als Kerl? Was tatest nun du? Du legtest einen Kuppelgang ein. »Meine Mutter ermunterte mich, einen englischen Besatzungssoldaten mit nach Hause zu bringen. Es war eine völlig harmlose Bekanntschaft, die für mich jedoch sofort ihre Harmlosigkeit verlor, als wir zu zweit im Wohnzimmer saßen. Meine Mutter klopfte an die Tür. Das müssen Sie sich vorstellen: Sie klopfte an ihre eigene Tür. Sie klopfte, als hätte sie uns Zeit geben wollen, von unkeuschem Tun abzulassen.«

Mutter, ich fand es ungeheuerlich. Was glaubtest du denn? Daß ich mit einem Manne im Clinch läge, um Kaffee, Zigaretten oder Seife herbeizuschaffen? Waren Kerls keine Kerls mehr, wenn sie etwas springen ließen? Sollte die Butter, die du auf des Mädchens tägliches Brot strichst, nunmehr von diesem selbst angeschafft werden? Wieder spürte ich diese kalte Wut: Ich verachtete auch meine Mutter, und verachten macht frei. Wenigstens glaubte ich das.

In mir tobte ein Sturm: Mögt ihr mich Kind schimpfen, Mädchen oder Prinzessin. Verglichen mit euch bin ich eine Prinzessin. Ich gehöre nicht mehr dazu. Ich will weg. Und ich werde Mittel und Wege finden, wegzukommen. Ich werde mich aus dem Sumpf, der allein der eure ist, herausziehen, und wenn es sein muß, an meinen eigenen Schnittlauchlokken. Von jetzt an kein seltsam trostloses Hoffen mehr auf morgen. »Aber in dem Punkt habe ich mich wohl geirrt. Ist es möglich, daß in mir schon die Saat lag, die dann hier aufging?« Sie ging ja dann auch auf in schönster Prachtentfaltung und mit dem ganzen Schrecken einer namenlosen Qual. Es war wohl eine Zeitbombe, die in mir tickte.

»War der Mann meiner Mutter Träume der Auslöser?«

»So kann man es wohl sagen.«

Das war eine gute Sitzung. Also dann bis übermorgen. Ich trete hinaus auf die nachtdunkle Straße. Paßt auf, Hugenotten, ich bin über den Berg. Ich konnte nicht sehen, daß sie mitleidig grinsten.

Sei mir nicht böse, Herr Doktor, heute bleibe ich schweigsam. Eine ganze Stunde tue ich meinen Mund nicht auf. Die Phallusmännchen spazieren mir durch das Hirn. Ich schweige, du schweigst, wir schweigen. Wird zwar ein bißchen teuer. Es kostet mich achtzig sauer verdiente Mark. Kostet mich fünfzig nutzlos vertane Minuten, die Minute zu achtzig durch fünfzig. Ein wirklich goldenes Schweigen. Nutzlos vertan bis zum üblichen: also dann bis übermorgen.

Wenn ich gehofft hatte, bis übermorgen hätte ich es vergessen gehabt, so sah ich mich getäuscht. Und wenn der Herr

Doktor meint, vor dieser Sitzung könnte er mich zuerst einmal weichklopfen, indem er mich warten läßt und Klavier spielt, dann irrt er sich ebenfalls gewaltig. Rattenfänger, und mit Speck fängt man Mäuse. Und Widerstände. Er spielt ja wirklich wundervoll. Ich muß zugeben, daß ich verdammt froh bin, daß Sie so musikalisch sind. Das ist etwas, das wir gemeinsam haben. Ich liebe Gemeinsamkeiten mit dir. Und trotzdem, ich schweige, du schweigst, wir schweigen. Noch eine Stunde? Nein, nur bis meiner Mutter Wellholz mit mir durchgeht. Ich werde hier nicht noch einmal achtzig Mark schweigend verliegen. Phallusmännchen, gebt Ruh'. Ich mache jetzt meinen Mund auf und sage, was ihr mir auf die Zunge legt. Also bitte, ich sage...

»Na, was ist denn los?« sagt der Herr Doktor.

Guste, mach die Augen zu und sag es ganz schnell: »Ichmöchtemichbitteausziehen, Herr Doktor, splitterfasernackt.« So, Gedanken, ihr steht nicht mehr auf.

»Dann tu es doch, du dummes Kind.«

Wie war das? Hab' ich das richtig verstanden? Ich denke, alles realisieren, aber nichts materialisieren? Aber das ist mir völlig gleich. Was ich jetzt hier tue, das muß getan werden. Ich stehe auf und fange an, mich auszuziehen. Linkisch und ungeschickt. Es ist beileibe kein Striptease. Als ich ganz nackt bin, lege ich mich wieder hin, den Blicken meines Analytikers preisgegeben. Ich gebe mich preis. ›Aber Kind, das kannst du doch nicht mehr machen. Dazu bist du schon viel zu groß‹, sagt meine Mutter. Die Dreijährige läßt erschreckt das Röckchen fallen. Vater, schau meinen Bauch, hab' ich keinen schönen Bauch, hat sie sagen wollen. Aber sie spricht es nicht aus, denn die Mutter macht Augen so groß wie Wagenräder.

»Weißt du eigentlich, daß du einen wunderschönen Körper hast? Wenn ich könnte, würde ich dich malen wollen.« Das ist sie wieder, die Rattenfängerstimme. Sonst wird nichts mehr gesprochen in dieser Stunde. Aber jetzt ist es kein nutzlos vertanes Schweigen. Ich fühle eine wohlige Wärme mich überrieseln. Er findet mich schön. Ein Mann findet mich schön. Mein Vater findet mich schön. Mädchen brauchen Väter, die sie schön finden. Mädchen brauchen Väter, die sie lieben. Mädchen lernen am Vater das Lieben. Ich liebe ihn, ich liebe ihn. Und er liebt mich. Hört alle her: ich werde geliebt. Ich bin ein Geschöpf, das man lieben kann. Ich darf beginnen, mich selbst zu lieben. Ich darf beginnen, meinen Körper zu lieben. Habe ich ihn wirklich jemals zerstören wollen? Auf dem Bahnsteig, mit meinem eigenen Willen, mit meinen Händen, die sich dann nach hinten durch ein Gitter krallten? Ich werde diesen Körper lieben. Ich weiß es. Er wird mich lehren, Lust zu empfinden. Ich weiß es.

Ich ziehe mich wieder an, linkisch und ungeschickt. Am Schlußzeremoniell hat sich nichts geändert. »Also dann bis übermorgen.« Aber übermorgen ist Weihnachten. Ich könnte doch eigentlich meine Eltern besuchen. Werde ich die Erlaubnis bekommen?

»Nun, ich denke schon, daß Sie es wagen können.«

Ich bin ja so glücklich. Schaut her, ich bin schön. Und so fahre ich heim. MUTTER? WO BIST DU? ICH KOMME.

Ich

Siegreicher Rückzug, Frontbegradigung, Flucht. Herr Doktor, geben Sie Feuerschutz. Ich bin eine geschlagene Armee. Voll des guten Willens, aber geschlagen. Helfen Sie mir, die Stolperschnüre zu räumen. Es sind die Waffen, die ich gegen mich richte. Ich will mir wieder an den Hals. Hugenottenstraße, gewähltes Symbol meiner Ganzheit, du hast mich getäuscht. Denn die Heimat liegt noch in Trümmern. Warum hinkt sie dir nach? Sie ist doch sonst immer so schnell und wenig bedächtig. Wovon spricht meine Mutter noch fast unter der Haustür? Von meinem Kopf und wie ich dran ausseh'? Gott stopfe mein schändliches Lügenmaul. Sie spricht von meinem verlängerten Rücken. Mein dreckiger Arsch hat ein Heiliges Kissen erfaßt. Auf einem Heiligen Sofa. ›Hätt' ich gewußt, daß du dich da drauf setzt, dann hätt' ich es später gewaschen‹, sagt meine Mutter. Auf Sofakissen setzt man sich nicht. Nicht bei uns. Sie sind zum Anschauen da. Mit Knick in der Mitte. Hinten hat der Mensch keine Augen. Das war die Begrüßung. Ich war noch nicht ganz im Zimmer. Guste, bleib ruhig. Bleib liebenswürdig und biegsam. Du weißt, du warst lange nicht hier. Und du liebst deine Mutter. Dann kommt es massiv, wie schon gehabt. Es brandet hoch, steigt von den Füßen an aufwärts. Das Herz klopft mir im Hals. Hitzewellen überfluten meinen Körper. Fluten zusammen mit dem einzigen Gedanken an die unabänderliche Notwendigkeit, mir meinen Rocksaum anzuschauen. Wieder zieht es mich zu ihm, wie mit dem Gummiband festgezurrt. Ich laufe auf Schienen, Einbahnstraße, Luftlinie. Wenn nur niemand es merkt. Laß nur deine Mutter nichts merken. Sie glaubt, mein Doktor hat mich geheilt. Gib ihr keine Möglichkeit, ihn anzugreifen. Sie hat einen salzigen Finger. Und ich habe die Wunde. Ich bin das rohe Fleisch. Erbarmen, Mutter, habe nur einmal Erbarmen. Schau, dein Kind hat dich lieb. Frage, wie es mir geht. Frage ein einziges Mal, und sei es auch nur so als Floskel. Ich war doch so lange nicht hier. Drei Jahre, zählt das denn nicht? Komm heraus aus dem Glashaus. Sei ansprechbar.

»Es war grauenvoll. Dabei hatte ich mich so gefreut. Diesmal wird alles anders, hatte ich gedacht. Diesmal wirst du ans Herz gedrückt. Aber nein.« Ich mußte nähen und trennen. Aber nicht lange, nein, wirklich nicht lange.

»Ich habe mich plötzlich dabei ertappt, daß ich die Fäuste in den Taschen ballte, wenn meine Mutter etwas sagte. Immer die gleichen Worte über immer die gleichen Themen. Yakkety-yak, yakkety-yak. Denken Sie nur, ich habe die Fäuste geballt. Genau wie mein Vater. Ist es nicht furchtbar? Nur, ich tat es insgeheim. Mein Vater rebelliert offen.«

»Und er hat keine Angst vor Schnüren.«

Was ist nur los mit mir? Ich bin heute so traurig. Warum war die Wirklichkeit so wenig deckungsgleich mit meiner Vorstellung?

Meine Heimatstadt kam mir seltsam geschrumpft vor. Die Häuser waren niedriger, die Straßen enger, mein Elternhaus geduckter. Selbst Vater und Mutter waren kleiner, so als wüchsen sie nach unten.

»Ich war fast ausschließlich drüben bei Onkel Gregorius und Tante Idchen. So gesehen war mein Urlaub ein einziges Wochenende. Ich hätte wohl mehr daheim bleiben sollen. Aber aus irgendeinem Grunde konnte ich es nicht aushalten bei uns. Ich glaube, es war Angst. Es war wie das alte Gefühl nach der Beichte. Zu Hause war meine Tugendhaftigkeit auf seltsame Weise gefährdet. Nachdem meine kleine Kusine ja noch ein Baby gewesen war, als ich damals wegging, nahm ich sie jetzt zum Vorwand, nach drüben zu gehen. Dabei war sie mir völlig egal. Ich mache mir nichts aus Kindern.«

›Es ist wirklich erstaunlich, wie reizend dein Vater mit dem kleinen Mädchen umgehen kann‹, sagt meine Mutter. ›Viel besser als früher mit dir.‹ Die Nichte meiner Mutter. Das sorgfältige Planungsziel meines Onkels. Ich weiß nicht mehr, wie viele Jahre Tante Idchen um dieses Kind hatte buhlen müssen. So an die zwanzig müssen es gewesen sein. Ein jeder hat wohl jemanden, vor dem er seine Purzelbäume schlägt. Und eines Tages war es soweit, Tante Idchen war schwanger. Geraune und Gewispere während der ganzen Fahrt. Großvater liegt im Krankenhaus, und wir sind auf dem Weg, ihn zu besuchen. Hochstimmung, obwohl der arme Großvater doch krank ist. Ich kann es mir nicht zusammenreimen. Es liegt so etwas von ›Aber-Greg-das-Kind‹ in der Luft, und meine Mutter hat den eigentümlichen Glanz in den Augen. Und dann wird Großvater stürmisch umarmt. Von allen, die wissen warum. Die Schwiegertochter fällt schier in sein Bett. ›Ich bin schwanger‹, sagt Tante Idchen. ›Ja, aber seit wann denn?‹ sagt Großvater. ›Seit gestern nacht‹, sagt Tante Idchen. Von da an rechnete die Familie mit. Nach neun Monaten, siehdasiehda, es hat gestimmt. Mein Onkel war in der Tat ein sorgfältiger Planer. Wahrscheinlich zum Besten des Kindes, das kennt man ja.

»Wenn wenigstens Großvater noch dagewesen wäre. Aber er ist ja kurz nach der Geburt meiner Kusine gestorben.« Es war seltsam daheim. Ich ekelte mich und war dennoch voll von kindlichen Sehnsüchten. Ich hatte völlig alberne Ideen. Ich wollte, daß meine Mutter mich zu Bett bringt. Ich wollte, daß meine Mutter mich weckt. Und ich wollte, daß meine

Mutter mich zum Bahnhof bringt. ›Den wirst du doch wohl noch allein finden‹, sagt meine Mutter.

»Und dann diese kurze Ohnmacht. Ich stand in der Küche und bügelte mir einen Rock auf. Plötzlich fühle ich, daß ich in Ohnmacht falle. Und meine Mutter steht völlig gelassen daneben.« ›Was du nicht immer hast‹, sagt meine Mutter. »Ja, wenn Großvater noch gelebt hätte, wäre manches anders gelaufen. Auch an Silvester.«

Wo soll ich beginnen? Ich habe eine Hemmschwelle zu überwinden, analytische Grundregel hin oder her. Ich muß weg. Die ziehen mich hinunter. Machen mich zum Komplizen ihres schlechten Geschmacks. Wollen, daß ich ihr billiges Leben lebe. Dieses entsetzliche Fest. Kegelklub oder Gesangverein, was weiß ich. Man will sich gegenseitig erfreuen. Ein jeder bringe ein hübsches Geschenk. Und fast ein jeder hat die gleiche Idee. Unisonochoral. Wienerwürstchenpenisse, sorgsam drapiert zwischen Zwiebelhoden auf senfdurchweichten Brötchenhälften. Ketchup tut's auch. Kastriertpervertierter Zotenwitz, wo normale Sexualität ein Tabu ist. Alles lacht. Auch meine Mutter. Kein ›Aber-Greg-das-Kind‹ mehr. Ich erhalte die Weihen. Aber ich will sie nicht haben, hört ihr. Ich verstehe euch nicht. Ich will weg.

»Als das neue Jahr eingeläutet wurde, war ich schon wieder daheim. Als meine Eltern kamen, waren die Koffer gepackt.« ›Wo du nur den übersteigerten Geschmack her hast‹, sagt meine Mutter. Von dir, Mutter, von dir. Das alles warst einmal du, die Liebe zur Schönheit, zur Klarheit, zur Reinheit. Was du mir jetzt vorwirfst, war einmal in dir. Du hast es nicht mehr, und darum darf ich es nicht haben.

»Ich glaube, meine Mutter möchte, daß ich ihr Leben lebe. Ich darf gar nicht ich selbst sein. Ich darf mich nicht entwikkeln, in keiner Hinsicht. Deshalb schweigt sie auch die Analyse tot. Ich hatte mich schon verabschiedet, war schon am Gartentor, als hinter mir die Haustür noch einmal aufging.

Was sag' ich mit aufging, aufgerissen wurde sie. Und meine Mutter brüllt hinter mir her: ›Ich bete zu meinem Herrgott, daß ich dich in meinem Leben nie mehr wiederseh'.‹ Können Sie das verstehen? Wir hatten uns doch nicht gestritten.«

Aber jetzt geht es mir gut. Es war ein siegreicher Rückzug. Ich wurde in die Flucht geschlagen, aber ich bin nicht geschlagen.

»Ich sollte übrigens meine Stelle wechseln. Die Amerikaner geben die Jugendarbeit ab. Ich werde mich in der Industrie bewerben.«

Ich bin voller Tatendrang. Nein, ich bin nicht geschlagen.

»Man wird mich sicher prüfen. Keine Firma stellt eine Direktionssekretärin ein, ohne sie vorher zu prüfen.«

Morgen muß ich mich vorstellen, und ich habe Angst. Prüfungsangst. Ich kenne das Gefühl zur Genüge. Sechs oder sieben Herren sitzen vor mir. Sie sind von der Industrie- und Handelskammer. Alle feierlich schwarz. Sie sitzen in einer Reihe wie Raben auf der Stange, furchteinflößend. Sie erwarten, daß ich in englischer Sprache über die impressionistische Dichtkunst nach dem ersten Weltkrieg referiere. Sie erwarten vernünftige Antworten auf Fragen aus Politik und Geschichte, aus Philosophie, vergleichender Jurisprudenz und den Wirtschaftswissenschaften. Antworten auf Fragen, deren Sinn ich nicht verstehe. In meinem Hirn ist nämlich die Watte. Um mich ist Dunkel. Der Schweiß bricht mir aus. Der Bleistift glitscht aus meinen pitschnassen Fingern. Ich bin nicht in der Lage, Notizen zu machen, nicht einmal auf deutsch, geschweige auf englisch.

»Meine Prüfungsängste waren so groß, daß ich mich

an Einzelheiten nur verschwommen erinnere. Mit der Aufnahmeprüfung zur Dolmetscherschule hatte es angefangen.«

Als jene unerquicklichen Geschichten bei uns passierten, hatte ich mich kurzentschlossen von zu Hause abgesetzt und war in die Stadt gekommen, in der ich noch lebe. Ich wußte von ihr nicht mehr, als daß hier eine Sprachenschule wieder aufgemacht hatte. Bis dahin hatte ich nur Privatunterricht gehabt, und selbst damit hatte ich durch Zufall begonnen. ›Bitte, Vater, wenn Frau Bernhold deine Rechnung nicht bezahlen kann, so kann sie sie doch an mir abstottern. Ich möchte gern Englisch lernen.‹ Mein Vater hatte nichts dagegen. Ich lernte mit der gleichen Besessenheit, mit der ich einst Klavier gespielt hatte. Und dann nach der jahrelangen Plackerei, nach den Entbehrungen, nach der Hoffnung hier dieser Schlag ins Kontor: Ich fiel durch die Aufnahmeprüfung.

Aber ich trug das Fiasko mit bemerkenswerter Gelassenheit. Ich würde also den Direktor der Schule aufsuchen. Es gibt ja Dinge, die man erklären kann. Die Hauptsache war, nicht mehr nach Hause zu müssen. Also lenkte ich zuerst einmal meinen Schritt zu einem Postamt, wo ich mit der gleich bemerkenswerten Gelassenheit ein Telegramm an meine Eltern aufgab: Habe bestanden, schickt Koffer.

»Entweder war der Direktor dieser sündhaft teuren Schule sehr aufs Geld aus oder er war ein verständnisvoller Mann. Ich bin nie dahinter gekommen. Wir einigten uns jedenfalls darauf, daß ich auf Probe eintreten durfte. Irgendwie erinnert mich meine Flucht vom weihnachtlichen Heimatherd an meine Flucht von damals. Auch jetzt kommt es wieder darauf an, wie damals. Ich wollte etwas lernen, wenn es sein mußte, mit Tricks und Winkelzügen. Dafür hätte ich nicht nur gelogen, dafür hätte ich auch gestohlen, und wenn es nötig gewesen wäre, dann wäre ich dafür vermutlich sogar auf den Strich gegangen. Und was ist jetzt? Ich stehe wieder vor einem neuen Anfang, bin genauso pleite und habe eine Analyse am Hals.«

»Damals waren Sie pleite und hatten eine latente Neurose am Hals.«

Da hast du auch wieder recht. Trotzdem darf ich ja wohl Angst vor der morgigen Prüfung haben.

Ich erinnere mich an die Anfänge in dieser Stadt. Eine Zeit frei von häuslichem Gezänk. Eine Zeit voll Armut und Hunger. Die Zeit der Butterbrote ohne Butter. Die Zeit der Fleischsoßen ohne Fleisch. Aber ich durfte lernen. Es war eine anstrengende Zeit. Ich mußte mir ja nicht nur die fremde Sprache aneignen, sondern auch das Allgemeinwissen, das man gerade für den Beruf der Dolmetscherin braucht. Man kann schließlich nichts in eine andere Sprache übertragen, was man in der eigenen Sprache gedanklich nicht vorvollziehen kann. ›Du bist eine Hochstaplerin‹, sagt meine Mutter. Sag, was du willst, liebe Mutter, ich werde mich nicht im Stich lassen. Ich lebe in einer Universitätsstadt. Hier liegt das Wissen auf der Straße. Schau, ich brauche mich nur zu bücken. Als Gasthörerin belegte ich alle mir erreichbaren Fächer, Literatur und Literaturgeschichte, Kunst und Kunstgeschichte, Musik und Musikgeschichte. Ich ging selbst in Chemievorlesungen. Nur um die Mathematik machte ich einen Bogen. Ich arbeitete täglich sechs Stunden in der Schule, vier Stunden in meinem möblierten Zimmer für die Schule und bis zwei, drei in der Früh für die Wahlfächer. Das trieb ich zwei Jahre. Mir ist völlig rätselhaft, woher ich die Energie bezog. ›Die kleine Person ist aber zäh‹, sagt mein Vater.

Ja, ich bin zäh. Und mutig. Damals muß es der Mut der Verzweiflung gewesen sein: Nur nicht rückwärts denken, nicht rückwärts gehen, nicht rückwärts sich ziehen lassen. Diese Gefahr war durchaus real, denn von rückwärts erhielt ich Anrufe, Mahnungen, Appelle, Drohungen. ›Komm nach Hause‹, sagt meine Mutter. ›Was willst du bei Fremden?‹ sagt meine Mutter. ›Du bist unser einziges Kind‹, sagt meine Mutter. ›Was sollen die Leute davon halten‹, sagt meine Mutter. ›Dein Vater wird dich enterben‹, sagt meine Mutter.

»Ich glaube, die größte Strafe, die meine Mutter sich vorstellen kann, ist enterbt zu werden.«

Man glaubte, mich gefügig machen zu können, indem man den Geldhahn gar nicht erst aufdrehte. Ich mußte versuchen, mit zweitausend Reichsmark auszukommen, die ich von Großvater hatte. Hierbei zeigte es sich, daß ich die echte Tochter meiner Mutter war. Ich ließ das Wellholz in Aktion treten, daß ich ihrem Namen alle Ehre machte. Trotzdem fehlten mir die Mittel, auch nur das geringste nebenher zu organisieren. So lernte ich trockenes Brot schätzen, trockenes Brot und rote Rüben. Ich lernte, aus nichts etwas zu kochen, ausgerechnet ich. ›Wenn ich schon sehe, wie du den Kochlöffel hältst‹, sagt meine Mutter.

»Wissen Sie, im Grunde war es ein Zustand, den man Lebensführung schon nicht mehr nennen konnte. Aber ich fühlte mich glücklich. Ja, wenn ich es recht bedenke, so fühlte ich mich zum ersten Mal in meinem Leben bewußt glücklich. Ich lernte. Ich dürstete nach Wissen, und mein Durst wurde gestillt. Es war, als ob mein Körper endlich die richtige Medizin bekäme. Nachdem ich mich einmal noch durch diese letzte Reise geblutet hatte, bekam ich meine Periode regelmäßig und ohne große Beschwerden. Bis, na ja, das wissen Sie, bis ich mich hier wieder verlobte. Aber die Prüfungsangst ist geblieben.«

Die Raben auf der Stange. Ich muß ein Wort schreiben, in dem der Buchstabe X vorkommt. Ein deutsches Wort. Ich weiß, daß es im deutschen Alphabet den Buchstaben X gibt. Aber ich weiß nicht, wie er aussieht. Ich verschwende meine ganze Energie darauf, herauszufinden, wie man ein X schreibt. Nichts anderes hat Platz in meinem Hirn, in dieser Suppe aus Watte. Ich finde kein X. Ich behelfe mich, so gut ich kann, ich schreibe das Wort meiner Muttersprache mit ks. In gewissem Sinne wird mich das retten, denn so dämlich ist man nur unter qualvollster Prüfungsangst. Ein pathologischer Fall. Das sieht auch der Dümmste. Plötzlich ist die Lehrerin da. Aber wie kommt sie hierher? Sie ist doch längst tot. Es ist der Lehrer, er ist sie und sie ist er. Sie sind eins. Sie sagen, du schaffst es, du schaffst es. Denke doch nur, wie viele bereits auf der Strecke geblieben sind. In den Zwischenprüfungen, die waren ja auch nicht von Pappe. Man hat euch doch schrumpfgeprüft von vierzig auf zwanzig. Und du bist immer noch hier. Du hast schon die Stelle. Jetzt beantworte die Frage: *What does the abbreviation GYA stand for?* Wenigstens das wirst du doch wissen. Natürlich, da arbeite ich doch. Da hat die Lehrerin mir die Stelle besorgt. Die Amerikaner haben es mit den Abkürzungen. Nein, nicht meine Lehrerin. Er war es, der Lehrer, der da hinten sitzt, hinter dem Hinrichtungskommando, der, der die Befehle erteilt: Feuer frei. Aber daß ihr sie mir nicht erschießt. Sie muß bestehen. Sie muß leben. Sie hat das Zeug dazu. Ja, auch zum Leben. *The abbreviation GYA stands for German Youth Activities.* Der Anfang ist gemacht. Und ich habe die Stelle. Vierhundert Mark *for the beginning.* Das ist ein Bombengehalt. Das verdient kaum ein Mann mit Familie. Und das hier sind blödsinnige Fragen, und wenn die alle so leicht sind wie die erste, vom Lehrer gezinkte... Ich kann wieder klarer sehen, kann die Gesichter vor mir unterscheiden. Vielleicht ist es doch kein Hinrichtungskommando, die lächeln ja. Vielleicht war er gar nicht so schlecht, mein Vortrag über die expressionistische Dichtkunst nach dem ersten Weltkrieg. Ich bin fertig. Irgendwie bin ich fertig geworden mit diesem hirnrissigen Thema. Ich darf gehen. Aber ich lungere im Flur herum. Nach mir sind ja noch einige dran. Ich muß nämlich warten, muß erfahren, ob ich bestanden habe, heute noch. Ich kann das nicht drei Wochen lang aushalten, nicht, bis die Prüfungsergebnisse schriftlich da sind. Ich muß es sofort wissen. Also warte ich, warte noch, als die anderen längst weg sind. Ich warte, bis der Professor kommt. Na, noch keine Lust nach Hause zu gehen, jetzt wo Sie ruhig schlafen können? Habe ich also bestanden? Zweifeln Sie etwa daran? Natürlich zweifle ich daran. Sie können es nicht wissen. Ich bin nämlich nicht auf dem richtigen Bein angetreten. Ich bin nur eine Volksschülerin, die sich hier eingeschlichen hat. Ich gestehe es noch nicht gleich. Erst bei der Abschlußfeier werde ich es Ihnen sagen, Herr Professor. In vorgerückter Stunde, wenn ich mir Mut angetrunken habe. Erst dann werde ich Sie vom Stuhl fallen lassen.

»Ja, und dann bei der Schlußfeier habe ich es ihm also gesagt. Mein Gott, war ich stolz.« Ha, und mein Vater erst, der war erst stolz. Er, der mir keinen Pfennig dazugezahlt hatte. Nicht, als meine zweitausend Mark aufgebraucht waren. Nicht, als ich meine vom Taschengeld gehamsterte Kriegsaussteuer auf dem Schwarzen Markt verhökern mußte. Nicht, als ich Besatzungssoldaten um Zigaretten und Fotoapparate betrog, um über Wasser zu bleiben. »Aber als ich nach dem Examen nach Hause kam, da schleppte er mich zu seinem Stammtisch. Zeigte mich vor wie einen Paradiesvogel, mich und mein Diplom.«

›Das hat mich eine Stange Geld gekostet‹, sagt mein Vater. Ich glaubte meinen Ohren nicht trauen zu können. Ihn hat das eine Stange Geld gekostet, ihn. Mein Gott, sind die komisch hier. Das muß die Mentalität sein. Typisch für diese Gegend. Und ich lache, ich lache. Ich kann mich nicht beruhigen vor Lachen. Ich denke an die Nachtarbeit, die Ängste, die roten Rüben, an die Butterbrote ohne Butter, die Fleischsoßen ohne Fleisch, an die Gestalten auf dem Schwarzmarkt, die veruntreuten Zigaretten, die Fotoapparate, die ich nie besorgte. Du meine Güte, ihn hat das eine Stange Geld gekostet. Und der glaubt, was er sagt, der glaubt wirklich, was er sagt.

Er blinzelt mich an mit seiner lausbubenhaften Vertraulichkeit, einer Vertraulichkeit, die die Mutter ausschließt. Das kenne ich doch, das Augenzwinkern. Mein Vater pinkelt vom Pferd, ohne daß er naß wird. Ich habe mein Diplom, und ihn hat das eine Stange Geld gekostet.

Es ist übermorgen. Ich habe die Stelle bekommen. Mein Arzt weiß es schon. Ich habe ihn angerufen. Es gibt Dinge, die können nicht warten. Zum Beispiel Freude. Beschwingt eile ich durch die Hugenottenstraße. Der Gehweg läuft wie ein schnelles Band unter mir weg. Ich habe die Stelle bekommen. Mit einem Bombengehalt. Soll ich das sagen? Dann wird mein Katalysator sein Honorar erhöhen. Es muß immer ein finanzieller Druck da sein. Aber Sie wissen doch, daß ich mir die Analyse seit drei Jahren vom Munde abspare. Gewiß, meine Bedürfnisse sind nicht groß. Ich gehe nicht aus. Hier und da Konzert oder Theater. Jetzt möchte ich den Fettfleck sehen in der alten Wohnung, dieses ausgediente Reichsmarkstück. Widerstand, gib dir keine Mühe, du bist schon entlarvt.

»Ich bekomme dreihundert Mark mehr und eine neue Wohnung.« Und wieviel willst du davon haben? Ich hoffe, es hält sich in Grenzen. Ich bekomme ja auch die Wohnung, und die muß ich einrichten.

»Nun sollte ich diese Neuigkeiten wohl nach Hause melden.« Guste, wäre das weise? ›Am liebsten würde ich deiner Firma einmal mitteilen, was für ein Früchtchen sie da beschäftigt‹, sagt meine Mutter. Mit der Sanftheit meiner Mutter lebt es sich etwas gefährlich. Morgen will ich über all das nachdenken. Morgen werde ich es ertragen können. Wie wird es weitergehen? Man sollte die Sterne befragen können.

»Als ich ein junges Mädchen war, haben wir, Ina und ich, uns oft vorgestellt, daß wir auf einem anderen Stern noch einmal existieren. Da sitze ich jetzt so auf der Couch wie hier, habe die Beine angezogen und die Arme um meine Knie geschlungen. Mit Ina konnte ich alles besprechen.«

Und Ina habe ich nicht besucht, als ich Weihnachten daheim war. Ich stehe vor einem frischen Grab und schütte einen Arm voll Rosen hinab. Ich kippe sie hinunter. Asche zu Asche. Aus. Wieder einmal ist etwas aus und vorbei. Ich vergieße keine Träne. Verzeih, daß ich nicht weinen kann. Ich möchte ja weinen, ›Mir die Adern öffnen, bis Tränen mich und Blut, ein Meer, umgeben...‹ Hero ist tot. Und eines Tages werde ich dir weiße Chrysanthemen bringen.

»Ina ist im Krieg gefallen. Sie war meine einzige Freundin. Und als sie tot war, konnte ich nicht weinen.« ›Da wo andere ein Herz haben, da hast du einen Stein‹, sagt meine Mutter.

Vor mir steht Ina mit ihrem zarten, ausdrucksstarken Gesicht. Ich liebte sie gegen den Willen meiner Mutter. Sie liebte mich gegen den Willen ihrer Mutter. Es war grotesk, unsere Mütter taten über Kreuz, was zu unserem eigenen Besten war. Wenn sie sich auch im Laufe der Zeit gewöhnen mußten, so blieb unser Bündnis in der Hauptsache eine Kellerfreundschaft. Wir hatten unsere Geheimnisse, und wir konnten keine Zeugen gebrauchen. Ina wollte Sängerin oder Schauspielerin werden. Sie hatte eine wunderschöne Stimme, und in unserer Waschküche spielten wir Oper. Da ich Ina bei ihren Eltern nicht besuchen durfte, hatte sie einen Plattenspieler mit zu uns gebracht. Ich hatte überhaupt keine Stimme, dennoch sang auch ich mit Begeisterung Oper. Und ich gestand Ina sämtliche weiblichen Hauptrollen zu, wenn sie mir nur die Butterfly ließ. Zu meiner nicht vorhandenen Stimme kam dann auch noch mein ersticktes Schluchzen. Meine Mutter hatte also nicht recht, wenn sie sagte, ich hätte ein Herz aus Stein. Ich konnte sehr wohl weinen. Der Grund dazu durfte mir nur nicht von Menschen geliefert werden. Zu jener Zeit hätte tatsächlich jemand tot neben mir umfallen können, ohne daß es mir eine Träne entlockt haben würde. Aber wenn ich die Butterfly hörte, dann war es um mich geschehen. Über Jahre hinweg konnte ich von dieser Musik nicht loskommen.

Selbst als ich mich später längst weiterentwickelt hatte, war ich immer noch der verführerischen Süße dieser Puccini-Oper ausgeliefert.

»Ich glaube, daß es damit etwas sehr Beziehungsreiches auf sich hat. Ich fühle es, aber ich kann es nicht erklären. Es sind nicht die bekannten Arien, die mich berühren, sondern die ›kleinen Stellen‹. Dieses *Bimba, bimba, non piangere,* das im Italienischen so viel schöner klingt als unser albernes ›Mägdlein, ach Mägdlein, weine nicht‹. Es hat ja sowieso seine Peinlichkeiten mit eingedeutschten Operntexten. Ich denke an die verhaltenen Stellen, an die Briefszene zum Beispiel. Dieses unglaubliche Erstaunen in der Melodie bei ›Suzuki, hör doch, hör. Denkt kaum an mich zurück?‹ Oder dieses ›Unter dem Bogen des Himmels kann an Glück sich kein Weib Euch vergleichen‹. Man hört, daß der Bogen des Himmels die ganze Welt umspannt. So groß muß das Glück sein, geliebt zu werden.«

Während ich dies sage, bin ich mir völlig bewußt, daß es mit meiner Liebe zu dieser Oper noch eine andere Bewandtnis haben muß. Ich fühle ein gewisses Unbehagen, ein Zerren, ein Sehnen. Aber ich kann den Finger nicht darauf legen. Mir ist vage, als hielte ich den Schlüssel zu einem Schloß in der Hand, von dem ich nicht weiß, ob es überhaupt existiert.

»Ich muß wohl einen ungeheuren Bedarf an Gefühlsaufbesserung gehabt haben. Ich kann das alles nicht so genau erklären. Aber mit Ina konnte ich darüber sprechen.«

Sie entschied sich übrigens bald dafür, Schauspielerin zu werden. ›Zu Hause darf kein Mensch etwas erfahren‹, sagt sie. ›Sie würden mich sofort an die frische Luft setzen.‹ Ina besuchte die Höhere Handelsschule und nahm nebenher Schauspielunterricht. Auch sie mußte ihr Sparschwein strapazieren. Ihre Rollen probte sie in unserer Waschküche, und ich gab ihr die Stichworte. Ich war alles in einer Person: Julias Romeo, Desdemonas Othello, Katharinas Petruchio, Gretchens

Faust. Immer mit dem Textbuch in der Hand, denn es war mir unmöglich, auch nur eine Textzeile auswendig zu behalten. In unserer Waschküche vergaß ich das Waschen. Ich ging völlig auf in meiner Rolle oder in meinen Rollen, in Ina, ihrer Schönheit, ihrer Begabung. Es konnte überhaupt kein Zweifel bestehen, daß Ina ungewöhnlich begabt war. Einige Jahre später und immer noch in aller Heimlichkeit bestand sie ihr Bühnenexamen. Und erst als sie ein Engagement am Theater unserer Heimatstadt erhielt, wagte sie es, ihren strengen Eltern den Abfall von der Stenotypistinnenlaufbahn zu gestehen. Sie hatte von Anfang an Erfolg. Die Kritiken sprachen von einer ungewöhnlich starken Ausstrahlung.

»Ich habe Ina nur zweimal auf der Bühne gesehen. Unser Theater wurde zerstört und das Ensemble evakuiert. Als die Theater 1944 vollends geschlossen wurden, kam Ina zurück. Sie wurde in eine Fabrik dienstverpflichtet und mußte Granaten drehen. Mein Vater befand sich gerade wieder einmal in unserer Nähe, und ich sollte ihn besuchen. Die Nacht vor meiner Abreise verbrachte ich mit Ina zusammen in ihrem Elternhaus. Nach all den Jahren unserer Freundschaft war es das erste Mal, daß Inas Mutter mich einlud. Ich durfte sogar bei ihnen schlafen. Natürlich taten wir kein Auge zu. Wir sprachen vom Theater, von Rollen, von Plänen, wenn der Krieg erst vorüber sein würde.«

Ina rezitiert Rilke: Das war der Tag der weißen Chrysanthemen. Es wurde unsere Nacht der weißen Chrysanthemen, traumgekrönt, nur wußten wir es nicht. Oder wußte es Ina?

»Am Morgen begleitete Ina mich zum Zug, verabschiedete sich, kehrte wieder um, verabschiedete sich erneut, kehrte wieder um. Sie fand kein Ende. Sie wollte mich nicht verlassen, obwohl ich es doch war, die sie verließ. Sie sagte mir, daß sie am nächsten Tag einmal wieder zur Beichte gehen wolle, mehr ihrer Mutter zuliebe, obwohl es natürlich auch nötig sei. Und dann bin ich weggefahren.«

Eine Woche später bin ich wieder zurück. Ich bin eben aus dem Zug gestiegen und stehe vor dem Bahnhof, um auf meinen Bus zu warten. Eine Nachbarin stürzt auf mich zu: ›Weißt du es schon, Ina ist tot... Die Granatenfabrik ist in die Luft geflogen... Bombensplitter... Hat Ina glatt den Kopf abgerissen...‹

Ina tot. Das ist doch nicht wahr. Das kann doch nicht wahr sein. Und wo nehme ich weiße Chrysanthemen her? Sie hat es geahnt. Der hinausgezögerte Abschied. Die Beichte. Sie hat es geahnt. Und sie ist tot. Es ist wahr. Und ich finde keine weißen Chrysanthemen.

»Ich habe dann unseren Rosengarten geplündert. Ich schnitt alles ab, bis auf die letzte Knospe. Ich kippte die Blumen, wie gesagt, einfach auf Inas Grab. Und jetzt bin ich nicht einmal dort gewesen. Ich hab' ihr immer noch keine weißen Chrysanthemen gebracht.«

Irgendwann tut man die Dinge ein erstes Mal. Zum Beispiel jetzt. Ich habe die Haustür noch in der Hand. Durch das Fenster meines Briefkastens starrt es mich an, hellblau und böse. Es ist ein Umschlag der Firma Herzog, Vater & Frau, Gesellschaft mit beschränkter Haftung. Für mich, ihr Produkt, haften sie nicht. Und der Chef schreibt mir nie. Es ist die Frau, die sich der Umschläge bedient. Vergessen ist die aufgerissene Haustür, das Gegelle über den Vorplatz. Pack schlägt sich, Pack verträgt sich. ›Nun sei nur nicht so ein Kräutchen-rührmich-nicht-an‹, sagt meine Mutter. Ein Lamento erwartet mich. Ich bin es so satt. Schau, es ist mir egal, ob mein Vater dich schlägt. Vielleicht hat er Gründe. Ich kann es nicht mehr hören. Ich kann es nicht mehr lesen. Mit zitternden Händen öffne ich die Briefkastentür, trage den Hellblauen ins Zimmer. ›Sie hat einen Blauen Brief gekriegt‹, sagt man. Das bedeutet nichts Gutes. Kündigung oder Mahnung, Strafversetzung oder Entlassung. Ich habe einen Blauen Brief gekriegt. Aber niemand entläßt mich. Ich bleibe gefangen. Nein, das werde ich mir nicht länger antun. Schluß jetzt mit den Spielchen, die mit mir getrieben werden. Es sind nicht die meinen. Ich nehme die Brikettzange und öffne die Ofentür. Gelb leckt es über den Umschlag. Die Flamme krümmt, frißt, das Hellblaue wird schwarz, zerfällt.

»Ich habe schon früher den Wunsch gehabt, die Briefe meiner Mutter ungeöffnet wegzuwerfen. Das würde ihr nicht einmal auffallen. Sie erwartet keine Antwort. Wie soll ich das sagen, sie schreibt, wie sie spricht, sie schreibt ohne zuzuhören.«

Ich befinde mich in dem ziemlich spießig eingerichteten Raum eines Hauses, das mir vage bekannt ist. Er ist übermäßig geheizt. Ich liebe die Wärme. Ich würde mich wohl fühlen, wenn nicht diese Frau dort säße. Und wenn ich nicht so dringend auf die Toilette müßte. Die Frau ist die Klofrau. Sie sitzt mit ihrem Strickstrumpf neben dem Tisch. Das Klo steht mitten im Zimmer. Mein Drang, Stuhl zu entleeren, bringt mich fast um. Ich muß unterdrücken. Ich kann nicht wagen, in Gegenwart der Klofrau einen schlechten Geruch zu verbreiten. Dabei sieht sie mich nicht. Sie tut, als sei ich überhaupt nicht vorhanden. Sitzt da und strickt vor sich hin. Auf dem Tisch steht eine silberne Schale. Ich weiß, daß ich einen Obolus leisten muß, wenn ich das Klo benutzen will, einen Obolus in diese Schale hinein. Es überfällt mich siedendheiß: Ich habe keinen Obolus. Der Drang, die Toilette zu benutzen wird stärker und stärker. Die Forderung nach dem Obolus härter und härter. Ich bin in einer ausweglosen Lage. Und die Frau strickt vor sich hin, zwei rechts, zwei links. Immer am gleichen Garn. Sie sieht weder mich noch meine Qual. Plötzlich werde ich maßlos zornig. Ich bin empört, ich wüte, ich schreie. Ich brülle: Scheiß auf die Klofrau. Ich reiße die silberne Schale vom Tisch, knalle sie mit Gewalt auf den Boden und entleere mich hinein. So, die Qual hat ein Ende. Jetzt bin ich endlich erleichtert.

»Es war unwahrscheinlich genußvoll, sich in diese silberne Schale zu entleeren. Es gibt sie übrigens. Sie steht bei uns auf dem Eßzimmertisch, und sie ist der ganze Stolz meiner Mutter. Ihr Gesicht möchte ich sehen, wenn ich ihr diesen Traum erzählen würde.«

Ihr Gesicht, das Gesicht meiner Mutter. Woran erinnert es mich? Steingrau und starr wie es ist? Irgendwo habe ich es schon einmal gesehen. Aber wo? Aber wann, Guste, wann? Damals, als das Kind sich eingekotet hatte, das Bett, die Gitterstäbe, die Wände? Aber nein, nicht doch. Damals, als der Schutzmann das Kind unter den Umhang nahm und du in die Hosen machtest vor Angst? Nein, es war später, viel später. Das Mädchen ist drüben bei der kleinen Kusine. Das Planungsziel Onkel Gregs, das ganze Glück Tante Idchens wird ausgiebig bestaunt. Wir stehen darum herum, des Glückes Mutter, meine Mutter und ich. Gleich wird das Baby gebadet. Aber zuerst wird das Paketchen geöffnet. Lage um Lage wird abgepellt von dem Bündel. Wie geschickt meine Tante das macht. Faßt die strampelnden Beinchen des Kindes mit einer Hand, hebt leicht an und ›Hoch mit dem Dreipfennigbrötchen‹, sagt Tante Idchen. Sie lupft des Kindes Popo aus dem Tuch. Und ich seh' das Gesicht meiner Mutter. Es ist steingrau. Sie starrt auf das, was in den Windeln ist. ›Ich wundere mich, wie du das kannst‹, sagt meine Mutter. ›Mir war es immer entsetzlich, die Windeln zu wechseln‹, sagt meine Mutter. Und ihr Gesicht, das Gesicht meiner eigenen Mutter! Voll Ekel, voll Abscheu. So also hat sie mich angesehen. Sie hat mich betrachtet, als sei ich ein ekles Gewürm. Zwei spitze Finger heben das schmutzgelbe Weiß, lassen es in einen Eimer fallen, ins Wasser. Platsch, und Schritt auf die Seite, es könnte spritzen.

»Sie hat mich nicht bestraft. Das war gar nicht nötig. Sie hat mich nur angesehen. Ihr Gesicht hat genügt.«

»Und Sie haben den Ekel gefühlt. Wenn Ihre Mutter sich vor Ihnen ekelte, mußten sie Angst haben, ihre Liebe zu verlieren. Wenn sie gekonnt hätten, hätten sie die an sich lustvolle Kotentleerung unterdrückt, um sich die Liebe Ihrer Mutter zu bewahren.«

»Da das aber kaum ging, habe ich es wohl kompensiert. Ich wurde sehr früh ein sehr sauberes Kind. Und ich wurde gelobt: Unser Kind macht sich überhaupt nicht schmutzig. Und diese Angst vor dem Liebesverlust habe ich all die Jahre bezahlt mit der Angst, mich schmutzig zu machen. Ich habe bezahlt mit übergroßer Reinlichkeit. Mit dem Zwang zu putzen. Mit dem Zwang zu waschen. Ich habe bezahlt mit jahrelanger Kontaktunfähigkeit. Mit jahrelanger Einsamkeit. Weiß Gott, ich habe meinen Obolus geleistet. Ich habe während all dieser reinlichen, einsamen und toten Jahre meinen Obolus geleistet. Bis heute, wo ich der Klofrau ›etwas geschissen‹ habe.«

Ich wundere mich, wie anschaulich die Vulgärsprache ist, wie handlich für eine Analyse. Und ich weiß, daß meine Reinlichkeitszwänge aufgehört haben zu existieren.

»Und doch finde ich es seltsam. Wie hat meine Mutter sich nur vor meinen Exkrementen ekeln können? Sie hat mich doch so geliebt.« Wie üblich erhalte ich keine Antwort. Und das ist gut. Ich weiß, daß ich keine Antwort will. Nein, bitte noch nicht. Morgen will ich über all das nachdenken. Morgen werde ich es ertragen können.

»Meine Mutter hat das ziemlich oft wiederholt. Aber mir hat es nichts ausgemacht. Mir war völlig gleich, ob mein Vater mit meiner kleinen Kusine besser umgehen konnte, als er es mit mir gekonnt hatte. Wenn ich jetzt darüber nachdenke, muß ich sagen, daß die Bemerkung vielleicht nicht taktvoll war, gemessen an der Tatsache, daß ich immer hatte hören müssen, mein Vater könne mit mir nichts anfangen.«

Ich überlege, wie es damals war. Nein, ich bin nicht eifersüchtig gewesen. Ich erinnere mich genau. Es war mir in der Tat völlig schnuppe, ob mein Vater zu dem Mädchen drüben reizend war oder nicht. ›Sie hat genau die Locken, die ich mir für dich immer gewünscht habe‹, sagt meine Mutter. Das war natürlich etwas anderes.

»Meine Kusine hat die schönsten naturkrausen Haare, die man sich denken kann. Sie ist überhaupt ein reizendes Geschöpf.« ›Sie schlägt genau in unsere Familie‹, sagt meine Mutter. ›Paß auf, sie wird einmal ein Unikum.‹

Das Unikum spaziert mir durchs Hirn, als hätte ich ihm eine Einladung geschickt. Komm, besuche mich mal. Schließlich sind wir miteinander verwandt. Wir haben auch Gemeinsamkeiten. Mein Vater ist für dich, was dein Vater für mich war. Als Kleinkind bist du mir völlig entschwunden. Aber ich seh' dich als Baby. Meine Neurose erlaubt sich den Luxus eines Anschauungsunterrichts. Das Glück Tante Idchens, um das sich bei uns alles drehte, liegt auf dem Wickeltisch. Wieder einmal. Wir stehen drum herum, des Glückes Mutter, meine Mutter und ich. Das Paketchen ist schon geöffnet. Die Hüllen sind gefallen. Nackt liegt das Wunder da und fingert an sich herum. ›Tust du denn nichts dagegen?‹, sagt meine Mutter. ›Aber warum denn?‹ sagt Tante Idchen. Frage wird mit Gegenfrage beantwortet. Ich schaue von meiner Mutter zu meiner Tante, von meiner Tante zu meiner Mutter. Das fing schon an, als sie noch ganz klein war, dröhnt es mir durch den Kopf. Da hab' ich ihr immer die Hand da unten wegtun müssen, dröhnt es mir durch den Kopf. Die private Kommandozentrale meines Vaters. Der düstere, ekelhafte Hof. Ein

Schatten fällt über den Schatten, als stürze ein überdimensionaler Raubvogel herab, um mich zu fressen. Meine Mutter steht hinter mir mit Augen so groß wie Wagenräder. Das Kind wird in die Küche gezerrt. Gott wird angerufen. Der Anfang vom Ende. Aber nein, das war nicht der Anfang, das war das Ende. Der Anfang lag weiter zurück. Lag da, wo meine Mutter mir die Hand da unten hatte wegtun müssen. Ich war ja verdorben von kleinauf. So also war das gewesen. Ihre Reinlichkeitserziehung hatte sich keineswegs auf hinten beschränkt. Körperöffnungen hat man auch vorn. Auch vorn war ich schmutzig. Körperöffnungen ohne Namen. Körperöffnungen ohne Funktion. Mutter, halte deine Verdrängungen unter dem Deckel. Aber-Greg-das-Kind. Ein Weibsstück. Die Schlampe. Alle Frauen sind Weibsstücke. Alle Männer sind Kerls. Wienerwürstchenpenisse, sorgsam drapiert zwischen Zwiebelhoden auf ketchupdurchweichten Brötchenhälften. Senf tut es auch. Meine Mutter lacht. Mit dem eigentümlichen Glanz in den Augen. O du mein Gott!

»Welch eine fatale Gleichzeitigkeit von Moralismus und Geilheit. Die Augen meiner Mutter glänzten, während ihr Mund Schwierigkeiten hatte, so anstößige Worte wie After oder Scheide auszusprechen. Selbst das Aber-Greg-das-Kind ging ihr nicht leicht über die Lippen. Ich durfte mich weder entleeren noch erkunden. Ich habe ihr nicht nur meine Verdauung zum Geschenk gemacht, sondern auch mein Geschlecht.«

Nimm sie, liebe Mutter, ich schenke dir beides. Ich habe keine Verwendung dafür. Meine Liebe bringt dir ein Opfer. Perfektion sei mein Los. Frigidität sei mein Los. Du sollst dich nicht über mich ärgern. Ich tue, was immer du willst. Ich behalte die Watte. Watte gleich weich gleich Wolle gleich Schaf gleich Lamm gleich Opferlamm.

»Ich war das Opferlamm auf dem Altar der Leibfeindlichkeit meiner Mutter. Wenn ich mir ihre Liebe erhalten wollte, dann durfte ich mich meiner eigenen Leiblichkeit nicht erfreuen. Hat sie mir deshalb immer beizubringen versucht, ich sei häßlich?«

Ich sehe den Zug in die Bahnhofshalle einfahren und ich weiß, ich habe nur eine einzige Möglichkeit, von dieser Errungenschaft der Technik Gebrauch zu machen: Ich muß mich vor ihn werfen. Etwas treibt mich vor die Lokomotive. Will mich zwingen, mich auf die Gleise zu stürzen, auf die zwei glattgespannten Schnüre aus blauem Stahl.

»Ich habe meinen Körper auslöschen wollen. Meine Mutter hat mir so oft gesagt, ich sei häßlich, daß ich diesen meinen häßlichen Körper habe zerstören wollen, und zwar so gründlich wie möglich.« Weg damit. Ich laß ihn zerstückeln zu blutigem Brei. Dann ist er kein Ärgernis mehr. Weder dir noch mir. »Ich habe ihr sogar meinen Körper zum Opfer bringen wollen.« Hast du jemals gewußt, Mutter aller Mütter, wie sehr dein Kind dich geliebt hat?

»Aber ich wußte, daß ich schöne Beine hatte. Schließlich hatte ich Augen im Kopf. Meine Beine waren nun wirklich nicht so krumm, daß man einen Käse hätte hindurchschieben können, wie meine Mutter immer behauptet hat. Hier hatte sie wohl etwas zu dick aufgetragen.«

»Man hat ein Symptom nicht von ungefähr.«

»Also wäre es möglich, daß das Gesunde in mir sich in der Form des Nähzwangsymptoms hochschob? Ich mußte Rocksäume nähen. Rocksäume sind in der Nähe der Beine.«

Aber eine Frage läßt mich nicht los: »Wenn ich meine Mutter so abgöttisch geliebt habe, daß ich ihr all das zum Opfer bringen wollte, meinen Anus, meine Vagina, meinen Körper, warum war ich dann so oft böse zu ihr?«

»Böse Kinder werden gemacht. Wenn man einem Kind lange genug sagt, es sei ein böses Kind, dann wird es unweigerlich ein böses Kind. Versagungen erzeugen Aggression. Die Versagungen, die Ihre Mutter Ihnen zufügte, ließen Sie rebellieren, ließen Sie aggressiv werden. Aber auch die Aggression mußten Sie unterdrücken, und zwar aus dem gleichen Grund, aus dem sie Ihre animalischen Bedürfnisse unterdrücken mußten, aus Angst vor dem Liebesverlust. Es war ein Teufelskreis, aus dem das Kind nicht herauskam.«

Vielleicht muß ich mein Verhältnis zu meiner Mutter neu überdenken. Etwas in mir sträubt sich dagegen mit Macht. MEINE ARME MUTTER. Was kann sie dafür, daß ich die mir anerzogene Aggressivität als Charakterzug verinnerlicht habe. Und wenn ich es richtig überlege, dann bist du, Herr Doktor, manchmal ein ausgesprochenes Arschloch.

›Sieh einer an, wie sie in die Hacken tritt‹, sagt meine Mutter. Ich bin zornig, und im Zorn zerteile ich die Hugenottenstraße. Wenn ich zornig bin, habe ich meinen speziellen Gang, den Gang meines Vaters. Es ist Freitag, spät abends. Ich habe die Straße für mich. Ich wechsle von Seite zu Seite. Wo geht es sich besser, rechts oder links? Im Grunde bleibt es sich gleich. Beide Seiten führen dahin, wohin ich nicht will. Es ist die Qual der Wahl. Wie wenn man im Zug sitzt und hat ein Abteil für sich. Wohin soll man sich setzen? In Fahrtrichtung oder dagegen? Läßt man die Landschaft auf sich zukommen, oder sieht man sie lieber entschwinden? Wenn man sich mit sich nicht einigen kann, geht man ein Stück der Strecke, die der Zug nimmt, zu Fuß. Man sitzt Probe hüben und drüben. Dann ist es schon besser, es steigt jemand zu. Übernimmt die Entscheidung. Man bleibt wo man sitzt, in Fahrtrichtung oder dagegen. Kein Gerenne mehr hin oder her. Die Hauptsache ist, man fällt nicht auf. Niemand übernimmt die Entscheidung für mich. Ich zerteile die Hugenotten im Zickzack. Laufe Probe hüben und drüben. Die Straße wird somit länger, ich will nicht ankommen heute. Ich bin immer noch zornig.

Das Opferlamm geht mir schon seit Tagen nach. Mich ärgern meine Träume. Wer träumt seine Mutter schon gerne tot? Vielleicht will ich sie nur recht eng an mich binden. Ich hab' dich zum Fressen lieb. Ich bring' dir den Tod, als die vollkommenste Möglichkeit, dich zu besitzen. Was soll also, Herr Doktor, Ihr Geschwafel von Licht und von Schatten? Von stirb und werde? Von ich soll mich annehmen wie ich bin? Von kein Mensch sei nur gut oder nur schlecht? Sie ergehen sich in unerträglichen Gemeinplätzen. Hat Ihnen das noch nie jemand gesagt? Nun gut, wir haben etwas herausgefunden. Es wurde auch Zeit. Ich bin aggressiv, weil meine Mutter... Erlauben Sie, daß ich doch einmal lache. In unserer Familie war nur ein einziger Mensch aggressiv, und das war mein Vater. Erinnern Sie nicht, was ich erinnere? Wer würgte die Mutter? Auch wenn Ihnen die Würgerei nicht in Ihr Krämchen zu passen scheint. Sie hätten es lieber als Beischlaf. Die Urszene sozusagen. Warten Sie es doch ab. Vielleicht kommt mein Unbewußtes darauf zurück. Wenn wir den Widerstand überlisten.

»Meine Angst vor dem Vater hatte doch völlig rationale Gründe.« Du leugnest es nicht? Und trotzdem oder deshalb soll es zu chronischen Charakterveränderungen bei mir gekommen sein? Ich sehe da keinen Zusammenhang. Ich kann es nicht einmal am Stück formulieren. Aber wenn es denn stimmt, kann ich nur sagen: Na bitte, dann hat also mein Vater die Schuld.

»Sie wissen doch, daß ich ihn gehaßt habe. Aber ich habe ihn nur gehaßt. Nicht auch geliebt, so wie Haß und Liebe zwei Seiten einer Medaille sind.« Und Ambivalenz ist auch nur ein Wort. Ich hatte reale Gründe für realen Nurhaß, denn ich war ein reales Nurmädchen. ›Laß das‹, sagt meine Mutter, ›gleich gibt es wieder Geschrei.‹ Ich sitze auf meines Vaters Schoß und flechte ihm Zöpfchen. Meine Mutter nimmt mich herunter, und das Geschrei gibt es sofort.

»Manchmal hätte ich auch hier auf Ihren Schoß klettern mögen, um Ihnen Zöpfchen zu flechten. Aber meine Mutter hat es nicht geduldet.« Und diese Übertragungssituation sagt Ihnen, daß ich meinen Vater geliebt habe? »Nun ja, aber das Lieben habe ich nicht an ihm gelernt, und dazu sollen Väter kleiner Mädchen ja nun einmal da sein.« Ich bin wirklich zornig. Und ich wünschte, ich läge nicht hier, sondern könnte in die Hacken treten.

Mein Vater besucht mich in der Stadt, in der ich jetzt lebe. Ich bin erwachsen, und wir sind sehr zärtlich miteinander. Wir küssen und herzen uns. Mein Vater liegt auf mir. Ich bin überaus glücklich. Er schlägt mir vor, daß wir unseren nächsten Urlaub gemeinsam auf einer einsamen Nordseeinsel verbringen, nur wir beide allein in einem kleinen Haus. Ich frage mich, ob denn die Leute nicht über uns reden werden, wenn wir wie Mann und Frau zusammenleben. Ich sehne mich sehr danach, mit meinem Vater zu schlafen. Er sagt, es gehe in Ordnung, und ich solle nur zuerst heimkommen, dann würde er mich von dort aus gleich mitnehmen auf unsere Insel. Plötzlich habe ich große Angst, weil ich daheim meiner Mutter begegnen würde. Ich hatte versprochen, meinen nächsten Urlaub mit ihr zu verbringen. Ich bin in einem schrecklichen Dilemma. Ich weiß nicht ein noch aus. Um das Maß voll zu machen, fällt mir ein, daß mein Vater am Vortag Geburtstag hatte und daß ich nicht daran gedacht habe. Ich wage aber nicht, ihm nachträglich zu gratulieren, weil ich fürchte, er könnte böse werden, wenn er mein Vergessen bemerkt. Ich habe mich schuldig gemacht. Dem Vater gegenüber, an dessen Geburtstag ich nicht dachte, und der Mutter gegenüber, der ich mein Versprechen nicht halten wollte.

»Wie entsetzlich. Wie absolut entsetzlich. Vergessen heißt, die Liebe nicht haben. Das Kind und das Mädchen durchlitt

Angst und Schuld nach zwei Seiten. Wie furchtbar.« ›Deine Sorgen möchte ich haben‹, sagt meine Mutter. »Meine Eltern haben Tauziehen mit mir gespielt. Und dabei konnte nur meine Mutter gewinnen, weil ich Angst vor dem Vater hatte, und weil meine Mutter es war, die mir die Butter auf mein tägliches Brot strich.«

Ich denke angestrengt nach, und meine Stimme wird leise, so als fürchtete ich mich, der analytischen Grundregel den Zügel zu geben: »Dabei war überhaupt keine Butter darauf. Herr Doktor, es war nicht einmal Brot. Sie hat mir nicht einmal Brot gegeben. Sie hat mich nur aufopfernd gepflegt, wenn ich krank wurde. Und krank wurde ich, weil ich ohne Krankheit nicht das bekam, was ich brauchte, was immer es gewesen sein mag. Wir waren Ursache und Opfer zugleich. Nein, es war weder Butter noch Brot. Es war... es war wie persisches Rosenöl. Verstehen Sie? Der Duft der silbernen Rose im Rosenkavalier, wo es heißt: ›Ist ein Tropfen persischen Rosenöls darein getan. Zieht einen nach, als lägen Stricke um das Herz.‹ Ja, Stricke hat meine Mutter mir um das Herz gelegt. Mit ihrer aufopfernden Pflege hat sie mich an sich gefesselt, ob ich es nun wollte oder nicht. Aber von den Tropfen persischen Rosenöls wurde ich nicht satt. Sie hat mich so geliebt, daß sie glaubte, nur persisches Rosenöl sei gut genug für mich. Aber ich wurde nicht satt davon.« Warum wird mir immer unbehaglich, wenn ich stereotyp leiere: Sie hat mich so geliebt?

Ich halte einen Schlüsselbund in der Hand und schiebe ihn in ein rotes Etui. Meine Mutter reicht mir ein grünes. Ich kann sehen, daß es zu groß ist. Nein, sage ich, ich behalte das rote.

»Ich nehme an, daß der Traum die gleiche Bedeutung hat wie meine Träume von Schuhen. Das Etui als Vaginalsymbol.«

»Was fällt Ihnen zu Grün ein?«

›Du solltest immer grüne Kleider tragen‹, sagt meine Mutter. ›Grün macht dein Gesicht weicher.‹ »Ich kann grüne Kleider nicht ausstehen. Grün ist eine Farbe, die ich nur in der Natur akzeptiere. Im Frühjahr habe ich einmal gezählt, wie viele Schattierungen von Grün so nebeneinander stehen können. Mit den dunklen und hellen Abstufungen bin ich auf zwölf gekommen. In unserer Wildnis herrschte ein ganz bestimmter Grünton vor, giftig wie Galle.«

Galle gleich Magenkrämpfe. Warum begann in unserem Zaubergarten immer das, was ich die Große Kotze nannte? Ich nehme ein Päckchen Gartenfotos in die Hand und klopfe sie auf dem Tisch zusammen wie ein Blatt Skatkarten. Ich sehe die pitschnasse Tante, wie sie auf dem Rand eines Bassins sitzt. Sie hält eine Schüssel in der Hand, aus der das Wasser herausschwappt. Es steht in der Luft wie gefroren. Sie lacht mit weit geöffnetem Mund. Beinahe sieht man das Zäpfchen. Ich sehe meine Mutter, wie sie auf dem Rasen sitzt. Dunkler Rock, weiße Bluse, *très distinguée.* Ich knie davor und drücke ihr einen Blumenkranz auf das Haar. Das war das Lieblingsbild meiner Mutter. Ich mochte es nicht. Es schien mir eine Bürde aufzuerlegen. Und ich sehe mich als Rokokofräulein, eine Mini-Sophie kurz vor der Überreichung der silbernen Rose. Wespentaillenmieder mit tiefem Dekolleté, spitzenbesetzt wie die Halbärmel. Weiße Seide flutet über eine Reifrockkonstruktion. Darüber schillert es grün.

»Ich habe das Kostüm gehaßt, und ich war froh, daß man es eines Tages hat wegwerfen müssen, weil ich in hohem Bogen über das Grün gekotzt habe. Vielleicht hing es damit zusammen, wie ich darangekommen war. Es hatte einem jüdischen Mädchen gehört.«

Reichskristallnacht. ›Du gehst mir heute nicht ins Geschäft‹, sagt meine Mutter. ›Die braunen Schweine spielen verrückt.‹ Und Onkel Greg spielt den gefangenen Tiger. Auf und ab und auf und ab. ›Jetzt müssen sie weg‹, sagt mein Onkel. ›Sie haben viel zu lange gezögert. Aber jetzt müssen sie weg. Morgen bringe ich sie über die Grenze.‹

»Mein Onkel hatte lange Jahre für einen jüdischen Geschäftsmann gearbeitet. Seit Monaten saß die Familie auf Koffern. Nach dem Progrom hat Onkel Greg sie nach Holland gebracht. Nachts. Er kannte die Grenze wie seine Westentasche. Es war eine schreckliche Aufregung, aber es ist gut gegangen. Die jüdische Frau gab mir das Rokokokostüm. Es hatte ihrer Tochter gehört, die so alt war wie ich.«

Ich erinnere mich, daß ich dieses Mädchen nicht vergessen konnte. Alles hatten sie zurücklassen müssen. Auch dieses Kostüm. »In Gedanken habe ich immer versucht, ein Judenmädchen zu retten. Ich habe mir vorgestellt, wie ich es heimlich bei mir verstecke, wie ich ihm etwas zu essen besorge. Es waren oft recht gefährliche und schwierige Situationen, die ich in meinen Tagträumen zu bestehen hatte. Immer wollte ich einem Judenmädchen helfen ..., einem Judenmädchen, nie einem Zigeunermädchen.«

»Wie kommen Sie auf Zigeunermädchen?«

Ja, wie? Ich hatte in meinem Leben nie etwas mit Zigeunern zu tun, wirklich nie. Dafür fällt mir ein anderes Gartenfoto ein. Ich weiß nicht, daß es ein Umweg ist, der mich gleichwohl nach Rom führen wird. Das Foto zeigt einen Freund meines Vaters, der sich in leicht angetrunkenem Zustand auf meiner Schaukel schwingt. Ich erinnere mich, daß er sich anschließend heftig erbrach.

»Auch ich habe einmal geschaukelt und mich anschließend heftig erbrochen.« Wir sind in einem Gartenlokal neben dem Friedhof. Wir feiern ein Fest. Ob Kommunion oder Beerdigung, das Lokal war immer das gleiche. Es lag auf dem Weg zu unserem Garten. Wenn wir in den Garten fuhren, kamen wir dort vorbei. Bitte, Vater, laß mich schaukeln, bis in den Kastanienbaum. Der Baum steht in Blüte. Es sieht aus, als hätten Riesenspinnen ein weißes Netz über ihn gewoben. Bitte, ich will einen Blütenzweig. Höher Vater, noch höher. Gleich haben wir es geschafft. Jetzt. Ich halte mich fest, linke Hand am linken Seil. Rechts lasse ich los, greife in das Grün des Baumes, bekomme den Zweig zu fassen, der im Zurückschwingen der Schaukel in meiner Hand bleibt. Als ich wieder sicheren Boden unter den Füßen habe und mit den anderen am Tisch sitze, fällt mein Blick auf meine Beute. Fällt auf grüne Blätter und auf das grüne Ekeltier. Es ist eine Raupe, riesengroß, dick wie mein Finger, eine von der Sorte, die einen Stachel auf dem Hinterteil trägt. Sie fährt mir geradewegs in den Magen, und ich kotze über den Tisch. Aufregung, Geschimpfe. ›Das mußte ja kommen‹, sagt meine Mutter. ›Wie kann man ein Kind auch nur so wild schaukeln! Das arme Mädchen‹, sagt meine Mutter. Und das arme Mädchen kotzt sich durch die folgenden Tage.

Das Schaukeln bringt mich auf die Hängematte. »Es gibt da noch ein Gartenfoto. Ich sehe die Hängematte, wie sie zwischen zwei großen Birken ausgespannt ist. Ich sehe ein dürres, staksiges Mädchen. Wie hieß es denn nur? Wir waren nur eine kurze Weile befreundet. Ganz plötzlich wollte ich das Mädchen nicht mehr sehen. Eigentlich ohne richtigen Grund.«

»Was fällt Ihnen zu Hängematte ein?«

»Nichts. Ich meine nichts im Sinne von Leere. Ich mochte es nicht, wenn ich über dem Nichts schwebte, wenn unter mir nur ein Loch war.« Und dann sehe ich es plötzlich ganz deutlich: Der grobe Stoff der Hängematte hat ein Loch. Das Mädchen, mit dem ich von einer Stunde auf die andere nichts mehr zu tun haben wollte, steckt einen Finger von unten hindurch und will, daß ich mich darauf lege. Es will den Finger in mich hineinstecken. »Wie gesagt, ich wollte sie dann nicht mehr sehen. Meiner Mutter habe ich erzählt, wir hätten uns zerstritten. Ich habe das Mädchen auch nie mehr getroffen.«

Ich bin mir nicht sicher, wohin meine Gedanken mich führen. Sie scheinen mit unabdingbarer Folgerichtigkeit auf drei Schienen zu gleiten, die sich irgendwo treffen. Die sich treffen müssen. Bei Garten, Grün und Erbrechen. Ich verfolge den Weg, den ich als Mädchen geradelt bin: von zu Hause durch die Straßen zum Stadtrand. Vorbei an jenem Lokal, wo ich plötzlich die fingerdicke Ekelraupe auf meiner Hand sah. Ich komme hin zu der Unterführung, in der ich mich immer so gefürchtet habe. Ich fahre hinein in das völlig finstere Loch. Schwupp, und hindurch. GRÜN explodiert vor meinen Augen. Der Eisenbahndamm ist grün. Und noch ehe meine Gedanken unseren Garten erreichen, ist der Exhibitionist in meinem Blickfeld. Er kommt mir entgegen, auf einem Rad, so wie ich. Er kommt mit offener Hose. In der Hand hat er etwas Gewaltiges, woran er reibt. Ich weiß sofort, was das ist. Ich werde fast wahnsinnig vor Angst. Ich lasse mich vom Rad fallen und renne und renne und renne. Ich renne nach rechts über das freie Feld. Mich beherrscht nur ein Gedanke: Ich darf meiner Mutter nichts davon sagen. Sie würde mir die Schuld dafür geben. Genauso wie damals, als die Geschichte mit dem kleinen Jungen passiert war. Die nicht so tief vergraben war, als daß ich mich nicht schon früher an sie hätte erinnern können. Ich sehe alles noch einmal. Ich fühle das Spitzchen des Jungen in meiner Hand. Es fühlt sich an wie die Raupe, die ja erst später passiert. Ich fühle den Schatten, der über den Schatten fällt. Das Kind wird in die Küche gezerrt. Gott wird angerufen. Und Gott ist ein ZEUGE. ›Gott ist mein Zeuge‹, sagt meine Mutter, ›wenn ich dich noch einmal bei so was erwische, dann gebe ich dich bei den Zigeunern ab.‹

»Das war früher nicht da, ich meine, in meiner Erinnerung. Das habe ich mir bis heute aufgespart. Das freie Feld, über das ich gerannt bin, das war, als ich noch Kind war, niemals ein freies Feld. Da haben stets die Zigeuner kampiert. Und dort mußten wir immer vorbei, wenn wir in den Garten fuhren oder aus dem Garten kamen. Deshalb also bekam ich meine Magenkrämpfe im Garten. Ich hatte ja doch stets ein schlechtes Gewissen. Das Kind wußte nie, ob es am Abend, wenn wir bei den Zigeunern vorbeikamen, dort abgegeben werden würde oder nicht. Das Grün hat mich darauf gebracht. Die Raupe, die sich anfühlte wie das Spitzchen des Jungen in meiner Hand und aussah wie der Finger, den meine Freundin durch das Loch der Hängematte in mich hineinstecken wollte. Grüne Kleider! Herr Doktor, es ist mir nie aufgefallen, daß es zu Beginn nur g r ü n e Kleider waren, bei denen ich nicht fertig wurde mit den Säumen.«

Der Große Rückfall kam kurze Zeit später. Er wurde eingeläutet von einem Brief meines Vaters. Und ich hatte geglaubt, ich sei über den Berg.

»Haben Sie schon einmal in den Spiegel geschaut? Ihr Gesicht hat sich völlig verändert. Es ist weicher, gelöster. Die katatone Starre ist weg.«

»So fühle ich mich, weicher, gelöster. Und die Menschen um mich sind liebenswürdiger.« Zum Beispiel du, Doktor. Ich bin heiter. Ich liebe die Welt. Ich liebe meinen Arzt. Und Übertragung ist auch nur ein Wort. Ist nicht jede zwischenmenschliche Beziehung Übertragung? Also, was soll's. Ich liebe, und ich werde geliebt. O ja, ich werde geliebt, da bin ich ganz sicher.

Aber dann kam der Große Rückfall.

»Mein Vater hat mir geschrieben, daß er mich besuchen kommt. Er bringt meine Mutter mit und meine Kusine.« Eine Invasion zu dritt. Ich habe wirklich Angst. Aber ich beginne auch, mich zu freuen. Die Zeit, die ist ein sonderbar' Ding. Hier hat sie wieder ihre eigentümlich hinterlistige Wirkung getan: Meine Mutter erstrahlt in ihrem sanften Glanz. Ich bin kräftig dabei, ihren Heiligenschein zu putzen. Immerhin war ich im Begriff gewesen, sie zu verraten. Ich hatte sie allein zurückgelassen. Zwar hinter aufgerissener Haustür, aber allein. Hilflos angekettet an ein erklärtes Pulverfaß. Meine Mutter war meine ganz persönliche Märtyrerin, vor der ich im Staube lag, als hätte ich sie anbeten wollen. Hatte ich einmal ihre Briefe verbrannt?

Ich sitze mit gelähmten Beinen in einem Kinderwagen, den meine Mutter in einen Fluß gleiten läßt. Sie läßt mich so weit hinunter, daß mir das Wasser bis genau unter die Nase reicht. Hin und wieder gerate ich in Strudel und kann mich kaum dagegen wehren zu ertrinken. Ich schlage vor Angst um mich. Am Uferrand ruft jemand: Haben Sie noch nie etwas von kindlichen Ängsten gehört? Aber ja doch, ruft meine Mutter zurück, deshalb diese meine ganz spezielle Erziehungsmethode. Mein Mann hat viel über Psychotherapie gelesen, und das wende ich an. Dann nimmt sie mich hoch, herzt mich und küßt mich, um mich gleich darauf wieder in den Fluß gleiten zu lassen, damit ich ertrinke.

»Was fällt Ihnen dazu ein?«
»Der Traum ist ja lächerlich. Meine Mutter hätte mich nie ertrinken lassen. Sie war es doch, die mich im Kinderwagen gefahren hat, als ich damals gelähmt war. Sie hat mich gepflegt und sie hat mich beschützt.« Es ist nichts zu machen.

Am Samstag kamen sie an. Meine Angst war unbegründet gewesen. »Vielleicht hat meine Kusine die Lage entspannt. Wir waren recht fröhlich. Wir sind auch in meiner neuen Wohnung gewesen, von der mein Vater sehr angetan ist. Am Abend waren wir ganz groß aus. Vater war sehr spendabel.«
›Hauptsache, er kann den Dicken Wilhelm markieren‹, sagt meine Mutter.

»Mein Vater und die Kusine sind wieder abgefahren. Nur

meine Mutter ist noch hier. Sie wohnt bei Tante Fine. Übrigens habe ich ihr eine meiner Sitzungen angeboten, damit sie sich über meine Analyse informieren kann. Aber sie will sie nicht haben.« ›Das ist nicht nötig‹, sagt meine Mutter. ›Wozu soll ich zu deinem Arzt? Ich sehe auch so, daß es dir gut geht.‹

»Meine Mutter kommt mir seltsam vor. Sie ist so unansprechbar, als säße sie unter einer Glasglocke.« Nur zu diesem Stadtbummel konnte ich sie überreden. Und genau vor der Tür des von mir ausgewählten bescheidenen Lokals ging der Große Zauber los.

›Da geh' ich nicht hinein, das ist mir zu teuer‹, sagt meine Mutter. ›Du wirfst mit dem Geld um dich wie dein Vater. Hauptsache, ihr könnt den Dicken Wilhelm markieren‹, sagt meine Mutter. ›Ich stelle keine Ansprüche, ich habe nie im Leben Ansprüche gestellt‹, sagt meine Mutter. Yakkety-yak, yakkety-yak. Mir dreht sich der Kopf. ›Schau, Mutter, ich lade dich ein. Ich möchte, daß du mein Gast bist. Ich möchte dich etwas verwöhnen. Es macht mir Spaß, dich zu verwöhnen.‹ Aber meine Mutter ist nicht zu bewegen, das Lokal zu betreten. Sie will zu Woolworth. Sie will ein Würstchen essen. Im Stehen.

»Und dann passierte genau das, was ich nicht wollte. Ihre Augen füllen sich mit Tränen. Wie ich diese Tränen fürchte. Wie ich sie hassen würde, wenn ich nur dürfte. Sie steht einfach vor mir und weint. Sie weint, bis die Leute auf uns aufmerksam werden. Sie sieht aus, als hätte ich sie verprügelt. Sie versteht es immer, den Eindruck zu erwecken, als hätte jemand sie verprügelt. Diesmal bin ich es. Und zu allem Überfluß wird sie laut.«

›Schlag doch zu‹, sagt meine Mutter. ›Schlag doch zu wie dein Vater. Du willst es doch tun‹, sagt meine Mutter. ›Es steht dir auf dem Gesicht geschrieben‹, sagt meine Mutter. Yakkety-yak, yakkety-yak. Aber wer will dich denn schlagen? Ich hab' dich doch lieb.

»Und jetzt fürchte ich mich wieder, nach Hause zu gehen.« Die Schnüre sind meine tödliche Gefahr. Komm her, entrichte den Zoll. Heute ist Zahltag. Wir haben dich lange in Ruhe gelassen. Hast du geglaubt, es wäre vorbei? Wir machen uns selbständig, richten uns auf wie der Strick eines Fakirs. Wir werden dir die Luft abdrehen. Warum versuchst du nicht selbst diesen Seiltrick des Fakirs? Nimm sie, die Schnur. Leg sie dir um, gleich einem Halsschmuck, gleich einer Boa constrictor der Angst.

Zwei Tage später ist meine Mutter abgereist. Ich bin in der Montagssitzung, die ich ihr angeboten hatte.

»Sie wollte nicht kommen, Herr Doktor. Sie wollte um keinen Preis kommen. Sie hat noch einmal gemeint, es sei nicht nötig. Es ist hoffnungslos. Es ist alles so hoffnungslos. Aber ich habe mich beherrscht.« Warum sage ich das? Ich habe mich beherrscht? Was soll das heißen? War es denn nötig?

»Ihre Mutter ist gestern früh hier gewesen. Sie hat mich um zehn Uhr aus dem Bad geklingelt.«

Mir ist, als schlüge mir jemand einen Prügel über den Kopf. Der Vorwurf in seiner Stimme... Aber er lügt, der Hund. Denn das kann ja nicht wahr sein. Das kann einfach nicht wahr sein. Mutter, ich biete dir eine Stunde an, und du nimmst sie nicht. Du hast es anders herum vor. Heimlich und hinter meinem Rücken. Immer tust du alles hinter meinem Rücken. Du durchsuchst meine Schubladen. Du liest meine Briefe. Du verrätst mich an Freunde. Du verpetzt mich beim Vater. Immer hat sie alles hinter meinem Rücken getan.

Und was haben sie besprochen hier in der Praxis, meine Mutter und mein Arzt, hinter meinem Rücken? »Was hat sie denn gesagt über mich?«

»Ich habe sie hinausgeworfen.«

Ich möchte zornig sein. Aber es geht nicht. Ich fühle mich genötigt, für meine Mutter Partei zu ergreifen, mich für meine

Mutter zu entschuldigen. Ich fühle mich genötigt, mich für mich zu entschuldigen.

»Ich habe ihr wirklich eine Sitzung angeboten.« Vielleicht glaubt er mir nicht. Wann hätte mir je jemand geglaubt? Ich fühle, wie Tränen in mir hochsteigen, die auf eigentümliche Weise nicht durch meine Kehle wollen. Etwas krampft sich in meinem Hals. Ich bin so hilflos, so hilflos, als säße ich in dem Kinderwagen, den meine Mutter im Traum in den Fluß gleiten läßt. Gleich werde ich ertrinken. Etwas krampft sich in meinem Hals, will mir die Luft abdrehen.

»Herr Doktor, ich kann nicht mehr schlucken. Etwas würgt mich und die Schnur...«

»Was fällt Ihnen zu Schnur ein?«

»Nichts, Herr Doktor, mir fällt nichts dazu ein. Ich bin so wattig. Es ist alles wie früher.« Ich habe unvorstellbare Angst. Da ist sie also wieder, die namenlose Qual. Ich trete hinaus auf die Straße. Die Hugenotten flüstern mir zu: Erwürgen ist vergleichsweise harmlos. Dabei fließt kein Blut. Die Bartholomäusnacht hast du noch vor dir.

»Und ich werde sie überleben.« Ich sage es laut.

»Eigentlich war mir nicht nach Theater zumute. Ich bin wohl nur hingegangen, weil ich Angst hatte, zu Hause zu bleiben. Es war also der pure Zufall, daß ich in dieses Schauspiel geriet.« Von dem Stück hatte ich noch nie etwas gehört, und heute habe ich keine Ahnung mehr, wie es hieß. Ein Vater gibt seiner Tochter die Schuld an dem Tod der geliebten Frau, die im Kindbett starb. Er verfolgt die Tochter mit Haß. Als sie erwachsen ist, will er sie vollends zerstören und verkuppelt sie vermittels einer finanziellen Transaktion an einen Mitgiftjäger. Die Tochter verliebt sich in ihn, und der Vater versäumt nicht, sie darüber aufzuklären, daß der Mann nicht an ihr, sondern an ihrem Geld interessiert ist. Darauf weist die Tochter den Bewerber ab und bleibt allein. Nach Jahren kehrt der Abgewiesene zurück. Er hat inzwischen erkannt, daß er die junge Frau liebt und möchte sie um Verzeihung bitten. Sie bestellt ihn zu einer bestimmten Stunde, verbarrikadiert jedoch Haus, Fenster, Türen, Herz. Der Mann klopft vergeblich. Schließlich sieht er die Zwecklosigkeit seines Bemühens ein und geht. Die junge Frau bricht zusammen. Sie bringt nur einen Satz heraus: Ich will geliebt werden. Immer nur diesen einen Satz: Ich will geliebt werden. Vier Worte nur: Ich will geliebt werden. Vorhang.

»Den Vorhang bekam ich nicht mehr mit. Der Schlußapplaus, der aufbrandete, wurde übertönt von dem Tumult, der in mir tobte. Ich war völlig unfähig, koordiniert zu denken. In mir dröhnte es: Ich will geliebt werden, ich will geliebt werden, ich will geliebt werden.«

Und ich muß zusehen, daß ich hier rauskomme. Bitte, lassen sie mich vorbei. Ich ersticke. Etwas krampft sich in meinem Hals. Ich kann nicht mehr schlucken. Etwas würgt mich, will mir die Luft abdrehen. Da sind sie wieder, die Tränen, die auf eigentümliche Weise nicht durch meine Kehle wollen, obwohl sie mir doch über das Gesicht rinnen. Ich muß hier raus. Ich drücke mich durch die Reihen der applaudierenden Menge. Ich errege Aufsehen. Luft, Luft, ich ersticke. Jemand zieht mir eine Schnur um den Hals. Jemand versucht, mich zu erwürgen.

»Ich weiß nicht mehr, wie ich aus dem Theater herausgekommen bin. Es war, als wäre ich auf der Flut meiner eigenen Tränen auf den Ausgang zugeschwemmt worden.« Es dröhnt in mir, in den Straßen, in der Stadt, im All: Ich will geliebt werden. Es ist ein Zwangsdenken. Nicht ich denke den Satz, der Satz denkt mich.

»Es hat einfach nicht aufgehört. Bis jetzt nicht. Es ist furchtbar. Der Satz verfolgt mich, läuft mir nach, gibt keine

Ruhe. Ich denke ihn, wenn ich einschlafe, ich denke ihn, wenn ich aufwache. Und ich verstehe ihn nicht. Ich werde doch geliebt. Ich bin doch geliebt worden. All mein Leben lang. Meine Mutter hat mich unendlich geliebt.«

Und warum sitzt du Arschloch da und schweigst so ostentativ vor dich hin?

»Was hat dieser Muskelkrampf in meinem Hals zu bedeuten? Ich kann nicht schlucken. Es würgt mich. Ich verstehe es nicht. Es ist eine Qual, es ist wieder eine namenlose Qual. Verstehen sie doch, es ist, als hätte mir jemand eine Schnur um den Hals gezogen und wäre dabei, mich zu erwürgen.«

»Was fällt Ihnen zu Schnur ein?«

»Gott, was soll mir dazu schon einfallen? Schnur, Leine, zieh Leine, hau ab.« Ich schreie meinen Analytiker an: »Hau ab! Hau endlich ab!« Wie kann er nur so ruhig dasitzen. Das geht mir denn doch über die Hutschnur.

Und genau in diesem Moment hab' ich den Riß im Gehirn. Es ist, als spalte mir einer mit einer Axt meinen Schädel, um mich aufzuwecken. Unverhältnismäßigkeit der Mittel. Da bin ich als junges Mädchen mit diesem Monstrum von Kopfbedeckung. ›Mädchen tragen Hut‹, sagt meine Mutter. Der Hut ist mit einer Schnur unter meinem Kinn gebunden. Wie habe ich ihn gehaßt.

»Meine Mutter hatte ihn selbst genäht. Sie hatte einen alten Filz meines Vaters über einer Schüssel in Form gedämpft, die Krempe hochgeschlagen und dieses Gebilde mit den Resten eines roten Samtkleides überzogen. Sie zwang mich, diesen Hut zu tragen.« Also tue ich ihr den Gefallen und setze ihn auf. Und damit beginnt das Spießrutenlaufen. Meine Schulkameradinnen hänseln mich. Jungen grölen hinter mir her. Straßenpassanten drehen sich um. Das mache ich nicht mit. Ich nehme den Hut ab und pfeffere ihn ins nächste offene Kellerfenster. In der Straße, in der Fräulein Mehnken wohnt. Auf dem Rückweg aus der Klavierstunde.

»Wie habe ich das nur so falsch erinnern können? Es waren nicht die Noten, die ich in das Kellerfenster geworfen habe, es war der Hut, es war dieses scheußliche rote Monstrum von Hut.«

Daheim lief ich direkt in mein Verhör. ›Wo ist dein Hut?‹, sagt meine Mutter. ›Ich habe ihn weggeworfen. Alle lachen mich aus.‹ Warum soll ich lügen? ›Du gehst sofort hin und holst ihn zurück‹, sagt meine Mutter. ›Und ich komme mit‹, sagt meine Mutter. So begann meine große Demütigung. Ich wußte nicht mehr, in welches Kellerfenster ich den Hut geworfen hatte. Also klappern wir die Mehnkenstraße ab. Klingeln ich weiß nicht wie oft bei den falschen Leuten. Immer wieder sage ich mein Sprüchlein auf: ›Verzeihen Sie bitte, ich habe meinem Hut in Ihren Keller geworfen. Würden Sie so freundlich sein, ihn wieder herauszuholen.‹ Endlich haben wir das richtige Haus gefunden, den richtigen Eigentümer, den richtigen Keller. Das Spießrutenlaufen hat ein Ende. Nicht jedoch meine Qual. Meine Mutter nöhlt und nöhlt. Yakkety-yak, yakkety-yak. Wie habe ich das nur vergessen können, all diese Jahre? Yakkety-yak, yakkety-yak. Ein Maschinengewehr ist ein Säuseln dagegen. ›Deine Mutter kann sich mal wieder dranhalten‹, sagt mein Vater.

Um meine Mutter zu besänftigen, bringe ich ein Scherzwort an, das sie eigentlich für sich gepachtet hatte. ›Der wäre auch besser als kleines Kind aus dem Kinderwagen gefallen‹, sagt meine Mutter. Das war ein Satz für alle Gelegenheiten. Wenn jemand eine blödsinnige Erfindung gemacht hatte, oder wenn jemandem etwas Dummes eingefallen war: Der wäre auch besser als kleines Kind aus dem Kinderwagen gefallen. Das war nicht böse gemeint. Das war so ein Scherzwort. Also sage ich: ›Ich wäre wohl auch besser als kleines Kind aus dem Kinderwagen gefallen.‹ Ich will nichts anderes, als die Situation entschärfen. Und die Frau, die mich geboren hat, schaut mich eiskalt an. ›Das wäre schon zu spät gewesen‹, sagt meine Mutter. ›Du hättest dich besser mit deiner Nabelschnur erhängt.‹

Der Satz steht im Raum.

»Sie sagte es einfach so hin. Beinahe freundlich. Sie sagte es ihrem Kind mitten ins Gesicht. Sie dachte sich gar nichts dabei. Und man durfte nicht einmal gekränkt sein.« ›Nun sei nur nicht so ein Kräutchen-rühr-mich-nicht-an‹, sagt meine Mutter.

Immer nocht steht der Satz im Raum. Ich sinne ihm nach. Und dann sinkt die Erkenntnis in mich ein. Zuerst nur ganz langsam, unendlich langsam, aber stetig, unerbittlich stetig. Und dann kippe ich nach, unendlich langsam, aber stetig, unerbittlich stetig, aber gleichzeitig doch auch rasend schnell. Ich fühle keinen Halt mehr. Ich falle, ich falle, ich stürze, ich stürze. Ich stürze ins Bodenlose.

»Sie hat mich nie geliebt. Meine Mutter hat mich nie geliebt. Sie hat mich nicht einen Moment meines Lebens geliebt.« Meine Worte überstürzen sich, laufen sich nach: »Sie hat mich nicht einmal geliebt, als ich noch gar nicht auf der Welt war. Wie oft habe ich das mit anhören müssen: wie schwer ihre Schwangerschaft war. Daß sie neun Monate gekotzt hat. Als ich dann da war, hatte sie keine Milch. Und sie hatte sofort etwas an mir auszusetzen. Mein Hinterkopf gefiel ihr nicht. Sie hat in der ersten Minute meines Lebens angefangen, mich zu formen, mich zu kneten. Und das ging immer so weiter. Sie knetete meine Schnittlauchlocken. Sie knetete meine Sommersprossen. Sie knetete meine Verdauung. Sie knetete mein Geschlecht. Sie konnte mich nicht so annehmen, wie ich war.«

Die Öde, die sich in mir ausbreitet, ist nicht zu beschreiben. Sie hat mich nie geliebt. »Alles ist umsonst gewesen. Ich habe sie bis zum Wahnsinn geliebt. Aber es ist umsonst gewesen. Ich habe versucht, mir ihre Liebe zu erkaufen durch Geschenke, die sie genauso wenig annahm wie mich.« ›Wenn ich einmal tot bin, bekommst du alles zurück‹, sagt meine Mutter. »Ich habe versucht, mir ihre Liebe zu erschleichen durch meine Krankheiten, die sie für sich ausnutzte, um mich an sich zu fesseln. Ich brachte ihr meinen Anus, meine Vagina und mich selbst als Opfergabe dar. Aber es war umsonst. Ich habe einen hohen Preis gezahlt. Ich habe bezahlt mit dem Verlust meiner Identität. Ich habe bezahlt mit der Aufgabe meines Ichs. Aber es ist umsonst gewesen, alles ist umsonst gewesen. Umsonst auch die jahrelange Angst, ihre Liebe zu verlieren. Man kann nicht verlieren, was überhaupt nicht existiert.«

Was soll ich nun tun? Was, um Gottes willen, soll ich tun? Kann ich damit weiterleben? Trauer muß Elektra tragen. Warum geht mir das gerade jetzt durch den Kopf? Ja, ich werde Trauer tragen. Ich werde damit leben müssen. Ich werde damit fertig werden müssen. Ich weiß noch nicht wie. Ich weiß nur, daß es schwer sein wird. Denn meine Mutter ist in mir.

»Meine Mutter ist in mir. Das ist das Schlimmste.«

Aber das Schlimmste steht mir erst noch bevor.

Wenn ich nicht auf der Couch liege, laufe ich durch die Straßen. Bagger und Baukrane bestimmen das Bild. Abschrankungen und das unbegehbare Terrain von Baufirmen zwingen mich, Umwege zu machen. Ich gehe durch eine Wüste von Schutt, Sand und Steinen. Ich selbst bin Wüste. Ich gehe durch mich. Nirgends ist Wasser. Meine Augen sind die einzige Quelle. Ich kann nicht aufhören zu weinen. Nicht ich weine, es weint mich. Mir ist jemand gestorben. Ich bin mir gestorben.

Ina, unser Theater, die Opern, die wir spielten. Hier war die Tür, vor der ich gestanden hatte, mit einem Schlüssel in der Hand.

»Jetzt verstehe ich mein Ausgeliefertsein an die Oper Madame Butterfly. Es war nicht allein die Süße der Melodie, sondern der *Inhalt* der Oper. Da wurde auf der Szene von *mir* gesungen. In Abwandlung des Textes hätte es heißen können: Unter dem Bogen des Himmels kann an Glück sich kein *Mädchen* vergleichen. Man hört, daß der Bogen des Himmels die ganze Welt umspannt. So groß muß das Glück sein, geliebt zu werden. Mein Problem war Gesang geworden.«

»Ich möchte nicht mehr weinen, aber ich fürchte mich, damit aufzuhören.« Ich hatte das unklare Gefühl, daß sich etwas unvorstellbar Entsetzliches ereignen würde, sollte ich jemals aufhören zu weinen. Immer noch waren es Tränen, die auf diese eigentümliche Weise nicht durch meine Kehle wollten. Der Muskelkrampf in meinem Hals ließ nicht nach. Aber gleichwohl wirkte der Tränenschleier vor meinen Augen wie ein Brennspiegel. Etwas fing zu glimmen an. Wieso hatte ich das nicht früher erkannt? Die Ausbrüche unkontrollierten Zornes, bei denen meine sanfte Mutter die schlimmsten Dinge sagen konnte, standen in keinem rationalen Zusammenhang mit dem eigentlichen Anlaß ihres jeweiligen Unwillens. ›Die arme Frau‹, sagen die Nachbarn.

»Meine Mutter war gar nicht ›die arme Frau‹. Sie wußte nur diesen Eindruck zu erwecken. Sie ist auch nicht die Sanfte. Wenn ich es recht überlege, war meistens sie es, die den Streit provozierte. Sie tat mit Vorliebe das, was Vater zur Weißglut trieb. Ich werde das Gefühl nicht los, daß sie geschlagen werden *wollte*. Wenn dann die gleichermaßen gewünschte und gefürchtete Reaktion eingetreten war, hatte sie diese Tränen in den Augen. Ich will verdammt sein, wenn meine Mutter nicht die geborene Märtyrerin ist. Irgendwie kann sie den einmal eingeschlagenen Weg, der die vertrauten Reaktionen auslöst, nicht verlassen, auch wenn sie weiß, daß er ihr Elend bringt. Immer schon hat sie sich dieses Mäntelchen umgelegt.

Verzeih, liebste Mutter, in gewisser Weise bist du das erbarmungsloseste Wesen, das mir je untergekommen ist. Du hast eine beinahe übernatürliche Fähigkeit zu erkennen, wo die Schwächen eines anderen liegen. Und mit beinahe schlafwandlerischer Sicherheit legst du deinen salzigen Finger in die Wunde.

»Das Komische ist, daß sie dieses hellseherische Wissen absichtsvoll gebrauchen kann, und daß sie es sogar gegen sich selbst anwendet. Es gibt wirklich die seltsamsten Formen von Masochismus.« Ich denke an meine Mutter und an ihren übersteigerten Liebesanspruch an ihren Mann. »Warum hat sie meinen Vater nie aufgeben können? Sie führt doch die unglücklichste Ehe, die man sich denken kann. Sie muß einen Lustgewinn daraus haben.«

Wieder höre ich dieses Yakkety-yak, yakkety-yak. Ich schließe die Augen, als könnte ich damit gleichzeitig meine Ohren verschließen.

An dieser Stelle tut mein Analytiker seinen Mund auf: »Eigentlich sollte man Ihrem Vater einen Orden verleihen, weil er sich von dieser Frau nicht hat scheiden lassen.«

Genau an dieser Stelle versiegen meine Tränen. Blattschuß! Ich fühle eine lodernde Glut jähen Zornes in mir aufschießen. Was fällt diesem Besserwisser eigentlich ein? Wie kann er sich erdreisten, etwas gegen meine geliebte Mutter zu sagen? Wenn *ich* das tue, dann geht das noch an. Dann ist das möglicherweise meine negative Form des An-ihr-Hängens. Aber der da, dieser verfluchte Schwätzer mit seiner Angeberbrille auf *meiner Mutter Leidensmiene*, der sich an meinem Unterbewußtsein mästet, und das sicher nicht zu knapp, denn der schwimmt doch mittlerweile ganz schön in meinem Geld, und wenn man die Zahl seiner Patienten mit den Kosten pro Sitzung multipliziert, muß ja was zusammenkommen, auch wenn ich im Rechnen eine Niete bin, also, der sollte mir lieber helfen, daß ich den Block in meiner Kehle los werde. Dem werde ich gleich an den Kragen gehen.

»Soll ich Ihnen einmal meine Hände um Ihren gottverfluchten Hals legen, Sie Klugscheißer, und mal ein ganz klein wenig zudrücken, damit sie am eigenen Leibe verspüren, wie das ist, erwürgt zu werden?«

»W e n wollen sie erwürgen?«

»Was soll die Scheißfrage? Wollen Sie, daß ich mich auch hier schuldig fühle?«

Was sage ich da? Nicht antworten, bitte, nicht sprechen. Seien Sie still, ich bin ganz nah dran. Wie war das? Daß ich mich a u c h h i e r s c h u l d i g f ü h l e? Auch hier, auch hier, AUCH HIER? Wo denn noch? Wo hätte ich mich denn noch schuldig gefühlt? Ich habe mich zwar immer schuldig gefühlt, aber wo denn ganz speziell? Yakkety-yak, yakkety-yak, yakkety-yak. Hört das denn nie auf? Bin ich immer noch im Schlafzimmer meiner Eltern, oder schon wieder? Die Nachttischlampe brennt. Die Mutter hat mich aufgenommen und auf das Töpfchen gesetzt, gleich neben ihrem Bett. Dann hat sie sich wieder hingelegt. Es wird geredet, endlos geredet. Ich höre dieses entnervende Yakkety-yak, yakkety-yak. Mein Vater springt auf, fegt um die Betten auf die Seite, wo ich auf dem Topf sitze. Er wirft sich über meine Mutter, legt ihr die Hände um den Hals und drückt zu. Ich schreie. Aber dann ist Stille, unheimliche Stille. Absolute, wohltuende Stille, Geschenk des Himmels...

NEIN, NEIN, NEIN, ich war es nicht, ich nicht! Ich kann es nicht gewesen sein. Ich war ja damals noch viel zu klein. Nicht älter als drei. Also muß es später passiert sein. Also muß ich es später gewollt haben. Also muß ich es später gewünscht haben. Habe ich den Vorfall im Schlafzimmer meiner Eltern meinen Wünschen entsprechend transformiert? Ich weiß es nicht. Ich weiß nur eines: Was immer damals geschehen sein mag, es war nicht genug. Es war eine verdammt dilettantische Arbeit, die mein Vater da geleistet hatte, denn er hatte das Yakkety-yak nur vorübergehend zum Schweigen gebracht. Und bei jedem späteren Yakkety-yak habe ich gewünscht, daß er es damals geschafft hätte.

»Ich habe mir meinen Vater als meinen Stellvertreter angeheuert. Meine Mutter und ich, wir haben beide unseren Stellvertreter gehabt, damit wir uns die Hände in Unschuld waschen konnten. Sie hatte meinen Vater, bei dem sie mich verpetzte, obwohl sie ihn haßte und obwohl sie am besten wissen mußte, daß kein Gras mehr wuchs, wo der hinlangte. Sie hat mich nicht nur an ihn verraten, als er stellvertretend für sie meine Klavierstunde sperrte, sie hat den Verrat auch tausende und abertausende Male wiederholt, gefestigt, zementiert. Immer dann, wenn er mir nachsauste, um mir die Flötentöne beizubringen, war es auf ihre Veranlassung geschehen. Wir haben uns gegenseitig aneinander schuldig gemacht. Denn auch ich habe mir einen Stellvertreter gesucht, einen, der potent war, einen, dem es einmal beinahe gelungen wäre, sie zum Schweigen zu bringen, ob es nun stimmt oder nicht.«

Die Schnur, die ich an meinem Hals spüre, sind meine Hände, die ich an den Hals meines Analytikers legen will, sind meine Hände meines Vaters, die sich an den Hals meiner Mutter legten, meine Hände, die ich so gern an den Hals meiner Mutter gelegt hätte.

»Herr Doktor, ich habe immer und immer wieder meine Mutter erwürgt. Ich bin eine Mörderin in Gedanken und in Wünschen, nur nicht in Taten. Ich bin die verhinderte Mörderin meiner eigenen Mutter.«

Ich bewohne eine Wohnung, die ›eigentlich‹ mein Eigentum ist. Sie besteht aus zwei Räumen, von denen einer einem lichten gotischen Gewölbe gleicht. Plötzlich bemerke ich, wie sich der Putz von den Gewölbeteilen löst. Ich weiß, daß dieser Prozeß schon vor Jahren begonnen hat. Aber jetzt wird die Situation gefährlich: Ganze Gesteinsbrocken fallen heraus. Mir wird klar, daß ich schwere Auseinandersetzungen mit der Baufirma haben werde, da die Gewährleistungsfrist abgelaufen ist. Anstatt mich auf große Auseinandersetzungen einzulassen, würde ich diese Wohnung besser verkaufen und eine neue erwerben.

»Ich halte die Scherben meines bisherigen Lebens in der Hand. Es hat keinen Sinn, sie zu kitten. Immer würde man die alten Bruchstellen sehen und die Risse fühlen können. Ich muß neu anfangen. Aber diesmal wird es kein seltsam trostloses Hoffen auf morgen sein.«

Wenn mich etwas bestürzte, so waren es weniger die Schatten meines Wesens als seine Fülle und Vielgestaltigkeit. Ich war bereit, mich zu erkennen. Diese Glut jähen Zornes, die ich auf meinen Analytiker geschleudert hatte, war nichts anderes gewesen, als eine negative Mutterübertragung und gleichzeitig der letzte Widerstand gegen die Annahme der Person, die ich nun einmal bin. Der rasende Ausbruch hatte die restlichen Teilstücke eines Bildes, an dem wir vor mehr als drei Jahren zu arbeiten begonnen hatten, in die Luft geschleudert. Sie sind herabgefallen, ein jedes an seinen richtigen Platz. Ich bin eine bizarre Landschaft mit schneeigen Bergen und düsteren Tälern, mit blühenden Sträuchern und abgestorbenen Bäumen, mit klaren Bächen und brackigen Tümpeln, mit bunten Schmetterlingen und stinkenden Kadavern.

Ich sehe mich plötzlich an jenem verhängnisvollen Weihnachtsfest, wie ich mit Fäusten auf meine Mutter einschlage. Ich sehe alles wie schon erinnert, jedoch mit dieser kleinen

Korrektur: Der Wutanfall war nicht mein erster, er war mein letzter. Sie hat recht gehabt, ich bin ein außergewöhnlich jähzorniges Kind gewesen, und ich habe ihr keine andere Wahl gelassen, als meinen Jähzorn zu brechen. ›Ich meine es doch gut‹, sagt meine Mutter und benutzt diese Floskel, um mir ihren Willen aufzuzwingen. »Daß sie mir dabei das Genick gebrochen hat, kann man ihr wohl nicht anlasten. Warum habe ich als ein so empfindsames Geschöpf auf die Welt kommen müssen?«

Absurd dünkt mich allenfalls, daß die mir von ihr unterschobene hereditäre Veranlagung, wenn es sie überhaupt gibt, nicht meines Vaters Erbe, sondern das ihre ist. »Ich war wohl um vieles weniger ›eine Herzog ausgekotzt‹ als ›meine Mutter ausgekotzt.‹ Und gerade das hat sie nicht dulden können, wo sie doch ihre eigenen Aggressionen auf eine höchst komplizierte Weise verbergen mußte.«

»Das war zu Beginn sicher eine Abfolge kleiner Schritte: Sie mag sich gewünscht haben, Ihren Vater zu beseitigen, aber dafür war er zu stark oder sie zu schwach. So mußte sie das Kind strafen. Sicherlich zuerst für harmlose ›Vergehen‹, für zu lebhafte Lebhaftigkeit, für zu fröhliche Fröhlichkeit, für zu unbekümmerte Unbekümmertheit. Auf die ungerechtfertigten Strafen hätte das Kind gern mit einem völlig gerechtfertigten Zorn reagiert, wenn es nur gewagt hätte, ihn zu zeigen. Aber Sie waren schnell dahinter gekommen, was passierte, wenn Sie Ihrem Zorn die Sporen gaben.«

»Ja, es ist mir verdammt schlecht bekommen. Ich bin so permanent mit einem schlechten Gewissen geimpft worden, bis ich mir vorkam wie der letzte Dreck, den man beseitigen muß.« An jenem Weihnachtsfest muß ich beschlossen haben, mich nicht mehr in eine derart verzweifelte Situation geraten zu lassen. Ich wollte nicht mehr an den Pranger gestellt werden als das Böse schlechthin, als gestaltgewordene Unnatur, ein Tier, das man ›etwas vor die Tür‹ schickt, das man in eine

Dachkammer sperrt, ausgeschlossen von jeglicher Kommunikation. Wollte das Kind überleben, war es gezwungen, den Zorn in sich zu töten, bis es sich so sanft und gut fühlte wie die Mutter ihm vorkam, muttersanft und muttergut. An die Stelle meines Jähzorns war jedoch der unbewußte Wunsch getreten, meine Mutter zu beseitigen, weil es für das Kind die einzige Möglichkeit schien, sich gegen sie zu verteidigen. Mir blieb allein mein Schuldbewußtsein, das ich mir dann wie eine Schnur selbst um den Hals legte.

Meine Zwänge, so fanden wir heraus, waren immer dann besonders stark aufgetreten, wenn ich auf meiner Mutter Angriffe mit Duldung und Demut, weil mit Angst vor dem Verlust ihrer Liebe reagiert hatte. Sie ›schlug zu‹, und ich hielt ihr die andere Wange hin.

»Es ist mir nie bewußt gewesen, daß ich viel lieber zurückgeschlagen hätte.« Wie genau sie das vor der Tür jenes Lokals erkannt hat. Aber ihre Tricks, mich bei ihrer Stange zu halten, diese Kunststücke, mit denen sie gleichsam nach allen Seiten operierte, griffen nicht mehr.

»Diese unterdosierten Selbstmordversuche sind wohl das, was mich am meisten verbittert. Und es fällt mir schwer zu denken, daß diese Verbitterung während meiner ganzen Kindheit und Jugend mit mir gewachsen ist. Sie ist immer vorhanden gewesen, ich habe ihr nur nie erlauben dürfen, sich bewußt zu machen. Genauso wenig, wie ich meinem Zorn erlauben durfte, sich bewußt zu machen. Alles was ich dann zustande brachte, waren die Widerworte. Die Gefahr war zu groß, daß ich nicht länger in der Lage gewesen wäre, meine andere Wange hinzuhalten.«

Welche Verlogenheit im Zusammenspiel unserer Beziehungen. Wir versuchten, uns zu vertrauen, und dann wandten wir uns gegeneinander an. In ihrem Haß auf meinen Vater, den sie auf mich übertrug, zwang sie mich zu einer Lebensgemeinschaft mit sich selbst, im Namen unserer Liebe, während wir doch in Wirklichkeit zwei scharfgeschliffene Dolche waren, die sich gegeneinander zückten, im Namen unserer Liebe, zwei scharfgeschliffene Dolche in brüchigen Seidenfutteralen.

»Aber während Sie notdürftig gelernt hatten, sich anzupassen, hatte Ihre Seele begonnen sich aufzulehnen.«

»Ja, sie erlaubte meinem Körper nicht zu menstruieren. Ich wollte keine Frau werden. Ich wollte um den Preis des Frau-Seins nicht eine solche Frau werden wie meine Mutter.«

Das muß durchdacht werden.

»In dieser doppelbödigen Konstellation, in dieser meiner Stellung zwischen beiden Eltern, ist mir später wohl nichts anderes übrig geblieben, als mir einen Mann zum Lebenspartner zu wählen, der aber auch nicht im geringsten zu mir paßte. Hauptsache, er war das Gegenteil meines Vaters, Hauptsache, er wäre auch der Mann der Wahl meiner Mutter gewesen.«

»Ihre falsche Partnerwahl war Ihr Glück. Sie war es, die es dem Rest von Gesundheit und dem starken Lebenswillen in Ihnen gestattet hat, Ihre Krankheitssymptome nach oben zu schieben. Sie waren die Hilferufe eines verzweifelten Menschen, der ohne Hilfe nicht länger fähig war zu leben.«

Von nun an verlief meine Analyse reibungslos, sie ging ihrem Ende entgegen. Wir waren in einen Dialog eingetreten. Es war Geben und Nehmen auf beiden Seiten. Schluß mit den Widerständen, mit dem raffinierten Arrangement, das die Psyche veranstaltet, um in ihrem Zentrum zu bleiben. Ich wußte, daß ich Ansichten würde aufgeben müssen, die mir lieb geworden waren. Noch bewegte ich mich tastend: »Dann wäre ich also nicht, wie ich immer geglaubt habe, meines Vaters wegen von daheim weggegangen? Dann wäre ich also meiner Mutter wegen weggegangen?« »Ja.« »Aber sie wird mich nie gehen lassen, Sie werden es erleben.«

›Du wirst es erleben‹, sagt meine Mutter. Sogar meine Formulierungen sind die ihren, werden immer die ihren sein. So wie das Bild, das mich aus Spiegeln anschaut, immer wieder das ihre sein wird. Denn sie ist in mir. »Sie wird mich nie gehen lassen.« Ich wiederhole es auf englisch, weil diese Sprache meine Befürchtung präziser ausdrückt: *»She will never let go of me.«*

Ich träume vier Jahre Psychoanalyse in einer Nußschale: *Ich bin wieder das Kind und renne durch den dicken grauen Nebel, der meine Füße umklammert wie ein klebriger Brei. Ich komme und komme nicht von der Stelle, und ich muß doch weg. Ich muß weg, irgend etwas ist hinter mir her. Ich habe meine graue Kittelschürze beschmutzt. Dabei weiß ich genau, daß das unmöglich ist, weil man graue Schürzen nicht beschmutzen kann, denn auch der Schmutz ist grau, hat die gleiche Farbe wie die Schürze. Und überhaupt, sind graue Schürzen nicht dazu da, schmutzig gemacht zu werden? Und dann liegt meine Mutter erschlagen neben mir und ich masturbiere. Der Onanietraum wandelt sich in einen Beischlaftraum, der in höchster Lust endet. Ich habe mich einem Mann hingegeben. Ich bin Frau. Allerdings lasse ich meine Mutter noch zuschauen und weiß nicht, ob sie meine Trotzreaktion ist oder mein Aufpasser.*

»Na, also dann bis übermorgen.«

Übermorgen starb mein Vater.

Er starb überraschend und so, wie er gelebt hatte, ohne Rücksicht darauf, was die Leute sagen würden. Als ich nach Hause kam, war ich die einzige, die trauerte. Die Witwe tat, als habe ihr Gott des Fluches ein gerechtes Urteil gefällt. ›Das ist die Strafe für seine Sünden‹, sagt meine Mutter. Freude und Frohlocken.

Es war eine große Beerdigung. Schau einer an, wie beliebt mein Vater doch war. Ich habe nicht gewußt, daß du, lieber Vater, so viele Freunde hattest. Deine Tochter jedenfalls hat nicht dazugehört. Ich habe dir nie eine Chance gegeben.

Und jetzt stehe ich neben deiner Witwe. Sie hat mich in die Leichenhalle genötigt, obwohl ich nicht will. Sie ist unerbittlich wie immer. Es ist ein heißer Hochsommertag, die anderen Särge in den lokusgekachelten Kojen tragen schon kleine Schildchen, auf daß niemand sie öffne. Nur du scheinst dich gehalten zu haben. Wofür deine Witwe die Erklärung weiß: ›Der hat sich doch selbst in Spiritus gelegt‹, sagt meine Mutter. Anspielung auf ein Glas, das du gelegentlich über den Durst getrunken hast. Weiß Gott, Vater, wenn ich du gewesen wäre, ich hätte gesoffen.

Ich lasse mich tatsächlich zwingen. An der Frau kommt niemand vorbei. ›Jetzt liegt er so friedlich da, wie er im Leben nie gewesen ist‹, sagt meine Mutter. Lodernder Zorn durchzuckt mich. Aber niemand kann des anderen Stellvertreter sein. Was nicht heißt, daß ich ihr jetzt nicht liebend gern in die Fresse hauen würde, wenn sich das mit dem feierlichen Zeremoniell einer Beisetzung verbinden ließe.

Und wie sie dich hergerichtet hat. Hat dir Gartenblümchen in die Hand gedrückt und dein Haupt mit Grünzeug umkränzt. Verzeih, aber es erinnert mich an die Kalbskopfattrappe im Schaufenster des Fleischerladens. Nur die Petersilie im Maul fehlt, die marmorne Metzgerskühle hingegen ist da. Neben den unvermeidlichen Würmern also auch noch verwelktes Gemüse in den Papierdaunen.

Ich bin noch immer zornig, und ich schaue zurück in meinem Zorn. Am offenen Grab, zwischen Tränen und Schluchzern, findet die Witwe Zeit, mir etwas zuzuzischen. ›Und du vergießt nicht einmal eine Träne um deinen Vater.‹ Höre, ist es nicht genug, daß ich trauere? Er hat gelebt, wenn es auch ein besseres Leben hätte sein können. Aber du hast auch ihn geschafft, mit dieser zwanghaften Unbarmherzigkeit uns gegenüber und dieser aufdringlichen Bescheidenheit der Welt gegenüber. Nein, Vater, sie hat dir nie eine Chance gegeben, so wenig wie mir. Ich habe nie wissen dürfen, daß ich dich liebhatte. Für mich durftest du nur die Gaben besitzen, die die Frau an deiner Seite dir zugestand.

»Dabei war er der einzige Normale in unserer Familie, gewiß kein Engel, aber mit einem gesunden Reaktionsvermögen ausgestattet, das ihm zu einem etwas lockeren Handgelenk verhalf. Denn mehr als das war sie nicht, seine Aggressivität. Meine Mutter hat versucht, uns auszutreten wie einen beginnenden Flächenbrand. Aber mit dem Feuer hat sie auch ausgetreten, was gut in uns war, die Fröhlichkeit und das Lachen. Sie hat uns böse gemacht. Nun sind wir beide davongekommen, jeder auf seine Art. Bei der Beerdigung habe ich zum ersten Mal gewußt, daß ich sie hasse. Ich habe eine Mutter verloren und einen Vater nicht mehr gefunden. Wozu also der ganze Aufwand?«

»Sie haben sich gefunden. Sie haben sich zum ersten Mal gestattet, wütend auf Ihre Mutter zu sein, ohne sich gleichzeitig dafür zu bestrafen: Sie haben keine Rocksäume nähen müssen, Sie haben keine Angst vor Schnüren gehabt, und wo ist der Block in Ihrem Hals?«

Er hat recht. Der ist weg.

Mit meinem Vater schien ich auch meine Herkunft zu Grabe getragen zu haben. Soweit sie noch lebten, hatte ich sie wiedergesehen, Vaters Schwestern und Brüder, Tante Erna ›die Giftzentrale‹, Tante Agnes ›das Lamm‹, die Oldendorfer, kurz, das ganze Gesocks. Sie alle waren mir so fremd wie die zwei oder drei von Vaters Geschwistern, die ich nie kennengelernt habe. Selbst meinen einstmals geliebten Onkel Gregorius betrachtete ich mit Abstand.

Die Analyse hatte die Brücken hinter mir abgebrochen. Zwar versuchte ich, meine Hand nach rückwärts über den Graben zu strecken, um den einen oder anderen zu mir zu holen, aber es war vergeblich. Auch sie hatten ihren Stolz, den Stolz derjenigen, die fühlen, daß sie irgendwie zu kurz gekommen sind. Sie konnten mir nicht verzeihen, daß ich mich von ihnen entfernt hatte.

»Ich habe mich so weit vorgewagt, daß ich mich vor geistigem Hochmut hüten muß. Ich muß mich hüten zu glauben, ich könnte allein leben in einem Elfenbeinturm und ohne Gemeinschaft mit anderen. Ich muß mich hüten, einsam zu werden.«

»Sie sind in eine Welt hineinspaziert, in der es nicht mehr so viele Gemeinsamkeiten mit so vielen geben wird. Sie haben Ihre Ziele höher gesteckt, aber oben wird die Luft dünner. Nicht jeder hält das aus. Sie werden vielleicht manchmal allein sein, sie werden jedoch nie einsam sein.«

Auch mein Analytiker und ich sprechen bereits letzte Worte. Die Phase der Ablösung hat auch hier begonnen. Aber noch bin ich unsicher, noch habe ich Angst, wieder in einen Rückwärtssog zu geraten, besonders jetzt, wo mein Vater tot ist und meine Mutter lebendiger denn je. »Passen Sie auf, sie wird Forderungen an mich stellen. Wird sie mich je in Frieden lassen? Wird sie mich je loslassen?« Ich schreie es hinaus.

»Sie müssen *sie* loslassen. Auch vor der Welt. Sie wird immer versuchen, sie an sich gebunden zu halten. Die Unabhängigkeit eines Kindes ist ein zu großes Risiko für das Gleichgewicht einer kranken Mutter. Und Ihre Mutter ist krank. Aber sie können ihr nicht helfen. Sie könnten ihr selbst nicht helfen, wenn Sie Ihr Blut für sie vergießen würden. Es würde verrinnen wie ein klarer Tropfen in einem fauligen Tümpel.«

»Aber ich habe Angst. Angst auch vor dem Gerede der Leute. Was sie zu mir sagt, das sagt sie auch zu anderen. Und wo Rauch ist, da ist bekanntlich auch Feuer. Alle werden sie sagen: Die arme Frau. Keiner wird sagen: Die arme Tochter. Und ich weiß, daß ich mir schäbig vorkommen werde, wenn ich mich nicht mehr um sie kümmere, sie ist doch allein, und sie wird immer älter. Und sie ist doch meine Mutter.«

»Es gibt keinen anderen Weg. Wenn Sie leben wollen, müssen Sie Ihr eigenes Leben leben. Sie können nicht das Leben Ihrer Mutter leben.«

»Vielleicht werde ich sie nur los, wenn ich sie mir eines Tages von der Seele schreibe.« Ich weiß, daß bis dahin noch viel Zeit vergehen wird. Ich weiß, daß ich immer wieder zu ihr zurückkehren werde, die Hoffnung im Herzen, diesmal würde alles anders, diesmal würde ich ans Herz gedrückt. Und ich weiß, daß sie mich immer wieder begrüßen wird wie bisher. ›Wie siehst du denn wieder am Kopf aus‹, sagt meine Mutter.

»Wieviel Unheil hat wohl so ein dummes Wort angerichtet wie Blut ist dicker als Wasser?«

»Wieviel Unheil haben wohl so kluge Worte angerichtet wie die des Vierten Gebotes?«

»Du sollst Vater und Mutter ehren. Ehren im Sinne von lieben? Ist es möglich, daß man es manchmal einfach nicht kann?«

»Ja. Es ist möglich, daß man es manchmal einfach nicht kann.«

»Aber dann hätte meine Mutter doch recht. Sie hatte immer das Gefühl, betrogen zu werden. Dann würde ihr Gefühl sie also nicht trügen, ich meine das Gefühl, daß sie betrogen wird. Dann wäre sie im Grunde genommen immer betrogen worden. Betrogen um die Liebe der Menschen, von denen sie annahm, daß sie ihr am nächsten standen.«

»Sie ist nur ein Glied in einer Kette.«

»Welch ein entsetzlicher Gedanke. Dann hätte auch meine

Mutter nie eine Chance gehabt? Hat sie ›zu Tode gepflegt‹, wo sie unbewußt lieber getötet hätte? Auch sie hat sich zum Opfer gebracht. Seit wieviel Generationen greifen die Zahnrädchen dieses Uhrwerks so exakt ineinander?« Wiederholung einer Konstellation einer Konstellation einer Konstellation.

Ich für meinen Teil brauche keine Angst mehr zu haben. Ich werde mir nicht mehr im Weg sein. Der Erhängte im Türrahmen war ich selbst. Ich werde mir nicht mehr den Ausgang versperren. Meine Aggressivität hat durchaus ihren positiven Wert, wird sie mir doch helfen, das Leben zu meistern.

Mit Trauer denke ich an meinen Vater.

»Mit welchem Recht habe ich eigentlich geglaubt, mehr von ihm fordern zu dürfen, als er mir hat geben können? Schließlich war ich nicht sein kühnes, herrliches Kind, und er war kein Gott, der mich mit Feuersglut hätte umgeben können, um mich vor der Mittelmäßigkeit der Welt zu schützen! ›Wer meines Speeres Spitze fürchtet, durchschreite das Feuer nie!‹ Die Welt ist schließlich kein Festspielhaus.«

Mit Trauer denke ich an meine Mutter.

»Mit welchem Recht habe ich eigentlich geglaubt, auch von ihr mehr fordern zu dürfen, als sie mir hat geben können? Schließlich war ich ihr nicht ›vom gold'nen Thron des Himmels hergesendet‹, und sie war keine tragische Heldin, die sich in einem Meer süßer Töne einen Dolch in die Brust stößt, um ihr Herzblut für ihr Kind zu opfern. Die Welt ist auch keine Opernbühne.«

Die Welt ist eine Realität, und mit dieser Realität werde ich mich jetzt auseinandersetzen.

Ich trage eine wunderbare Kugel auf meiner Hand. Sie ist dunkel, glatt und glänzend und fühlt sich an wie Seide. Ich weiß, daß die Kugel aus einem einzigen Material besteht. Aber sie ist gleichzeitig halb aus Gold und halb aus Kot. Den-

noch ist die Kugel eine unteilbare Einheit und das Schönste, was es gibt. Sie ist Welt und Leben, und sowohl Welt als auch Leben sind zur Hälfte gut, zur Hälfte schlecht, zur Hälfte edel, zur Hälfte widerlich, zur Hälfte Schönheit, zur Hälfte Scheiße. Und ich trage Welt und Leben, diese herrliche Scheiße, auf meiner Hand.

Ich bin diese Welt.

Ich trug den Traum vor mir her wie eine kostbare Trophäe: Schaut alle her, ich bin gesund. Ich werde hinausgehen in diese Welt, die weder vollkommen gut noch vollkommen schlecht ist. Ich werde hinausgehen in dieses herrliche Scheißleben. Ich werde es so nehmen, wie es ist. Ich kann wählen, und ich werde die Kraft haben, die Verantwortung für meine Wahl zu tragen. Ich werde nicht vergessen, daß ich bin, was ich denke. Und ich werde nicht vergessen, daß ich nicht notwendig bin für die Welt. Sie wird noch lange da sein, wenn ich längst gegangen sein werde. Also werde ich jetzt leben, jetzt und heute, nicht gestern und nicht morgen und schon gar nicht nur an Sonntagen.

Ich will sein, und ich werde fühlen, daß ich bin.